Im Zeichen der Religion

Christine Abbt, Dr. phil., ist wiss. Assistentin für Politische Philosophie an der Universität Zürich. *Donata Schoeller*, Dr. phil., ist wissenschaftliche Mitarbeiterin am Philosophischen Lehrstuhl der ETH Zürich.

Christine Abbt, Donata Schoeller (Hg.)

Im Zeichen der Religion

Gewalt und Friedfertigkeit in Christentum und Islam

Campus Verlag
Frankfurt/New York

Bibliografische Information der Deutschen Nationalbibliothek
Die Deutsche Nationalbibliothek verzeichnet diese Publikation in der Deutschen Nationalbibliografie;
detaillierte bibliografische Daten sind im Internet unter http://dnb.d-nb.de abrufbar.

ISBN 978-3-593-38719-2

Das Werk einschließlich aller seiner Teile ist urheberrechtlich geschützt. Jede Verwertung ist ohne
Zustimmung des Verlags unzulässig. Das gilt insbesondere für Vervielfältigungen, Übersetzungen,
Mikroverfilmungen und die Einspeicherung und Verarbeitung in elektronischen Systemen.
Copyright © 2008 Campus Verlag GmbH, Frankfurt/Main
Satz: Marion Jordan, Frankfurt am Main
Gedruckt auf säurefreiem und chlorfrei gebleichtem Papier.
Printed in Germany

Besuchen Sie uns im Internet: www.campus.de

Inhalt

Im Zeichen der Religion
Christine Abbt/ Donata Schoeller 7

»Jihad«
Sinn und Bedeutung aus der Perspektive der Koranwissenschaft
Nasr Abu-Zayd. 14

Islamischer Puritanismus und die religiöse Gewalt
Reinhard Schulze 34

»Wehe den Ungläubigen«
Das Konfliktpotential der absoluten Wahrnehmung
Georg Schmid 57

»Der Buchstabe tötet – der Geist aber macht lebendig«
Theologische Überlegungen zum Verhältnis von Aggressivität
und Literalität der Religion
Georg Pfleiderer 71

Friede im Glauben, Friede durch Glauben: Die Lösungen des
Christentums
Religionsphilosophisches Nachdenken
Hanna-Barbara Gerl-Falkovitz. 91

Aggression durch den Glauben?
Eine christliche Sicht zum Thema »Religion und Gewalt«
unter besonderer Berücksichtigung des Toleranzbegriffes
Dietmar Mieth 118

Fundamentalismus und Machtpolitik
Ein kritischer Blick auf den Westen
Erich Gysling 142

Zeichen der Gewalt in der christlichen Frömmigkeit
Markus Ries. 157

Islam in Iran: Zwischen Gewalt und liberalem Gedankengut
Amir Sheikhzadegan. 173

Potentiale in den Quellen des Islam – Eine Suche
Ralf Elger. 193

Gewalt, Krieg, Frieden und Verbreitung der Religion im Islam
Bassam Tibi 206

Autorinnen und Autoren. 224

Im Zeichen der Religion

Christine Abbt/ Donata Schoeller

Religion mag aus heutiger Perspektive als eine der merkwürdigsten Ausprägungen der Ideen- und Geistesgeschichte der Menschheit erscheinen. Sie knüpft die Verbindung zu der unfassbaren Ursache der Welt und allen Lebens. Sie bricht den weltlichen Horizont auf und gibt doch die Sicherheit, dass nichts verloren gehen kann, sondern sich alles aufgehoben wissen darf. Die wundersame Beziehung zwischen Mensch und Gott, zwischen Weltlichem und Transzendentem, prägt seit jeher Denksysteme und Weltanschauungen, lässt überwältigende Architektur entstehen und regelt das Verhalten von Individuen teilweise minutiös bis hin zu Tagesablauf, Kleidung oder Speiseplan. Im Zeichen der Religion kommt es zu unbedingter Liebe und Gastfreundschaft, aber auch zu Gewalt und Krieg. Das im Jenseits liegende Ziel religiöser Sehnsüchte scheint beide Verhaltensweisen zu stimulieren. Die der Religion eigene Ambivalenz wird uns in jüngster Zeit immer wieder beunruhigend vor Augen geführt. Im Zeichen der Religion werden Kriege nicht nur geführt, sondern auch legitimiert. Fast täglich erreichen uns die Meldungen von religiös motivierter Gewalt, von Anschlägen, durchgeführt von Menschen, die sich sicher sind, gemäß Gottes Willen zu handeln. Wir lesen von Mord und Vergeltung, die neues Morden und Vergelten nach sich ziehen, und vernehmen begleitend dazu Stellungnahmen, in deren Rhetorik sich Religion und Politik, theologische Lehrmeinung und machtpolitisches Interesse auf unheimliche Art und Weise vermischen.

Wie ist es möglich, dass Religionen, die grundlegende ethische Impulse motivieren und Werte wie Barmherzigkeit, Milde, Gastfreundschaft oder Nächstenliebe dem Anderen und Hilfsbedürftigen gegenüber als moralische Imperative formulieren, dennoch Anlass für Feindseligkeit und grauenvolle Taten sind? Wie kommt es, dass sogar wesensverwandte Religionen, die an nur einen Gott glauben, sich so erbittert bekämpfen? Ein Außenstehender, der dieses Treiben aus der Distanz beobachtete, würde sich wundern, wie Religionsgemeinschaften, die sich teilweise sogar auf ähnliche Traditionen berufen und deren zentraler Wert die Liebe zu einem Gott ist, zu scheinbar unüberbrückbaren Differenzen gelangen können. Die Vorlesungsreihe »Wissenschaft und Weisheit«, getragen vom Philosophischen Seminar der Universität Zürich, beschäftigte sich unter Anderem mit verschiedenen Aspekten der Thematik Religion. Die »dunklen« Seiten des Themas standen dabei weder in den Vorträgen noch in den Diskussionen im Mittelpunkt. Schwerpunkte bildeten vielmehr die unterschiedlichen Gebetstraditionen, die verschiedenen Formen der Mystik oder die Frage nach der Erneuerungsfähigkeit von Religion. Im Rahmen dieser Veranstaltungen blitzte während eines Vorlesungstages plötzlich ein religiös motivierter, unterschwelliger Chauvinismus auf, den wir als Organisatorinnen nicht erwartet hatten. In einem Referat wurde auf einmal ein religiöser Geltungsanspruch vernehmbar, der die Überlegenheit der eigenen Religion unverhohlen einforderte. Argumentation verkam zu reiner Rhetorik. Die Diskussion bewegte sich im Anschluss wie auf Treibsand, da die Voraussetzungen für einen echten Austausch nicht mehr gegeben schienen.

Was war geschehen? Die von uns, dem Publikum und dem Referenten selbst wahrgenommene starke Irritation veranlasste uns zu fragen, wie es zu dieser Radikalisierung der Positionen gekommen war und ob es sich hier um ein spezifisch religiöses Phänomen handle. Stellen sich dem Gespräch zwischen den Vertretern verschiedener Religionen besondere Hürden? Was macht die Verständigung zwischen Angehörigen auch der gleichen Religion so schwierig, wenn sie jene ganz unterschiedlich auslegen und leben? Warum weicht der kommunikative Austausch sehr schnell Misstrauen und sprachlicher Verweigerung, die ihrerseits zu Gewalt führen können? Denn Gewalt äussert sich bereits dort subtil, wo das Argument des Anderen prinzipiell keine Chance hat.

Das Thema der Vorlesungsreihe 2007 stand damit fest. In welchem Verhältnis, fragten wir, stehen Aggression und Religion? Was hat es mit der Aggression durch Religion auf sich? Angesichts des politischen Diskurses unserer Tage entschieden wir uns, die Kontroverse zwischen Christentum und Islam als Ausgangspunkt zu wählen. Es sollte dabei vor allem darum gehen, die Verbindung zwischen religiösem Selbstverständnis und Gewalt besser zu verstehen und dabei einen Hintergrund zu öffnen, der in den laufenden Debatten kaum in den Blick gerät. Dabei war es unser Hauptanliegen, der Radikalisierung und Einseitigkeit des Vokabulars in Politik und medialer Öffentlichkeit, der Verschärfung des Tonfalls und der meist damit einhergehenden, erschreckenden Polarisierung im Denken etwas entgegenzusetzen. Gerade angesichts der Aktualität und Brisanz des Themas schien es uns notwendig, die Polarität, die sich in der immer häufigeren Verwendung gegensätzlicher Begriffspaare zeigt, durch den Hinweis auf komplexere Hintergründe in Frage zu stellen. Denn Staaten sind nicht einfach nur gut oder böse, Personen sind nicht nur entweder rechtgläubig oder ungläubig, Verhandlungen finden nicht nur unilateral, sondern immer auch multilateral statt, und der gerechte Krieg ist offensichtlich nicht das eindeutige Gegenteil von Terror. So versammelten wir Experten und Expertinnen, die sich in ihrer wissenschaftlichen und journalistischen Tätigkeit, aber auch aufgrund ihrer persönlichen Erfahrungen mit den religiösen Schriften, den Traditionen, der Auslegung und der sozialen Wirksamkeit von Christentum und Islam in der gesellschaftlichen Lebenswirklichkeit auseinandersetzen.

Die vorliegenden Artikel spiegeln jene Gedanken, die innerhalb der Vorlesungsreihe zur Sprache kamen, und vertiefen diese noch. Sie zeugen von der Bereitschaft, sich der Spannung eines kritischen und doch unvoreingenommenen Blickes auf die eigene und die fremde religiöse Tradition zu stellen. Sie tragen das editorische Anliegen mit, sich der Komplexität des Problems anzunehmen, und machen deutlich, dass dies weder aus zu großer Distanz, noch in unmittelbarer Nähe gelingen kann. Der in den Texten zum Ausdruck kommende Blick zeichnet sich aus durch eine Nähe zur jeweiligen religiösen Tradition und ihrer Geschichte, die sich jedoch nicht vereinnahmen lässt. Diese Balance von Nähe und Distanz entsteht aus der Bereitschaft, die Oberfläche der momentanen Geschehnisse durch aufmerksames Nachfragen und profunde Kenntnisse von Zusammenhängen zu vervollständigen. Aus dieser Bereitschaft kristallisiert sich in den Artikeln immer wieder die Frage heraus, welche Bedeutung der persönlichen Haltung jedes Einzelnen im Umgang mit religiösen Texten zukommt.

Unser editorisches Anliegen wurde zu einer Herausforderung. Der Beitrag von Ralf Elger schien uns, als wir ihn zu lesen bekamen, sehr polemisch. Als Herausgeberinnen stellten wir uns eindringlich die Frage, ob wir diesen Text zurückweisen sollten. Wir entschlossen uns schliesslich, den Artikel aufzunehmen, da sich durch ihn, gewollt oder ungewollt, die grundlegende Frage zuspitzt, wie mit religiösen Texten umgegangen werden darf beziehungsweise umgegangen werden soll. Die von Elger durchgeführte Kritik offenbart so gerade die Dringlichkeit der Suche nach einem adäquaten Umgang mit heiklen Passagen und erzielt einen fruchtbaren Nebeneffekt: Sie demonstriert die Notwendigkeit einer differenzierten, ausgreifenden Herangehensweise.

Wie geht man mit jenen Stellen in den verschiedenen Heiligen Texten um, die unverblümt zu Aggressivität, zu Gewalt und Rache aufrufen? Diese Stellen und der Umgang damit bilden ein Kernproblem des diskutierten Themas, das zu unterschiedlichen Folgefragen führt. Ist es beispielsweise bereits problematisch oder verwerflich, sich auf solche Stellen unvermittelt zu beziehen, ohne eine Jahrhunderte alte Tradition mit einzubeziehen? Damit verbunden ist die grundlegende Frage nach dem Status von Texten. Welchen Stellenwert besitzen sie, wenn man sich nicht unvermittelt auf sie beziehen kann? Muss man zunächst für sich geklärt haben, wie man sich auf diese Texte beziehen soll, bevor man sich auf sie beziehen kann?

Dies scheint der springende Punkt in der Debatte zur religiös motivierten Gewaltbereitschaft zu sein, weshalb verschiedene Artikel die Frage nach dem Verhältnis von Schrift, Auslegung und Verantwortung ins Zentrum stellen. In diesem Kontext wird die Relevanz von Vorschlägen wie denen Nasr Abu-Zayds deutlich. Abu-Zayd, selbst ein Betroffener religiös legitimierter Gewalt, schlägt vor, die Quellentexte unserer Religionen als andauernden Diskurs in der Zeit zu verstehen. So wird der unreflektierte Bezug, der den kontextualisierenden und vor allem interpretierenden Diskurs ignoriert, selbst zu einer bewusst verkürzenden Handlung, die als solche Aggression wiederum erst möglich macht.

Einen ähnlichen Standpunkt vertritt auch Reinhard Schulze. Er zeigt in seinem Artikel auf, inwiefern die Tradition und die Gemeinschaft, die sich auf die Texte bezieht und diese auslegt, mindestens so wichtig und mit verantwortlich für die Wirkung der Texte ist wie diese selbst. So wird der kontextuelle Rahmen – also das Eingebundensein in eine strukturierende Gemeinschaft oder die individuelle Vereinzelung, die Politik, die wirtschaftliche Situation, der Bildungsstand der Gläubigen etc. –, massgeblich an der Wirkung des Kanons mitbeteiligt: In diesem Kontext entsteht die Verschärfung oder Humanisierung der Texte. Die Lektüre, das Jahrhunderte lange Ringen im Umgang mit schwierigen Texten, wird zu einem eminenten Partner des Kanons. So kann die Haltung des Rezipienten oder der Rezipientin den Text in unterschiedlicher Weise verstärken bzw. brechen. Eine brutale Siegeserzählung kann als Motivator zur gesteigerten Aggressivität im Umgang mit dem Fremden dienen oder gegenteilig zum

Anlass des nachdenklichen Schmerzes über die eigene religiöse Tradition werden, an der man selbst Anteil hat. Auf diese Art und Weise entsteht eine Ethik des Lesens, eine Art Metaethik, die sich aus dem sorgfältigen Umgang mit dem Text entwickelt.

Von einer auf solchem Boden gewachsenen Metaethik handelt der Artikel von Georg Schmid. Aufgrund religiöser Erfahrung und des kumulierten Wissens ihrer möglichen Abgründigkeit, die Schmid vor allem in dem Verlust der Selbstrelativierung sieht, entstehen Kriterien, welche die religiöse Inspiration der Texte zu reflektieren vermögen. Die Erfahrung religiöser Praxis stößt auf religiösen Text – und dadurch entsteht etwas Eigenes. In dieser Interaktion scheinen die textlichen Quellen unserer Religion eingebettet zu sein und sich damit selbst durch einen unsichtbaren Text zu verändern.

In gewisser Absetzung dazu problematisiert Georg Pfleiderer die Auffassung, wonach der Glaube an einen Offenbarungstext notwendigerweise in einer engen Beziehung zur Gewalt stehen müsse. In kritischer Auseinandersetzung mit den Thesen von Jan Assmann plädiert Pfleiderer für einen differenzierteren Umgang mit dem Verhältnis zwischen Schrift und Auslegung bzw. Buchstabe und Geist. In Erinnerung an die reformatorischen und die idealistischen Antikritiken wird an den Gedanken eines konstitutiven Verhältnisses von Religion und Freiheit erinnert, der möglich ist, ohne in eine abstrakte Alternative von Geist versus Buchstaben alias Innerlichkeit versus Äußerlichkeit zu verfallen.

Auch Hanna-Barbara Gerl-Falkovitz verweist in ihrem Artikel darauf, dass eine elaborierte Ethik, mit der man die textliche Tradition betrachtet, selbst wiederum massiv beeinflusst worden ist gerade durch die Anstöße, die von den jeweiligen Schriften ausgehen. So findet sich in ihnen beispielsweise eine grundsätzliche Relativierung der jeweiligen sozio-kulturellen Rolle des Einzelnen, etwa auch der des Priesters, wobei gegenläufig der allgemeine Wert des Menschen erhöht wird: »Hier ist nicht Jude, nicht Grieche, nicht Sklave, nicht Freier, nicht Mann, nicht Frau – alle seid Ihr Einer in Christus.« (Gal 3, 28)

An Stellen wie diesen zeigt sich die herausfordernde Dialektik einer religiös bedingten Dynamik besonders: Die im Galater-Brief vorgestellte Gleichwertigkeit des Menschen entsteht aus einem spezifischen Glauben, der sich nicht relativieren lässt. Was passiert dann mit dem Andersgläubigen, der allein durch meinen Glauben gleichwertig werden kann? Lässt man die Frage auch nur kurz auf sich einwirken, kann einem schwindlig werden, und zwar zu Recht. Schon an diesem Punkt der religiös eingeführten Gleichberechtigung, die als eindeutig friedensstiftender Impuls gelten zu können scheint, wird die Dynamik sichtbar, die von dem religiösen Bezug ausgeht. Wenn man die eigene Religion als die richtige betrachtet, wird sie damit nicht zwangsläufig zur einzig wahren? Und was geschieht dann mit der Existenzberechtigung anderer Religionen, deren Vertreter zu Geschöpfen des eigenen Gottes werden? Gerl-Falkovitz formuliert den christlichen Zuschnitt des Dilemmas folgendermaßen: Wie kann das Christentum ins Gespräch mit anderen Religionen kommen, wenn gerade die Gestalt Christi Anspruch auf Wahrheit erhebt? »Ich bin der Weg, die Wahrheit und das Leben.« (Jo 14, 6) Steht, so fragt die Religionsphilosophin, damit das Christentum nicht in einer besonderen Weichenstellung auf Konflikt? Muss es den Anspruch auf Wahrheit aufgeben »um des lieben Friedens Willen«, auf den die Wahrheit Christi pocht? Könnte diese Aufgabe des Wahrheitsanspruchs fatalerweise der übergeordnete Wert sein, der sich aus den jeweiligen reibungsvollen religiösen Auseinandersetzungen um Wahrheitsansprüche herauskristallisiert?

Das entsprechende Dilemma hebt Dietmar Mieth hervor. Am Begriff der Toleranz entwickelt er historisch und systematisch die Herausforderungen, die sich einer gleichberechtigten Koexistenz verschiedener Religionsgemeinschaften stellen. Darüber hinaus formuliert Mieth die Verweigerung von Gewalt als zentrales christliches Motiv mit der entsprechenden Konsequenz der Ohnmacht. Dass in der Geschichte des Christentums diese Forderung nach Gewaltverzicht immer wieder zurückgedrängt wurde und sich machtpolitische Interessen einer anderen Auslegung des christlichen Glaubens bemächtigen konnten, zeigen in unterschiedlicher Weise die Artikel von Erich Gysling und Markus Ries.

Gyslings Blick auf die eigene westliche Kultur und Politik und die historische Analyse von Ries widersprechen dem Bild, wonach die Kreuzzüge in der Geschichte des Westens eine schreckliche Ausnahme bilden. Ries macht sichtbar, inwiefern das Verhältnis von christlicher Religion und Gewalt seit dem frühen Mittelalter bis in die jüngere Zeit hinein ein verhängnisvolles und aktuelles geblieben ist. Die historische Betrachtung führt so gleichsam zur Kernfrage nach der Bedeutung von Texten und dem angemessenen Umgang mit der Schrift zurück. Warum wird jeweils in einem spezifischen Kontext eine bestimmte Lesart virulent? Unter welchen sozial-politischen Bedingungen gelingt es, Gewalt religiös zu legitimieren? Amir Sheikhzadegan geht diesen Fragen im Kontext des Iran nach und zeigt, wie sich parallel ein fundamentalistisches und ein liberales islamisches Gedankengut heraus bildete. Der Artikel widerlegt damit implizit die These, dass es innerhalb des Islam keine liberale, auf Rationalität gestützte Tradition geben kann – eine Annahme, die von Ralf Elger diskutiert wird.

Bassam Tibi fordert dagegen auf, bei dem Fragenkomplex um Vernunft und Gewalt unbedingt auch den Unterschied des mittelalterlichen Erbes des Hoch-Islam einerseits und der Orthodoxie andererseits zu beachten. Eindringlich zeigt er die Notwendigkeit eines offenen Dialogs als einzig möglichen Ausweg aus den Konflikten auf, der getragen sein muss von der gegenseitigen – christlichen wie islamischen – Bereitschaft zur Selbstkritik.

Die Auseinandersetzung mit den vorliegenden Fragen scheint zu bestätigen, dass die religiösen Texte und Heiligen Schriften einen nicht in Ruhe lassen können, so sehr es in ihnen darum gehen mag, Ruhe und Frieden zu etablieren. Ihre Impulse kann man nicht einfach auf sich beruhen lassen im Gestus: Da steht es doch. Sie bleiben eine Herausforderung, denn erst in der Rezeption und Deutung, erst in der Reflexion und praktischen Umsetzung werden sie für den Menschen in der Welt lebendig und in der einen oder anderen Art wirksam. Auf die Verantwortung in Bezug auf Glaube, Tradition und Schrift kommt es an. Und die liegt bei uns.

»Jihad«[1]: Sinn und Bedeutung aus der Perspektive der Koranwissenschaft

Nasr Hamid Abu-Zayd

Die Textgestalt sämtlicher religiöser Schriften folgt dem Konzept der Schriftlichkeit. Ob wir uns nun auf das Alte Testament, die Evangelien oder den Koran beziehen, all diese Schriften wurden zusammengefügt, schriftlich festgehalten und als Buch gehandhabt. Als Texte verfügen sie über einen Kontext, und dieser ist wiederum die verborgene Seite eines jeden Textes. Für unser Verständnis ist es wichtig, zwischen zwei Ebenen des ›Kontexts‹ zu unterscheiden: die Makro- und die Mikroebene. In der Hermeneutik des Korans entsprechen die soziokulturellen und religiösen Strukturen Arabiens im 7. Jahrhundert dem Makro-Kontext; aus diesem gesellschaftlichen Hintergrund, mit all seinen Weltanschauungen, sozialen Normen, Gesetzen und Umgangsformen, sowohl auf der Ebene der Gemeinschaft als auch der des Individuums, ging der Koran als diskursiver Austausch hervor. Ein solcher Makro-Kontext legt uns zwei Grundelemente nahe, die unser Textverständnis religiöser Schriften verändert: das erste ist das des ›diskursiven Austausches‹ der auf das Vorhandensein eines Prozesses der Ergänzung, des Einschlusses, des Ausschlusses, der Erörterung, der Kontroverse und des Dialogs mit vorausgegangenen Texten, seien sie mündlich oder schriftlich, hinweist. Dieser Prozess des diskursiven Austauschs verlangt den Einbezug eines zweiten Grundelements, namentlich das der ›Intertextualität‹. Der Koran zitiert an zahlreichen Stellen aus früheren heiligen Schriften oder nimmt Bezug auf diese, wie auch auf biblische und nicht-biblische Erzählungen. Darüber hinaus beinhaltet er den Anti-Diskurs über die zeitgenössischen Ungläubigen, die Juden und die Christen.

---

1 Siehe auch die im deutschen Sprachgebrauch üblichen Schreibweisen ›Dschihad‹ und ›Djihad‹ (Anm. der Übers.)

Text, Kontext und Hermeneutik

Wenn wir den Versuch unternehmen, eine brauchbare Theorie der Hermeneutik aufzustellen, müssen wir uns die oben erwähnten Grundelemente des ›Kontexts‹ vor Augen führen. Um diese hierfür in Betracht ziehen zu können, täten wir gut daran, unsere Vorstellungskraft von heiligen Schriften insofern zu verändern, dass wir unsere Betrachtung des »Textes« zu einer Sichtweise auf »Diskurse« hin verlagern. Die Tatsache, dass diese Diskurse – im Falle des Korans die Fortsetzung einer Vielzahl von Offenbarungen, die sich über eine Zeitspanne von circa 23 Jahren erstreckt – zusammengefügt, geordnet und niedergeschrieben wurden, bildet die Grundlage für unser Konzept der Textualität. Es liegt mir viel daran zu betonen, dass die frühen Muslime, die das Wagnis der Sammlung und Zusammenstellung der Offenbarungen auf sich genommen hatten, sich nicht getrauten, das Ergebnis ›heilige Schrift‹ zu nennen. Sie verwendeten den Begriff *mushaf*[2], abgeleitet von *sahifa*, welches so viel bedeutet wie ›Blatt‹. Warum zögerten sie, den Ausdruck ›Buch‹ zu verwenden, wo dieser doch selbst im Koran erwähnt wird?

Mein Vorschlag, die textorientierte Hermeneutik durch die diskursorientierte zu ersetzen, erweist sich in meiner Korananalyse als sehr vielversprechend. Diese Herangehensweise erklärt und erleuchtet das, was die textorientierten Exegeten nicht in der Lage waren zu erklären. Sie bietet darüber hinaus auch eine Lösung der Problematik hinsichtlich der chronologischen Abfolge sowohl der Suren als auch der Verse. Den Gelehrten des Korans ist wohlbekannt, dass besonders die langen Suren Sammlungen unterschiedlicher chronologischer Abfolgen darstellen. Die Suren verfügen weder über eine thematische Einheit in ihrer Struktur, noch über einen logischen Zusammenhang, was ihre Anordnung betrifft, einzig die Länge der Suren scheint als Kriterium maßgebend zu sein: Die längeren Suren finden wir zu Beginn, die kürzeren gegen Ende. Das Konzept des Textes erscheint nunmehr künstlich und fehlerhaft.

---

2 Die arabischen Wörter und Eigennamen des vorliegenden Textes wurden in derselben (im englischen Sprachgebrauch üblichen) Umschrift wiedergegeben, wie es auch Abu Zayd getan hat. Auf die im deutschen Sprachgebrauch nach den Regeln der Deutschen Morgenländischen Gesellschaft üblichen Umschrift wurde verzichtet, da diese dem Laien oft kaum zugänglich ist. Die Beibehaltung der Umschrift von Abu Zayd sollte dem Laien zudem das leichtere Wiedererkennen derselben Begriffe bei einer vertieften Auseinandersetzung mit Abu Zayd und der vorliegenden Thematik erleichtern. (Anm. der Übers.)

Wenn nun der Koran, wie vermutlich auch alle anderen religiösen Schriften, ursprünglich aus Diskursen bestand, die früh gesammelt, geordnet und schriftlich festgehalten wurden, wie ist dann ›göttlich aufgezeichnete Offenbarung‹ zu verstehen? Diese Frage, welche von der Anschuldigung der ›Apostasie‹ belastet wird, mag nur im Geiste eines Muslims auftauchen, da dieser ›Offenbarung‹ als den exakten wortwörtlichen Ausspruch des Göttlichen sieht. Wo es keine präzise Erklärung von ›Offenbarung‹, ›Eingebung‹ und ›diskursivem Austausch‹ gibt, beziehungsweise wenn das klassische Dogma nicht angezweifelt und umgeformt werden darf, dann bleibt uns die Möglichkeit einer unverfälschten humanistischen Hermeneutik verwehrt. Ohne eine solche Hermeneutik, die auf der Analyse von ›Offenbarung‹ oder ›Eingebung‹ als einer Diskursform aufbaut, wo sich das Göttliche über die menschliche Sprache offenbart und sich dadurch, dass es sich in menschlichen Dingen manifestiert, menschlich wird, wird es nie eine Vereinbarkeit zwischen den Aussagen der Heiligen Schrift und der Allgemeinen Erklärung der Menschenrechte geben.

Die Allgemeine Erklärung der Menschenrechte ist nun aber einmal ein ›Text‹, der einerseits aus einem Dialog mit der Vergangenheit entstand – mit der Magna Charta, der Erklärung der Menschen- und Bürgerrechte während der Französischen Revolution usw. – andererseits setzt er sich mit zeitgenössischen menschlichen Belangen auseinander. Demgemäß muss auch dieser Text, ohne Anspruch auf Allgemeingültigkeit, kontextualisiert werden und zwar solange, bis er in allen menschlichen Kulturkreisen angepasst und eingesetzt wird, dies jedoch ohne Ausübung von Zwang oder Druck. Seine Schwachstellen müssen unter Einbezug eines Konzepts der ›Gerechtigkeit‹ behoben werden, das sich auf wirtschaftliche, soziale, politische wie auch auf ethnische und kulturelle Aspekte beruft. Nach der Zeit des Zweiten Weltkriegs entstanden internationale Abkommen. Die Welt hat sich seither jedoch verändert. Nach dem Ende des Kalten Krieges müssen andere Vereinbarungen getroffen werden. Um dies zu erreichen, müssen die Vereinten Nationen in ihrer Gesamtstruktur verändert werden. Es ist äußerst ungerecht, wenn die Geschicke der gesamten Menschheit in den Händen von einigen wenigen mächtigen Staaten liegen, auch dies eine Konstellation der Nachkriegszeit. Da sich der internationale Kontext verändert hat, muss der Text überdacht und angepasst werden. Schließlich handelt es sich um einen von Menschenhand gefertigten Text. Auch heilige Schriften werden immer wieder aus neuer Perspektive betrachtet und neu geschrieben, außer in der Hermeneutik.

Die Analysemethodik

Es gibt zahlreiche Vorgehensweisen, um die Problematik des »Jihad« im Koran, dem grundlegenden Werk des Islam, zu untersuchen: Traditionellerweise werden, der Mushaf-Anordnung, von Sure 1 *(Sūrat Al-Fātiha)* bis Sure 104 *(Sūrat al-Nās)*, folgend, die Verse durchgearbeitet, die den Begriff *jihād* enthalten und dann wird in jedem Vers, seinem inneren Zusammenhang gemäß, die jeweilige Bedeutung mittels philologischer Analysen herauskristallisiert. Wenn zwischen der einen oder anderen Textpassage ein Widerspruch auftaucht, kann der Ausleger das Problem entweder damit lösen, dass er sich die Lehre der Abrogation *naskh* zu nutze macht, oder indem er sich des Leitsatzes des ›Allgemeingültigen und Spezifischen‹ – *al-`ām wa al-khās* – bedient. In beiden Fällen ist eine eingehende Kenntnis der chronologischen Ordnung der Korans erforderlich. Leider sind unsere Kenntnisse bezüglich der chronologischen Ordnung des Korans aber mangelhaft. Wir verfügen nur über die Berichte über die *asbāb al-nuzūl* [Gründe der Offenbarungen, Anm. der Übers.] und die Unterteilung der Suren in Mekkanische und Medinensische.

Eine weitere Möglichkeit besteht darin, alle Koranverse zu sammeln, die die Wurzelkonsonanten j h d und seine Flexionsformen enthalten, um die semantische Reichweite zu bestimmen, anhand derer wir wiederum die unterschiedlichen Sinngehalte definieren. Dies wurde bereits in der Methodik der sogenannten thematischen Auslegung getan. (1) Diese Betrachtungsweise hat uns bereits gezeigt, dass etymologisch gesehen, die erste Form der Wurzel *jahada* so viel bedeutet, wie ›eine Anstrengung hinsichtlich eines konkreten Ziels zu unternehmen‹. Das augenfällige Beispiel hierfür ist der Ausdruck *ijtihād* [allg.: Anstrengung, Fleiß, Anm. d. Übers.], wie er von den Rechtsgelehrten verwendet wird. Sie benutzen ihn im Sinne von ›der Suche nach Lösungen von rechtlichen Problemen‹, wobei es keine Regel in der ausdrücklichen Bedeutung des Korans und der Sunna, ebensowenig wie in der allgemeinen Übereinstimmung früherer Generationen der `*ulamā'* [Titel für Vertreter der islamischen Theologie, Anm. d. Übers.] gibt. Die Begriffe *mujāhada* und *jihād* bedeuten ebenfalls ›eine auf sich selbst gerichtete Anstrengung zur Erlangung der moralischen und religiösen Vervollkommnung‹. Es gibt eine Überlieferung, die sich auf den Propheten bezieht, in welcher er diesen Jihad als den »spirituellen Jihad« und den »größeren Jihad« bezeichnet, in Gegenüberstellung zum »physischen Jihad«, welchen er als den »kleineren Jihad« betrachtet. Eine zusätzliche Methode besteht darin, die Erkenntnisse sowohl der ersten, als auch der zweiten Methode zu verwenden, die historische Herangehensweise. Was ich damit meine ist etwas, das weit über das hinausgeht, was bisher erreicht wurde. Es übertrifft auch das Paradigma des Korans als einen Text. Um meinen Anspruch so einfach wie möglich zu erklären, möchte ich zum ›pre-*mushaf* Koran‹ zurückkehren, dem Koran wie er ursprünglich war: eine lebendige Erscheinung.

Der Koran als Diskurs

Die Tatsache, dass der Koran zusammengefügt, geordnet und niedergeschrieben wurde, ließ ihn zu einem Semi-Text-Buch werden und weckt den Anschein, dass der rezitierte Koran ein Text wurde. Obwohl der Koran selber den Ausdruck *kitāb* [Buch] benutzt, um sich selber zu definieren, zögerten die frühen Muslime, ihn so zu nennen, um Ähnlichkeiten mit anderen religiösen Schriften zu vermeiden. Mit dem Begriff *mushaf*, der eine Ansammlung von *suhuf* (Blättern), Plural von *sahīfa* bedeutet, fanden sie eine bessere Bezeichnung als ›Buch‹. Die Sammlung der *suhuf* schuf keine kohärente Ordnung des rezitierten Korans. Die Suren stellen keinen thematischen Zusammenhalt dar, sondern es wurden Verse, die sich mit unterschiedlichen Themen auseinandersetzen, in einer Sure zusammengefügt. Die Anordnung der Suren hing einzig vom Merkmal der Länge ab. Daraus könnte man schließen, dass es im *mushaf* keine textuelle Struktur gibt.

Dessen ungeachtet bestehen die `ulamā'` im Allgemeinen und die Exegeten im Speziellen darauf, den Koran als Text zu handhaben, obwohl der Koran im Alltag der Muslime als Diskurs (2) fungiert. Als Text sollte er keine Widersprüche enthalten. Es gilt in der Tat als Blasphemie, ja sogar als Häresie, sich vorzustellen, dass ein solcher Text, dessen Erschaffer der Allmächtige und Allwissende Göttliche ist, irgendeinen Widerspruch enthalten könnte. Sowohl die Exegeten, als auch die Rechtsgelehrten haben beachtliche Anstrengungen unternommen, um das Problem der Widersprüche zu lösen. Dies taten sie erstens, indem sie diese als eher scheinbare anstelle von wirklichen Widersprüchen darstellten, zweitens hielten sie sich an hermeneutische und linguistische Konzepte, wie die der ›Abrogation‹ und des ›Allgemeingültigen und Spezifischen‹. In beiden Lösungsansätzen besteht eine ausdrückliche Anerkennung der ›Fragmentierung‹, eine Inkohärenz in der Beschaffenheit des schriftlichen *mushaf.* Ich selber war einer der vehementen Verfechter der Textualität des Korans, denn die klassische Koranwissenschaft (`ulūm al-Qur'ān)* (3), mit der ich mich in einem meiner Bücher befasste, leitete mich zu diesem Schluss. Als ich die Schwäche einer solchen Perspektive begriff, die die ganze Geschichte der klassischen, mittelalterlichen und modernen Exegese beherrscht, schlug ich den Schritt vor, uns zurück auf den pre-*mushaf* Koran zu besinnen: den Koran als Diskurs.

In meinem Buch *Rethinking the Qur'ān: Towards a Humanistic Hermeneutics* (4) erkläre ich folgendes: Wenn wir den Koran nur als Text handhaben, dann erhöhen wir die Möglichkeiten der Interpretation und Re-Interpretation, aber darüber hinaus auch die ideologische Manipulation sowohl von seiner Bedeutung als auch von seiner Struktur, um den Vorbildern der polemischen Auslegung der Theologen Folge zu leisten. Ohne den Koran neu zu überdenken und an seinen lebendigen Zustand als Diskurs zu appellieren, sei es in der Wissenschaft oder im Alltag, kann es keine demokratische Hermeneutik geben. Warum aber muss die Hermeneutik demokratisch sein? Weil es um den Sinn des Lebens geht. Wenn wir aufrichtig darin sind, religiöses Denken von jeglicher Art von Manipulation, ob sie nun von politischen, sozialen oder religiösen Machtinstanzen ausgeht, zu befreien, damit wir die Formulierung des ›Sinns‹ zurück an die Glaubensgemeinschaft geben können, dann müssen wir eine offene, demokratische und humanistische Hermeneutik aufbauen.

Die empirische Vielfalt religiöser Bedeutungen ist Teil unserer menschlichen Vielfalt im Hinblick auf den Sinn des Lebens im Allgemeinen, von welchem in unserem modernen Lebensumfeld erwartet wird, dass er eine positive Bewertung erfährt. Um die Frage der Bedeutung des Korans wieder mit dem Sinn des Lebens in Verbindung zu bringen, ist es nun erforderlich hervorzuheben, dass der Koran das Resultat von Dialogen, Debatten, Erörterungen, des Annehmens und Verwerfens, nicht nur von vorislamischen Normen, Gewohnheiten und ethnischen Gruppen, sondern auch von ihren eigenen früheren Bestimmungen, Voraussetzungen und Erklärungen ist. (5)

»Der Koran ist die ›Ansprache Gottes‹; über diesen Grundsatz gibt es unter Muslimen keine Zweifel, aber die Diskursstruktur des Korans enthüllt eine Vielzahl von Stimmen. Als Diskurs ist der Koran polyphon und nicht monophon. Es gibt zahlreiche Stimmen, in denen der ›Ich – Sprecher‹ oder der ›Wir – Sprecher‹ nicht immer der göttlichen Stimme entspricht. Manchmal präsentiert sich die göttliche Stimme in der dritten Person ›Er‹ und manchmal in der zweiten Person ›Du‹.« (6)

Diskurse über Jihad

Da unser Hauptanliegen der physische *jihād* ist, von dem einige zeitgenössische muslimische Gruppierungen behaupten, er sei eine religiöse Pflicht, müssen wir unser Augenmerk auf die Tatsache richten, dass das im Koran dargelegte Konzept der Kriegführung nicht einzig aus den Versen abgeleitet werden kann, in denen die Wurzelkonsonanten *j h d* vorkommen [die dem arabischen Wort *jihād* und seinen abgeleiteten Formen zugrunde liegen und deren Bedeutung prägen, Anm. der Übers.], wir müssen unser Forschungsfeld auf Verse erweitern, in denen ein anderer Wortschatz verwendet wurde, wie z. B. *qatl, ghazw, fath, harb* [Tötung, Eroberung, Sieg, Krieg, Anm. der Übers.]. Noch wichtiger ist es, den ganzen Sachverhalt der Kriegführung im Kontext des vorislamischen arabischen Umfelds zu betrachten. Nehmen wir zum Beispiel den Begriff *harb*, der nur vier Mal im Koran erwähnt wird, und den eigentlichen Vorgang des Kämpfens, *qitāl* [Kampf/Schlacht, Anm. d. Übers.] oder den Zustand der Kriegführung zum Ausdruck bringt, dann ist es wichtig zu wissen, dass es in der Rechtsordnung des vorislamischen Arabien beide Bedeutungen gab. Krieg war unter den Stämmen allgegenwärtig, was auf das Nicht-Vorhandensein einer allumfassenden Obrigkeit zurückzuführen ist. Frieden gab es nur, wenn dieser zwischen zwei oder mehreren Stämmen geschlossen wurde. Weiter erfüllte Krieg den Zweck der Blutrache und Vergeltung. Die Wüste, geeignet für ferne Streifzüge und ohne natürliche Grenzen, war mit ein Grund dafür, dass die Araber Krieg gewohnt waren, und das Kämpfen wurde zu einer Aufgabe der ganzen Gesellschaft (7). In diesem Kontext können wir verstehen, was der Koran über Krieg aussagt. Diese Aussagen sind aber nicht zwingend Regeln, die es im Zusammenhang mit Kriegführung im Generellen zu befolgen gilt. Wäre es möglich, aus ihnen zu schließen, dass der Koran, indem er Blutvergießen unter Muslimen verbietet, auch alle anderen Formen von Krieg *(harb)*, mit der Ausnahme von *jihād*, verwirft? Ist es möglich zu sagen, dass, dem Koran zufolge, der einzige rechtmäßige Krieg der ist, der letzten Endes ein religiöses Ziel verfolgt, um die *sharī'a* durchzusetzen oder Verstöße gegen diese zu ahnden?

Es scheint, dass westliche Wissenschaftler und muslimische Rechtsgelehrte in diesem einen Punkt einer Meinung sind. Dementsprechend verbot der Koran den Krieg unter den Stämmen der Araber, denn solche Kriege wurden als nicht gottesfürchtig und zu brutal angesehen, von rein irdischen Interessen geleitet, und er erlaubte nur Kriege mit religiösem Hintergrund. Folglich war nur eine Art von Krieg rechtmäßig, der *jihād* – heraufbeschworen mit der Absicht, den Gültigkeitsbereich des islamischen Gesetzes zu erweitern oder zu festigen. (8)

Und warum waren denn die frühen Muslime, die mit Kriegen und Blutvergießen unter den Stämmen aufwuchsen, so zurückhaltend, wenn es darum ging zurückzuschlagen, als ihre neue Gemeinschaft angegriffen oder bedroht wurde? Der Koran begründet diese Zurückhaltung mit der Schilderung der Anhänger Mose: »Hast du nicht die Vornehmen von den Kindern Israels (in der Zeit) nach Mose gesehen? (Damals) als sie zu einem ihrer Propheten sagten: ›Schick uns einen König, damit wir (unter seiner Führung) um Gottes willen kämpfen‹ Er sagte: ›Vielleicht werdet ihr (aber), wenn euch vorgeschrieben ist zu kämpfen, (doch) nicht kämpfen?‹ Sie sagten: ›Warum sollten wir denn nicht um Gottes willen kämpfen, wo wir doch aus unseren Wohnungen und von unseren Söhnen weg vertrieben worden sind?‹ Als ihnen aber dann vorgeschrieben wurde zu kämpfen, wandten sie sich mit wenigen Ausnahmen ab (und wollten nichts davon wissen). Gott weiss über die Frevler Bescheid.« (2: 246)[3] Ich folgere daraus, dass die Erzählungen im Koran einen bedeutenden Bestandteil des Diskurses ausmachen, der sich an Mohammed und seine Anhänger richtet. Die Erzählung wird hier als Diskurs und nicht etwa als Geschichtsschreibung analysiert.

Aber in 4: 75–78 richtet sich die Rüge explizit an die Muslime zur Zeit des Propheten:

»Warum wollt ihr (denn) nicht um Gottes willen und (um) der Unterdrückten (willen) kämpfen, (jener) Männer, Frauen und Kinder, die (in Mekka zurückbleiben mussten und) sagen: ›Herr! Bring uns aus dieser Stadt hinaus, deren Einwohner frevlerisch sind, und schaff uns deinerseits einen Freund und einen Helfer‹? Diejenigen, die gläubig sind, kämpfen um Gottes willen, diejenigen, die ungläubig sind, um der Götzen willen. Kämpft nun gegen die Freunde des Satans! Die List des

---

3 Sämtliche Koranzitate wurden entnommen aus: Paret, Rudi (2004), »Der Koran. Übersetzung von Rudi Paret. 9. Auflage«, Stuttgart: Kohlhammer. Vereinzelt wurden Fragezeichen, die bei Paret häufig auftreten, der einfacheren Lesbarkeit wegen ausgelassen. Dies jedoch nur dort, wo sich der Sinn dadurch nicht verändert. (Anm. der Übers.)

Satans ist schwach. Hast Du nicht jene gesehen, zu denen man (anfänglich) sagte: ›Haltet eure Hände (vom Kampf) zurück und verrichtet das Gebet und gebt die Almosensteuer‹? Als ihnen dann (später) vorgeschrieben wurde, zu kämpfen, fürchtete auf einmal ein Teil von ihnen die Menschen, wie man Gott fürchtet, oder (gar) noch mehr. Und sie sagten: ›Herr! Warum hast du uns vorgeschrieben, zu kämpfen? Würdest du uns doch (wenigstens) für eine kurze Frist Aufschub gewähren!‹ Sag: Die Nutzniessung des Diesseits ist kurz bemessen. Und das Jenseits ist für die, die gottesfürchtig sind, besser. Und euch wird (dereinst bei der Abrechnung) nicht ein Fädchen Unrecht getan. Wo ihr auch seid, wird euch der Tod erreichen, und wäret ihr in hochgebauten Türmen. Und wenn sie etwas Gutes trifft, sagen sie: ›Das kommt von Gott.‹ Wenn sie aber etwas Schlimmes trifft, sagen sie: ›Das kommt von dir.‹ Sag: Alles kommt von Gott. Warum verstehen denn diese Leute kaum etwas, was man ihnen sagt?«

Die frühen Muslime hassten das Kämpfen aus diversen Gründen. Wahrscheinlich war der erste Grund der, dass sie gegen ihre eigene Familie des anverwandten Stammes hätten kämpfen müssen, was gemäß Stammesgesetz inakzeptabel war.»Steh auf der Seite deines Bruders, sei es nun gerecht oder nicht«, war ein Prinzip, das abgeändert werden musste, damit es mit der neuen Religion in Einklang gebracht werden konnte. Der zweite Grund mag darin gelegen haben, dass die, welche zum Islam konvertierten, nicht begriffen, dass sie eine neue unabhängige Gemeinschaft bildeten, die ihre Grenzen und Interessen festsetzen musste, welche schützenswert waren. Diese Veränderung, von der Ausgangslage einer Minderheit in Mekka zu einer schrittweise starken Gemeinschaft in Medina war nicht einfach zu erfassen, für einige von Mohammeds Gefolgsleuten brauchte es dafür mehr Zeit. Der dritte Grund bestand möglicherweise darin, dass diese Konvertiten die spirituellen, ethischen und moralischen Wertvorstellungen bereits verinnerlicht hatten, die Geduld, Vergebung, Toleranz und Bescheidenheit propagierten, Werte der mekkanischen Ära. Und so kam hier folgende Bestimmung: »Euch ist vorgeschrieben, (gegen die Ungläubigen) zu kämpfen, obwohl es Euch zuwider ist. Aber vielleicht ist euch etwas zuwider, während es gut für euch ist, und vielleicht liebt ihr etwas, während es schlecht für euch ist. Gott weiss Bescheid, ihr aber nicht.« (2: 216)

Fiqh[4] als Paradigma

Da das Kämpfen gegen den Feind der Gemeinde in Medina angeordnet wurde, müssen wir diesem Eigenheiten zugestehen, die es von dem vorislamischen ungerechtfertigten Blutvergießen unterscheidet. Es wurde zum *j jihād*, ein Konzept, das die Schwierigkeiten widerspiegelt, die seiner menschlichen Dimension angehören. Dennoch wurden die frühen Kriege von den Muslimen *ghazwāt*, Plural von *ghazwa*, Feldzug, genannt, und nicht *jihād*. Der Begriff Jihad wurde erst später verwendet, nach der Expansion des Islam und der Errichtung des ›Islamischen Herrschaftsgebiets‹, die sich auf die *futūhāt*, Eroberungen, berufen. Jihad wurde als religiöses Konzept im Kontext des Grenzkonflikts zwischen dem islamischen Herrschaftsgebiet und dem Byzantinischen Reich verwendet, und in diesem Kontext begann die *fiqh*-Literatur den Jihad als Teil des Islamischen Glaubens zu institutionalisieren.

Warum sollten Muslime einen Jihad unternehmen? Und gegen wen sollte dieser sich richten? Dies sind die grundlegenden Fragestellungen, denen zufolge die Vorschriften des Krieges erlassen werden müssen. Muslimische Rechtsgelehrte waren sich darin einig, dass das Bekämpfen der ›Leute der Schrift‹ [*ahl al-kitāb*: hauptsächlich Juden, Christen, Zoroastrier, Sabier, Anm. d. Übers.], mit Ausnahme der qurayshitischen Leute der Schrift und der christlichen Araber, einen von zwei Gründen haben musste: entweder deren Konvertierung zum Islam, oder die Bezahlung der *jizya* [Schutzsteuer, Anm. d. Übers.]. Die Bezahlung der *jizya* war wegen folgender Worte des Allmächtigen fällig: »Kämpft gegen diejenigen, die nicht an Gott und den jüngsten Tag glauben und nicht verbieten (oder: für verboten erklären), was Gott und sein Gesandter verboten haben, und nicht der wahren Religion angehören – von denen, die die Schrift erhalten haben – (kämpft gegen sie), bis sie kleinlaut aus der Hand Tribut entrichten!« (9: 29) Die Rechtsgelehrten waren sich einig, dass es sich hier um eine kollektive und nicht allgemeingültige, individuelle Pflicht handelte, außer `Abd Allah Ibn al-Hasan, der sagte, dass diese Kriegsvorschriften auf Freiwilligkeit

---

4 *Fiqh* (arabisch فقه, ling.: »die Erkenntnis, das Verstehen, Einsicht haben in etwas«) ist die *islamische Rechtswissenschaft*, d.h. die Sammlung sämtlicher Gesetze, die dem Koran und der Sunna entnommen oder aus ihnen abgeleitet werden. Oder sie beruhen, falls Koran und Sunna schweigen, auf den Ansichten der Rechtsgelehrten (*Fuqaha*). Im Unterschied zum *Fiqh* ist die *shari`a* der Teil des (islamischen) Rechts, der auf göttlicher Offenbarung beruht. (Anm. der Übers.)

beruhten. Die Mehrheit der Rechtsgelehrten stützten ihre Meinung auf folgenden Vers: »Euch ist vorgeschrieben, (gegen die Ungläubigen) zu kämpfen, obwohl es euch zuwider ist. Aber vielleicht ist euch etwas zuwider, während es gut für euch ist, und vielleicht liebt ihr etwas, während es schlecht für euch ist. Gott weiss Bescheid, ihr aber nicht.« (2: 216) (9) Es ist einleuchtend, dass der Vers, der dazu benutzt wurde, Jihad als religiöse Pflicht zu legitimieren, aus Sure 9 stammt, denn aus dieser leiten die Rechtsgelehrten die meisten Bedingungen der Kriege gegen die Nicht-Muslime ab. Sie beginnt mit einer Kriegserklärung gegen diejenigen, die den Waffenstillstand mit den Muslimen gebrochen hatten, namentlich die Polytheisten in Mekka. Wenn dies der historische Kontext der Kriegserklärung ist, würden Rechtsgelehrte wie auch Exegeten die Allgemeingültigkeit seiner Bedeutung mit folgenden Worten unterstreichen: ›Es ist nicht der spezifische historische Kontext, auf den es ankommt, sondern der allgemeingültige Sinn, der durch den Text vermittelt wird.‹ Dieses Prinzip ist strikt an das Konzept der Textgestalt des Korans gebunden. Ebenfalls in Sure 9 finden wir den sogenannten Schwertvers: »Und wenn nun die heiligen Monate abgelaufen sind, dann tötet die Heiden, wo (immer) ihr sie findet, greift sie, umzingelt sie und lauert ihnen überall auf! [...]« (9: 5). Wenn wir nun die Diskursanalyse verwenden, wird deutlich, dass es sich hier um einen Diskurs der konkreten (Be)drohung handelt. Das Verhalten des Propheten bei der Eroberung Mekkas, zehn Jahre nachdem er es hatte verlassen müssen, ist ein eindeutiger Beweis gegen die Allgemeingültigkeit des Jihad. Mohammed vergab den Bewohnern von Mekka und betete für deren Vergebung durch den Allmächtigen. Für die Zeit der großen Feldzüge des Islam gibt es keinen einzigen Bericht, der kollektives Morden durch muslimische Eroberer festgehalten hätte. Daraus lässt sich schließen, dass die frühen Generationen der Muslime diesen Vers nicht als religiöse Pflicht angesehen hatten. Die *jizya* hingegen war die einzige Pflicht, die den Nicht-Muslimen durch die Muslime in ihren neu eroberten Gebieten auferlegt worden war. Die Rechtsgelehrten erweiterten ihr Konzept der ›Leute der Schrift‹, um auch Mitglieder anderer Glaubensrichtungen ohne religiöse Schrift mit einbeziehen zu können. Konkret waren dies die Sabier und die Zoroastrier. Desweiteren befreiten sie Kinder, Frauen und Mönche von der *jizya* – Bezahlung. Aus historischer Perspektive betrachtet, sind solche Tributzahlungen, die von Bewohnern eroberter Gebiete gefordert wurden, nicht erst durch den Islam eingeführt worden, sondern bereits eine übliche Vorgehensweise bei den antiken Großreichen. Die Römer und die Perser zwangen die Nicht-Römer und die Nicht-Perser als ›Schutzbedürftige‹, zusätzliche Steuern zu entrichten. Wie wir sehen konnten, ist weder das Töten der Polytheisten noch die Schutzgeldzahlung *(jizya)* ursprünglich islamisch. Im ersten Fall handelt es sich um eine (Be)drohung, im zweiten um eine Entlehnung aus der vorislamischen Herrschaftspolitik. Wie bereits erwähnt, gründeten die arabischen Muslime ein Reich, das zum politischen Vorbild des 7. Jahrhunderts werden sollte.

Nur wenn man den Koran als Diskurs untersucht, ist ein vertieftes Verständnis seiner Botschaft möglich. Was die Rechtsgelehrten und Exegeten getan haben, muss im sozio-politischen Kontext verstanden werden, der den Bedeutungshorizont, den sie erreichen konnten, umriss.

Was würden die Rechtsgelehrten und Exegeten über andere Diskursformen im Koran sagen, wo die Gleichstellung aller Menschen, ungeachtet ihrer Rasse, Hautfarbe, Religion oder Geschlechtszugehörigkeit verankert wäre? Im Koran steht deutlich geschrieben, dass Gott die ganze Menschheit»[…] aus einem einzigen Wesen (d. h. aus dem ersten Menschen, nämlich Adam) geschaffen hat, und aus ihm das ihm entsprechende andere Wesen, und der aus ihnen beiden viele Männer und Frauen hat (hervorgehen und) sich (über die Erde) ausbreiten lassen!« (4: 1) »Ihr Menschen! Wir haben euch geschaffen (indem wir euch von einem männlichen und einem weiblichen Wesen (abstammen liessen), und wir haben euch zu Verbänden und Stämmen gemacht, damit ihr euch (auf Grund der genealogischen Verhältnisse) untereinander kennt. […]« (49: 13) »Und wir waren gegen die Kinder Adams huldreich und […] (haben) ihnen (allerlei) gute Dinge beschert und sie vor vielen von denen, die wir (sonst noch) erschaffen haben, sichtlich ausgezeichnet.« (17: 70) Was unterschiedliche Arten religiösen Glaubens betrifft, ist Gleichheit garantiert, es sei denn ein Krieg gegen die Muslime wurde angezettelt. Dann sind die Ausübungen von Kriegshandlungen die Regel.

Lassen Sie mich noch einmal den Koran-Diskurs über die grundlegende Glaubensfreiheit zitieren.»Diejenigen, die glauben (d.h. die Muslime), und diejenigen, die dem Judentum angehören, und die Sābier und die Christen, – (alle) die, die an Gott und den jüngsten Tag glauben und tun, was recht ist, brauchen (wegen des Gerichts) keine Angst zu haben, und sie werden (nach der Abrechnung am jüngsten Tag) nicht traurig sein.« (5: 69

und 11: 62 [sic!] Abu Zayd meinte wohl 2: 62][5] »Zwischen denjenigen, die glauben (d. h. den Muslimen), denjenigen, die dem Judentum angehören, den Sābiern, den Christen, den Zoroastriern und denjenigen, die (dem einen Gott andere Götter) beigesellen, wird Gott am Tag der Auferstehung entscheiden. Er ist über alles Zeuge.« (22: 17) Selbst in derselben Sure, in der die Kriegserklärung steht, Sure 9, lesen wir: »Und wenn einer von den Heiden dich um Schutz angeht, dann gewähre ihm Schutz, damit er das Wort Gottes hören kann! Hierauf lass ihn (unbehelligt) dahin gelangen, wo er in Sicherheit ist!« (9: 6)

Darüber hinaus besteht die Freiheit eines jeden einzelnen darin, nach der Konversion zum Islam wieder zum Polytheismus oder Atheismus zurückzukehren, oder zu einer anderen Religion zu konvertieren. Es ist üblich, dass in einer religiösen Schrift wie dem Koran für ein solches Verhalten eine Bestrafung im Jenseits vorgesehen ist. Es ist jedoch keine Strafe im Diesseits erwähnt. Ein solches Strafgesetz wurde erst später in der Jurisprudenz eingeführt und als Bestandteil des Glaubens institutionalisiert. Auch hierzu wollen wir den Koran betrachten: »Und sag: (Es ist) die Wahrheit (die) von eurem Herrn (kommt). Wer nun will, möge glauben, und wer will, möge nicht glauben! Für die Frevler haben wir (im Jenseits) ein Feuer bereit [...].« (18:29) »Ihr Gläubigen! Wenn sich jemand von euch von seiner Religion abbringen lässt (und ungläubig wird, hat das nichts zu sagen). Gott wird (zum Ersatz dafür) Leute (auf eure Seite) bringen, die er liebt, und die ihn lieben [...]« (5: 54) »Diejenigen (aber), die ungläubig geworden sind, nachdem sie gläubig waren, und hierauf dem Unglauben immer mehr verfallen, deren (verspätete) Busse wird nicht angenommen werden. Das sind die, die (endgültig) irregehen.« (3: 90, siehe auch 4: 137[6])

---

5 Abu Zayd spricht hier von 11: 62. Vermutlich handelt es sich um einen Irrtum seinerseits. Höchstwahrscheinlich meint er 2: 62: »Diejenigen, die glauben (d.h. die Muslime) und diejenigen, die dem Judentum angehören, und die Christen und die Sābier, – (alle) die, die an Gott und den jüngsten Tag glauben und tun, was recht ist, denen steht bei ihrem Herrn ihr Lohn zu, und sie brauchen (wegen des Gerichts) keine Angst zu haben, und sie werden (nach der Abrechnung am jüngsten Tag) nicht traurig sein.« (Anm. der Übers.)

6 4: 137: »Diejenigen, die (zuerst) gläubig, hierauf ungläubig und hierauf (wieder) gläubig waren und hierauf (wieder) ungläubig geworden sind und hierauf dem Unglauben (immer mehr) verfallen, denen kann Gott unmöglich vergeben, und er kann sie unmöglich einen rechten Weg führen.« (Anm. der Übers.)

Alle oben zitierten Diskurse wurden als abrogiert betrachtet, und zwar durch einen einzigen Vers, den ›Schwertvers‹. Das ist nur dann möglich, wenn wir den Koran ausschließlich als Text betrachten.

Die Grundlagen der Diskursanalyse

Da die Akzeptanz von Neuerungen innerhalb des islamischen Denkens hauptsächlich von der Existenz von Vordenkern in den klassischen Quellen abhängt, möchte der Verfasser hier einige solcher Beispiele anführen, um zur Veränderung und Anerkennung des Paradigmas beizutragen. Obwohl die Ansichten der Rechtsgelehrten und Exegeten von der Textualität des Korans abhängen, können sie seine Diskursstruktur nicht einfach von sich weisen, so z. B. seine Beschaffenheit, die mehrere Möglichkeiten und Lösungen anbietet. Die unterschiedlichen rechtlichen Strömungen resultierten aus der inhärenten Vorstellung, dass sich der Koran in Diskursform offenbart, denn sowohl die Rechtsgelehrten als auch die Exegeten wichen im Ausmaß der Anwendung der oben erwähnten Regeln der ›Abrogation‹ und des ›Allgemeingültigen und Spezifischen‹ voneinander ab.

Zwei weitere Faktoren sind Meinungsverschiedenheiten bezüglich der ›Gründe der Offenbarungen‹ (10) – asbāb al-nuzūl – und der Anwendbarkeit des Prinzips der ›Allgemeingültigkeit versus Historizität‹. Einige Gelehrte bezeichnen das Dilemma der asbāb al-nuzūl und der chronologischen Ordnung als Manipulation der Exegeten und Rechtsgelehrten, die »were responding to questions ... as individuals ... their writings reflect their individual and independent reasoning in an attempt to formulate an appropriate response to the socio-political realities of the Islamic public order«. (11) (p. 36)

Frühe muslimische Exegeten beispielsweise interpretierten den Schwertvers vorzugsweise in seinem Kontext und somit gemäß der Umstände, in denen sich der Prophet bei dessen Offenbarung befand und in Bezug auf die Verse, die ihn umgeben. Es wird angenommen, dass die Verse 9: 1–5 am Vorabend des Angriffs auf Tabūk offenbart wurden, als sich viele der Heiden und »Heuchler«, die bei dem Propheten in Vertragspflicht standen, weigerten, diesem auf das Schlachtfeld zu folgen. Obwohl al-Suddī (t. 127/ 745) diese Verse als Zurückweisung von Mohammeds Vereinbarung mit den Heiden sieht, lehnen al-Tabarī (t. 310/923), al-Zamaksharī (t. 528/

1144), Fakhr al-Dīn al-Razī (t. 606/1209) und al-Baydāwī die Vorstellung, dass der Koran solche Intoleranz erlässt, entschieden ab. Sie unterteilen Mohammeds nicht-monotheistische Verbündete in offensive und nichtoffensive Gruppen ein und bestehen darauf, dass die Lossagung *barā'a* sich nur auf die nicht-monotheistischen Gruppen bezieht, die Vertragsbruch begangen hatten. Al Tabarī unterstreicht seine Ansicht mit der Tradition von Ibn `Abbās:« ... wenn sie sich an den Vertrag mit dem Propheten gehalten hätten, ... wäre er verpflichtet gewesen, den Vertrag mit ihnen zu respektieren und sich an ihn zu halten.« Bezeichnenderweise bestand der Vertrag mit den (heidnischen) Khuza`a, die ihm treu blieben, auf unbestimmte Zeit. (12)

Wenn wir der chronologischen Ordnung folgen, können wir die multiplen Diskurse, die aus dem Kontext des Konflikts, der zwischen der frühen muslimischen Gemeinde und anderen Gruppierungen hervorgegangen ist, besser erkennen. Erstens war 2: 216–218 der überzeugende Diskurs, der die Muslime dazu aufforderte, etwas zu tun, das ihnen nicht behagte, jedoch von Vorteil sein könnte. Ferner musste dieser Diskurs die Angst vor der Verletzung der etablierten Vorschrift, während der heiligen Monate nicht zu kämpfen, überwinden. Da Muslime nun mit dieser Regel brechen sollten, war ein sehr überzeugender und entscheidender Diskurs vonnöten:

»Euch ist vorgeschrieben, (gegen die Ungläubigen) zu kämpfen, obwohl es euch zuwider ist. Aber vielleicht ist euch etwas zuwider, während es gut für euch ist, und vielleicht liebt ihr etwas, während es schlecht für euch ist. Gott weiß Bescheid, ihr aber nicht.

Man fragt dich nach dem heiligen Monat, (nämlich) danach, (ob es erlaubt ist) in ihm zu kämpfen. Sag: In ihm Kämpfen ist ein schweres Vergehen (w. wiegt schwer). Aber (seine Mitmenschen) vom Weg Gottes Abhalten – und nicht an ihn Glauben –, und (Gläubige) von der heiligen Kultstätte (Abhalten), und deren Anwohner daraus Vertreiben, (all das) wiegt bei Gott schwerer. Und der Versuch, (Gläubige zum Abfall vom Islam) zu verführen, wiegt schwerer als Töten. Und sie (d.h. die Ungläubigen) werden nicht aufhören, gegen euch zu kämpfen, bis sie euch von eurer Religion abbringen – wenn sie (es) können. Und diejenigen von euch, die sich (etwa) von ihrer Religion abbringen lassen und (ohne sich wieder bekehrt zu haben) als Ungläubige sterben, deren Werke sind im Diesseits und im Jenseits hinfällig. Sie werden Insassen des Höllenfeuers sein und (ewig) darin weilen.

Diejenigen (aber), die glauben, und diejenigen, die ausgewandert sind und um Gottes willen Krieg geführt (w. sich abgemüht) haben, dürfen auf die Barmherzigkeit Gottes hoffen. Gott ist barmherzig und bereit zu vergeben.« Ibn Ishāq zufolge wurden diese Verse nach dem Feldzug von Nakhla im Jahre 623, ein Raubzug, an dem Mohammed selbst nicht teilnahm (13), offenbart. Zweitens finden wir, ebenfalls gemäß Ibn Ishāq (14) im Jahre 624, als die Muslime in der Schlacht von Badr ihren Sieg über die Qurayshiten erreicht hatten, einen weiteren Diskursmodus, selbstsicherer und die Regeln des Krieges propagierend: (8: 39–45) »Und kämpft gegen sie, bis niemand (mehr) versucht, (Gläubige zum Abfall vom Islam) zu verführen, und bis nur noch Gott verehrt wird! Wenn sie jedoch (mit ihrem gottlosen Treiben) aufhören (und sich bekehren), so durchschaut Gott wohl, was sie tun. Wenn sie sich aber abwenden (und euch weiter Widerstand leisten), müsst ihr wissen, dass Gott euer Schutzherr ist. Welch trefflicher Schutzherr und Helfer. Und ihr müsst wissen: Wenn ihr irgendwelche Beute macht, gehört der fünfte Teil davon Gott und dem Gesandten und den Verwandten (w. dem Verwandten), den Waisen, den Armen und dem, der unterwegs ist (oder: dem, der dem Weg (Gottes) gefolgt (und dadurch in Not gekommen) ist; w. dem Sohn des Wegs). (Richtet euch danach) wenn (anders) ihr an Gott glaubt und (an) das, was wir auf unseren Diener (Mohammed) am Tag der Rettung hinabgesandt haben, – am Tag, da die beiden Haufen aufeinanderstiessen! Gott hat zu allem die Macht. (Damals) als ihr (d. h. die Gläubigen) auf der näheren Talseite waret, und sie (d. h. das mekkanische Aufgebot) auf der ferneren, und die Reiter (der Karawane) unterhalb von euch! Und wenn ihr euch gegenseitig (zu einem Treffen) verabredet hättet, wäret ihr über die Verabredung nicht einig geworden. Aber (es kam durch höhere Fügung zum Treffen) damit Gott eine Sache entscheide, die ausgeführt werden sollte, (und) damit diejenigen, die (dabei) umkamen, auf Grund eines klaren Beweises umkämen, und diejenigen, die am Leben blieben, auf Grund eines klaren Beweises am Leben bleiben würden. Gott hört und weiss (alles). (Damals) als Gott sie dir in deinem Traum gering (an Zahl) erscheinen liess. Wenn er sie dir zahlreich hätte erscheinen lassen, hättet ihr (es) aufgegeben (weiter zu kämpfen) und miteinander über die Angelegenheit gestritten. Aber Gott hat (euch) bewahrt (oder: hat (es) (euch) zum Heil gewandt). Er weiss Bescheid über das, was die Menschen in ihrem Innern (an Gedanken und Gesinnungen) hegen. Und (damals) als er sie beim Beginn des Treffens (w. als ihr aufeinandertiesset) in euren Augen gering (an Zahl) erscheinen liess, und (als) er (umgekehrt) euch in ihren Augen geringfügig machte! (Das alles geschah) damit Gott eine Sache entscheide, die ausgeführt werden sollte. Und vor Gott werden (dereinst) die Angelegenheiten (alle zur letzten Entscheidung) gebracht werden. Ihr Gläubigen! Wenn ihr mit einer Gruppe (von Ungläubigen) zusammentrefft (und es zum Kampf kommt), dann seid standhaft und gedenkt Gottes ohne Unterlass (w. viel)! Vielleicht wird es euch (dann) wohl ergehen.« Nach der Schlacht von Uhud im Jahre 625, in der Mohammed nicht nur verletzt wurde, sondern ebenfalls den Verlust seines Onkels Hamza hinnehmen musste, dessen Körper vom Feind, der zurückgekommen war, um die erlittene Niederlage zu rächen, verstümmelt worden war, stoßen wir auf einen dritten Diskursmodus: einen Diskurs, der wieder zur Geduld mahnt und von Angriff und übertriebener Rache abrät.(15) »Und wenn ihr (für eine Untat, die gegen euch verübt worden ist) eine Strafe verhängt, dann tut das nach Massgabe dessen, was euch (von der Gegenseite) angetan worden ist! Aber wenn ihr geduldig seid (und auf eine Bestrafung verzichtet), ist das besser für euch (w. für die, die geduldig sind). Sei geduldig! – Nur mit Gottes Hilfe (w. durch Gott) wirst du geduldig sein. – Und sei nicht traurig über sie (d.h. über die Ungläubigen und ihre Verstocktheit)! Und lass dich wegen der Ränke, die sie schmieden, nicht bedrücken! Gott ist mit denen, die (ihn) fürchten und rechtschaffen sind.« (16: 126–128) Einen ähnlichen Diskurs des Trosts, der Entlastung und Konsolidierung und eine Erklärung für die verheerende Niederlage der Muslime in Uhud finden wir in Sure 3, ab Vers 140ff.[7]

In Sure 59 finden wir einen detaillierten Diskurs über die Verteilung der gewonnenen Kriegsbeute beim Überfall auf die Banū al-Nadīr im Jahre 625. Diese ergaben sich kampflos, als ihre Verschwörung gegen Mohammed aufflog und sie von diesem überwältigt wurden. (16)

---

[7] Sure 3: Vers 140ff.: »Wenn ihr eine Schlappe erlitten habt, so hat auch der Feind schon eine ähnliche Schlappe erlitten. So ist (eben) das Kriegsglück. Wir lassen es zwischen den Menschen wechseln (so dass Sieg und Niederlage einander ablösen). Auch wollte Gott (auf diese Weise) diejenigen, die gläubig sind, (als solche) erkennen und sich (welche) von euch (zu) Zeugen nehmen – Gott liebt die Frevler nicht –, und Gott wollte (auf diese Weise) diejenigen läutern, die gläubig sind, und die Ungläubigen dahinschwinden lassen. [...]« (Anm. der Übers.)

Schlussfolgerungen

Wir haben gesehen, dass der Koran sehr viele Aussagen enthält, die im Zusammenhang mit einer jeweils konkreten Begebenheit im geschichtlichen Kontext der muslimischen Urgemeinde und ihrer Beziehung zu anderen Gemeinden stehen, hauptsächlich der Gemeinde der Polytheisten, der Bewohner von Mekka und der Gemeinden der jüdischen Stämme von Medina. Anders ausgedrückt handelt es sich bei den Koran-Diskursen, die widersprüchlich erscheinen, um unterschiedliche Diskurse mit mehreren Wahlmöglichkeiten und unterschiedlichen Lösungsansätzen. Nach Betrachtung der herkömmlichen Rechtsgelehrten und Exegeten müssten wir annehmen, dass ein einziger Vers, der Schwertvers, sämtliche früheren Möglichkeiten und Lösungsansätze abrogiert hätte. Dies wiederum würde bedeuten, dass es erstaunlich viele getilgte Möglichkeiten gibt, obwohl diese im *mushaf* stets enthalten sind und von den Muslimen in der Liturgie Tag und Nacht rezitiert werden.

Wir könnten eine Möglichkeit wählen, die sich von der Abrogation unterscheidet, nämlich die des Aufschubs, arabisch *nasi`* (17). Der Unterschied zwischen Abrogation und Aufschub besteht darin, dass die letztere die Möglichkeit offen lässt, jene Koran-Bestimmungen erneut zu aktivieren, die von den Befürwortern der Abrogation als für immer deaktiviert betrachtet werden. Der Zeitabschnitt des Aufschubs ist abhängig von den sozio-politischen Umständen, die eine entsprechende Lösung als adäquat erscheinen lassen. Die Anhänger der Aufschubstheorie glauben, dass der Schwertvers die früheren Möglichkeiten der Toleranz, Geduld und Vergebung nicht ersetzt hat, sondern lediglich aufgeschoben. Heutzutage, da Muslime nicht in der dominanten Position wie einst sind, sondern geschwächt, verletzlich und dominiert, muss der Schwertvers aufgeschoben werden, und dies bei gleichzeitiger Reaktivierung der früheren Möglichkeiten. In der aktuellen Situation der Muslime ist Jihad keine Pflicht. Wenn sie ihre Gewalt jedoch zurückhalten, wird sie reaktiviert werden. Man könnte meinen, dass diese Aufschubtheorie, abgesehen von ihrer machiavellistischen Veranlagung, die Diskursmöglichkeiten des Koran geradezu in eine Art schlummernde Zellen des Terrorismus verwandelt.

Wenn wir nun aber die Theorie der Abrogation verwerfen, wie können wir dann all die Widersprüche miteinander in Einklang bringen, die im Koran nicht zu übersehen sind? Mit anderen Worten: Ist Jihad eine kollektive religiöse Pflicht, bei deren Nichtbeachtung jeder einzelne Muslim

Schuld auf sich lädt und ihn somit dem Zorn des Allmächtigen ausliefert, im Diesseits wie im Jenseits? Gibt es denn irgendeinen Weg aus diesem Dilemma? Ja, in der Tat, die historisch-kritische Herangehensweise mit dem Paradigma des Korans als Diskurs könnte uns den Weg weisen. Zur Zeit des Propheten wurde der Begriff Jihad nie als Ausdruck für Kriegführung heraufbeschworen, aber er kam im späteren Kontext der Grenzkonflikte mit Eroberungen und Rückeroberungen zwischen den beiden damaligen Weltreichen zur Anwendung. Unterdessen haben sich die Weltreiche aufgelöst; die neo-konservativen Adler der amerikanischen Regierung stehen den verhängnisvollen Auswirkungen ihrer Bestrebungen gegenüber.

Die Einteilung der Welt in eine ›Welt des Islam‹ und eine ›Welt des Krieges‹ ist nicht mehr aktuell; Muslime leben überall, und der Islam wurde bereits Teil dessen, was damals ›die Welt des Krieges‹ genannt wurde, in einer Welt ohne Grenzen, wo jeder jeden beobachten und mit jedem kommunizieren kann. Der einzige gerechtfertigte Krieg ist der der Verteidigung und der des Widerstands bei Besetzungen. In der Kriegsethik der islamischen Tradition ist es untersagt, jemanden zu töten, der nicht direkt am Kriegsgeschehen beteiligt ist, dies gilt im Besonderen für Kinder oder solche, die zu ihrem Schutz heilige Zufluchtsorte aufsuchen, wie Tempel, Synagogen, Kirchen und Moscheen. Wahlloses Töten ist selbst zu Kriegszeiten ein abscheuliches Verbrechen. Alle Muslime sollten den Bannern des Jihad, die überall zur Legitimierung von Massenmorden durch terroristische Gruppierungen herangezogen werden, strikt entgegentreten, um auf diesem Weg ihren Glauben und den heiligen Koran vor solch kriminellem Missbrauch zu schützen. ·

Ins Deutsche übertragen von Aurelia Thomas

Anmerkungen von Abu Zayd

1 Siehe die beiden Artikel: Rizwi Faizer (2002), »Expedition and Battles«, und Ella Landau-Tasseron, »Jihad« in: *The Encyclopaedia of the Qur'ān*, hrsg. von Jane McAuliffe, Brill, Bd. 2, S. 143–153 und Bd. 3, S. 35–42. Siehe auch Hasan Hanafi (1996), »Method of Thematic Interpretation of the Qur'ān«, in: *The Qur'ān as Text;* hrsg. von Stefan Wild und E. J. Brill, S. 195–211.

2 Siehe meinen Artikel (2002), »Everyday Life: *Qur'ān*«, in *The Encyclopaedia of the Qur'ān*, op. Cit., Bd. II, S. 80–97.

3 Mafhūm al-Nass, dirāsa fī`ulūm al-*Qur'ān* (1990), (The Concept of the Text, study of the sciences of the Qur'ān), Erstausgabe Kairo, Beirut und Casablanca. Viele Neuauflagen.
4 Ursprünglich war dies meine Inaugural-Vorlesung für den Ibn Rushd-Lehrstuhl über »Islam und Humanismus« und wurde ausgearbeitet und veröffentlicht von der Humanistic University Press Publication 2004.
5 Ibid., S. 10–11.
6 Ibid., S. 19.
7 Majid Khadduri (1986), Harb, the first section ›legal aspect‹, in: *The Encyclopaedia of Islam*, 2. Aufl., hrsg. von E. J. Brill, Bd. 111, S. 180.
8 Ibid.
9 Ibn Rushd (1994), *Bedāyat al-Mujtahid wa Nihāyat al Muqtasid*, the book of Jihād, Nr. 5, Bd. 2, übersetzt von Imran Khan Nayzee, the Center for Muslim Contribution to Civilization, S. 454–487, Teil 7, S. 464 and Teil 1, S. 454.
10 Mit der im englischen Sprachgebrauch allgemein anerkannten Übersetzung von ›occasions of revelation‹ [Anlässe der Offenbarungen] bin ich nicht einverstanden und bevorzuge ›reasons of revelation‹ [Gründe der Offenbarungen], denn der Ausdruck ›occasions‹ könnte die Beziehung zwischen der offenbarten Koranpassage und seinen Anlässen als zufällig erscheinen lassen. Wenn muslimische Gelehrte über ›asbāb‹ reden trifft dies jedoch nicht zu. Hinzu kommt, dass der Ausdruck ›reasons‹ [Gründe] den wesentlichen Zusammenhang zwischen dem Diskurs und seinem Kontext hervorhebt.
11 Sachedina (1990), »The development of jihād in Islamic revelation and history«, in: J. T. Johnson and J. Kelsay (Hg.) *Cross, crescent, and sword*, Westport, S. 36.
12 Siehe Rubin, »Barā'a, a study of some qur'ānic passages«, in: JSAI 5 1984, 24–30, quoted by Rizwi Faizer, siehe vorhergehende Anmerkung.
13 Siehe A. Guillume (Übers.) (1955), *The Life of Muhammad, A Translation of* Ibn Ishāq's, Sīrat Rasūl Allāl Pakistan Branch, Oxford, S. 288.
14 Ibid., 32.
15 Ibid., 383.
16 Ibid., 438.
17 Die gesamte Theorie der Abrogation beruht auf Vers 106, Sure 2: »Wenn wir einen Vers (aus dem Wortlaut der Offenbarung) tilgen oder in Vergessenheit geraten lassen, bringen wir (dafür) einen besseren oder einen, der ihm gleich ist. Weißt du denn nicht, dass Gott zu allem die Macht hat?« Eine andere mögliche Vokalisierung des Arabischen *nunsiha* (in Vergessenheit geraten lassen) ist *nunsi'hā*, dem die Bedeutung von ›(eine Bestimmung/Vorschrift) aufschieben‹ zugrunde liegt.

Islamischer Puritanismus und die religiöse Gewalt

Reinhard Schulze

In seiner bemerkenswerten Artikelreihe »Der Islam und das Christentum im Verhältnis von Wissenschaft und Zivilisation«, maß der ägyptische Mufti Muhammad ʿAbduh (1849–1905) Religionen an dem Universalitätsanspruch der Zivilisation und kam zu dem Ergebnis, dass im Christentum durch die Machstellung der Kirchen die vernunftgeleitete Erkenntnis dem blinden Nacheifern (*taqlid*) unterworfen sei.[1] Als weitere antizivilisatorische Faktoren kämen der Wunderglaube und die Abkehr von der Welt hinzu. Schließlich sei das Festhalten an der Trinität ein deutlicher Hinweis darauf, dass das Christentum als Religion die »Gesetze der Zivilisation« nicht erfüllen könne. ʿAbduh stellte mit ziemlich deutlichen Worten das Gewaltpotential des Christentums heraus. Nach seiner Auffassung ist es der Text, der die Gewalt zur Norm werden lässt, die sich in vielfältiger Weise in der Geschichte der Christen gezeigt habe. Hierzu verwies er auf Matthäus 10: 34–36, wo es heißt:

»34 Meint nicht, dass ich gekommen sei, Frieden auf die Erde zu bringen; ich bin nicht gekommen, Frieden zu bringen, sondern das Schwert. 35 Denn ich bin gekommen, den Menschen zu entzweien mit seinem Vater und die Tochter mit ihrer

---

1 Muhammad ʿAbduh, al-Islam wa-n-nasraniya maʾa al-ʿilm wa-l-madaniya, ed. Muhammad Rashid Rida, Kairo: al-Manar 1341 [1923/4], eigentlich eine Antwort auf das Buch Ibn Rushd wa-falsafatuhu von Farah Antun (1874–1922). Hasselblatt, Gunnar (1968), Herkunft und Auswirkungen der Apologetik Muhammed ʿAbduh's (1849–1905), untersucht an seiner Schrift: Islam und Christentum im Verhältnis zu Wissenschaft und Zivilisation, Göttingen; hierzu von Kügelgen, Anke (1994), Averroes und Die Arabische Moderne: Ansätze zu einer Neubegründung des Rationalismus im Islam, Leiden, S. 77ff. Antun war bis dahin vor allem als Rezipient der Werke von Ernest Renan aufgefallen. So hat er dessen La vie de Jésus (1863) ins Arabische übersetzt.

Mutter und die Schwiegertochter mit ihrer Schwiegermutter; 36 und des Menschen Feinde [werden] seine eigenen Hausgenossen [sein].«[2]
Gewalt sei deshalb dem Christentum inhärent, weil schon das Evangelium selbst die Gewalt legitimiert habe. Zugleich meinte er, dass sich in allen Religionsgeschichten, also auch in der islamischen Religionsgeschichte, die Menschen durch Gewalt von ihrer religiösen Bestimmung entfernt hätten. Allerdings sei der Islam in seiner Substanz anders als das Christentum frei von Dogmen der Gewalt: Zwar seien die frühen Muslime in Medina durch den Koran aufgefordert worden, unter bestimmten Bedingungen die Ungläubigen zu bekämpfen (*qital*) oder ihnen zuzusetzen (*jihad*), doch hätte Gott in seiner koranischen Offenbarung keinen Zwang (*ikrah*) definiert oder gar angewendet.

'Abduh verknüpfte also die religiöse Gewalt mit der Offenbarungsabsicht selbst. Dies bedeutet, dass er Gewalt nicht nur als ein geschichtliches Phänomen von Religionen sieht, sondern auch die Möglichkeit anerkennt, dass eine bestimmte Religion in ihrer Absicht Gewalt sei. Nun wird Religion selten als Gewalt definiert. Selbst in Bezug auf den Islam findet sich nur selten die Formulierung »der Islam ist Gewalt«. Meist wird die Religionsabsicht auf das Konzept »Frieden« bezogen, weshalb die Formulierung »der Islam ist Frieden« weitaus gängiger ist. Interessanterweise wird diese Äquivalenzbeziehung fast ausschließlich auf den Islam angewendet. Wendungen wie »Christentum ist Frieden« oder »Judentum ist Frieden« sind genauso selten wie die entgegengesetzten Ausdrücke »Christentum ist Gewalt« oder »Judentum ist Gewalt«.

Allerdings wird von islamkritischer Seite oftmals die im Koran rekonstruierte Offenbarungsabsicht mit Gewalt identifiziert. Hierzu wird gern und seit alters her Koran 2:190–193 angeführt:

»190: Und kämpft auf Allahs Weg gegen diejenigen, die gegen euch kämpfen, doch übertretet nicht! Allah liebt nicht die Übertreter.
191: Und tötet sie, wo immer ihr auf sie trefft, und vertreibt sie, von wo sie euch vertrieben haben, denn Verfolgung ist schlimmer als Töten! Kämpft jedoch nicht gegen sie bei der geschützten Gebetsstätte, bis sie dort (zuerst) gegen euch kämpfen. Wenn sie aber (dort) gegen euch kämpfen, dann tötet sie. Solcherart ist der Lohn der Ungläubigen.
192: Wenn sie jedoch aufhören, so ist Allah Allvergebend und Barmherzig.

---

2 Analog Lukas 12:51.

193: Und kämpft gegen sie, bis es keine Verfolgung mehr gibt und die Religion (allein) Allahs ist. Wenn sie jedoch aufhören, dann darf es kein feindseliges Vorgehen geben außer gegen die Ungerechten.«

Zwar wird hierdurch nur die Gewaltmöglichkeit der Muslime legitimiert und nicht etwa die Offenbarung als Gewalt definiert, doch wird hieraus oftmals eine Gewaltethik abgeleitet, die »den Islam« kennzeichnen würde. In der Apologetik wird also versucht, einerseits die substantielle Gewaltabsicht anderer Religionen zu entlarven und andererseits geschichtlich feststellbare Gewalt in der eigenen Religion durch historische Kontextualisierung einzubinden und aus der Absicht der Religion herauszunehmen.

II

Religion als Gewalt zu definieren setzt einerseits eine radikale Religionskritik, andererseits eine phänomenologische Betrachtung von Religion voraus.[3] Aus religionskritischer Sicht ist die Feststellung von der Funktion des Religiösen als Zwang relativ einfach zu begründen. Bei Ludwig Feuerbach heißt es zum Beispiel in Kritik an Pierre Bayle einfach: »Rohe Gewalt und Unredlichkeit, das sind die beiden hervorstechendsten Kennzeichen eurer Kirche.«[4] Einfach ist dies deshalb, weil Religion meist nur als Machtausdruck einer Gruppe angesehen wird (»Pfaffenbetrug«) und dazu diene, »Gewalt anzuwenden, um jemand Religion einzuflössen«.[5] Indem Religion

---

3 Die Literatur zum Thema »Religion und Gewalt« ist in den letzten zehn Jahren erheblich angewachsen. Folgende Zeitschriftenjahrgänge haben einen entsprechenden Themenschwerpunkt: Contagion 9 (2002); The Ecumenical Review 55 (2003); Jahrbuch für Religionsphilosophie 2 (2003); Zeitschrift für Religionswissenschaft 11 (2003); Journal for the Scientific Study of Religion 43 (2004); Numen 52 (2005); aus der Vielzahl der Titel seien stellvertretend genannt Mark R. Anspach, Violence against violence – Islam in comparative context, Terrorism and political violence 3 (1991) 3, S. 9–29; W. Schmidt, W. (2002), Gott und Gewalt: Religion als Gewalt, Glaube als Gewaltpotential, Weltreligionen als Waffenarsenal?, in: Evangelische Aspekte 12, S. 37–42; Stobbe, H.G. (2004), Religion und Gewalt: systematisch-theologische Überlegungen, Zeitschrift für Theologie und Gemeinde 9, S. 207–229; Milton-Edwards, Beverly (2007), Islam and Violence in the Modern Era, Palgrave; Etienne, Bruno (2007), Islam and Violence, History and Anthropology 18 (2007) 3, S. 237–248.
4 Ludwig Feuerbach, Gesammelte Werke IV, herausgegeben von Schuffenhauer, Werner (1989), Berlin, S. 183.
5 Feuerbach S. 202.

anthropologisch und in Folge der Projektionshypothese[6] als »die Reflexion, die Spiegelung des menschlichen Wesens in sich selbst« und Gott also als »das offenbare Innere, das ausgesprochene Selbst des Menschen« aufgefasst wurden, tritt die Gewalt des Menschen in die Gestalt der Religion selbst ein.[7] Radikal wurde dies von Freud ausformuliert, indem er die menschliche Gewalt als Gründungsakt von Religion überhaupt definierte:

»[…] so stellt sich ein unerwartet präzises Ergebnis heraus: dass Gottvater dereinst leibhaftig auf Erden wandelte und als Häuptling der Urmenschenhorde seine Herrschermacht gebraucht hat, bis ihn seine Söhne im Vereine erschlugen. Ferner, daß durch die Wirkung dieser befreienden Untat und in der Reaktion auf dieselbe die ersten sozialen Bindungen entstanden, die grundlegenden moralischen Beschränkungen und die älteste Form einer Religion, der Totemismus. Daß aber auch die späteren Religionen von demselben Inhalt erfüllt und bemüht sind, einerseits die Spuren jenes Verbrechens zu verwischen oder es zu sühnen, indem sie andere Lösungen für den Kampf zwischen Vater und Söhnen einsetzen, anderseits aber nicht umhinkönnen, die Beseitigung des Vaters von neuem zu wiederholen.«[8]

Freud wies in seinem Aufsatz »Zwangshandlungen und Religionsübungen« (1907) pointiert darauf hin, dass sich die Zwanghaftigkeit des Psychischen stets in der Zwanghaftigkeit religiöser Rituale abbilde. Primär ist auch hier der Mensch, dessen Konstitution sich in Religion transformiere. Die religionskritische Suche nach einer Beziehung zwischen Religion und Gewalt führte stets auf den Menschen zurück, da es seine Gewalt sei, die sich auch, aber eben nicht ausschließlich als Religion ausdrücke. Die Praxis der Gewalt sei zum Beispiel in Form des Opfers religiös, das sich wieder in

---

6 Hierzu wird meist Xenophanes zitiert: [14] αλλ' οι βροτοι δοκεουσι γενναοται θεους, την σφετερην δ' εσθητα εχειν φωνην τε δεμας τε (»Doch wähnen die Sterblichen, die Götter würden geboren und hätten Gewand und Gestalt wie sie«. [15].] »Doch wenn die Ochsen [und Rosse] und Löwen Hände hätten oder malen könnten mit ihren Händen und Werke bilden wie die Menschen, so würden die Rosse roßähnliche, die Ochsen ochsenähnliche Göttergestalten malen und solche Körper bilden, wie jede Art gerade selbst das Aussehen hätte. [16] Αιθιοπες τε <θεους σφετερους> σιμους μελανας τε Θρηικες τε γλαυκους και πυππους <φασι πελεσθαι> »Die Äthiopen behaupten, ihre Götter seien schwarz und stumpfnasig, die Thraker, blauäugig und rothaarig.« Diels, Hermann und Kranz, Walther (1934), Die Fragmente der Vorsokratiker, Bd. 1, Berlin, S. 132f.).
7 Von Kutschera, Franz (1991), Vernunft und Glaube, Berlin, S. 273.
8 Freud, Sigmund (1975) »Vorrede zu ›Probleme der Religionspsychologie‹« von Dr. Theodor Reik [1919], in: Sigmund Freud, Der Mann Moses und die monotheistische Religion. Schriften über die Religion, Frankfurt am Main, S. 1–18, hier S. 18.

Gewalt umsetzen könne.[9] Entsprechend deutet Wolfgang Sofsky konkrete Gewalt: »Sofern der Praxis des Gemetzels überhaupt ein religiöser Sinn zukommt, so ist es nicht irgendeine ›fundamentalistische‹ Wahnidee, sondern die Wiederkehr des archaischen Blutrituals: des Menschenopfers, das die Mördergruppe ihrem Götzen, vor allem aber sich selbst darbringt.«[10] Indirekt folgte ihm hier Bertrand Russell, der alten aufklärerischen Idealen entsprechend in der Religion drei menschliche Triebe, nämlich »Angst, Eitelkeit und Hass« verkörpert sah. Eine andere Interpretation sieht Gewalt als Ausdruck exklusivistischen Glaubens, der beispielsweise die Offenbarungsreligionen auszeichne[11] und der die Verfolgung von Häretikern erlaube. Die religiöse Deutung dieses Anspruches wird zum Beispiel mit Augustinus belegt, dar schrieb: »Item quod dixi: Ad sapientiae coniunctionem non una via perveniri, non bene sonat, quasi alia via sit praeter Christum qui dixit: Ego sum via.«[12] (»Die Aussage: ›Zur Weisheit führt nicht nur ein einziger Weg‹[13] klingt nicht gut. Als ob es einen anderen Weg gäbe außer Christus, der gesagt hat: ›Ich bin der Weg‹«[14])

Diese Weg-Metapher, die sich in sehr vielen religiösen Schriften findet, gibt nicht nur die Ausschließlichkeit des von Gott offenbarten »richtigen Weges« (im Koran *as-sirat al-mustaqim*) wieder, sondern eröffnet denjenigen, die diesen Weg zu vertreten meinen, die Möglichkeit, Sanktionen gegen jeglichen Abweichler zu ergreifen. Neben die Praxis tritt so als mögliche Quelle der Gewalt das Selbstverständnis einer Religion. Die Anthropologie der Gewalt anerkennend, wird dann aber von Religionsbefürwortern die Funktion der Religion quasi umgekehrt: Indem sie die Gewalt in Form des Opfers, des Rituals oder des Glaubensgrundsatzes integriere und einfriede, trage sie zur Zivilisierung des Menschen bei. Anders ausgedrückt: Religion sei der Schwamm, der die Gewalt des Menschen aufsauge und binde. Trockne dieser Schwamm aus, dann würde die Gewalt unter den Menschen wieder freigesetzt.

---

9 Scott Appleby, R. (2000), The ambivalence of the sacred: religion, violence, and reconciliation, Lanham.
10 Sofsky, Wolfgang (1998), Welcher Menschentypus steckt hinter den Exzessen in Algerien, Ruanda und Bosnien«, Die Zeit 15.
11 Ellens, J. Harold u.a. (Hg.) (2004), The destructive power of religion: violence in Judaism, Christianity, and Islam. I–IV, Westport; London.
12 Augustinis, Retractationes I, 4,3.
13 Symmachus, Soliloquia 1.13.23.
14 Johannes 14:6.

Die dritte Perspektive sieht Gewalt als zwingenden historischen Ausdruck des Monotheismus. Zugespitzt finden wir diesen Standpunkt etwa bei Allen Ginsberg (1926–1997), der in einem Interview 1955 feststellte: »Monotheism – the Judeo-Christian-Islamic monotheist tradition – I think, as Blake[15] thought, is one of the curses of mankind, the idea of a single authority in the universe.«[16] Nicht als Fluch, sondern als durch die auf den Einen Gott projizierte »Sprache der Gewalt« interpretierte auch Jan Assmann den »exklusiven Monotheismus«.[17] Er sieht im Alten Testament den Beleg für eine »revolutionäre Sprache der Gewalt«, die eine direkte »Transposition des assyrischen Despotismus«[18] in die Semantik des Religiösen gewesen sei.

III

Die Beantwortung der Frage, ob Religion Gewalt konstituiert, setzt erstens voraus, dass sowohl Religion wie Gewalt definierbare Größen sind, und zweitens, dass die Relation zwischen Religion und Gewalt bestimmbar ist. Wenn Gewalt als Phänomen des Religiösen erachtet wird, dann muss in den Religionsdefinitionen durch phänomenologische Reduktion das Element Gewalt als definiens auftauchen. Doch weder in funktionalistischen Definitionen der Religionssoziologie (Durkheim, Spiro, Yinger, Pollack etc.) noch in substantialistischen Definitionen der Religionsphänomenologie (van der Leeuw, Glasenapp, Mensching etc.) werden Gewalt kodierende Konzepte aufgegriffen.[19] In den Definitionen, in denen auf eine »Macht« verwiesen wird – erwähnt seien nur Gerardus van der Leeuws Bezug auf Religion als »Erfahrung von, Begegnung mit und Umgang mit Macht« oder von Glasenapps Definition als »die im Erkennen, Denken, Fühlen, Wollen und Handeln bestätigte Überzeugung von der Wirksamkeit persönlicher oder unpersönlicher transzendenter Mächte«[20] – wird Gewalt nicht als definiens betrachtet. Im »System geheiligter Überzeugungen und

---

15 Gemeint ist der englische Dichter William Blake (1757–1827).
16 http://www.bookwire.com/bbr/interviews/v2.7/ginsberg.html.
17 Assmann, Jan (2006), Monotheismus und die Sprache der Gewalt. Wien.
18 Assmann, Monotheismus, S. 31.
19 Pollack, Detlef (2003), Säkularisierung – ein moderner Mythos? Studien zum religiösen Wandel in Deutschland, Tübingen, S. 41–47.
20 von Glasenapp, Helmuth (1952), Die fünf großen Religionen. Düsseldorf, S. 1.

Symbole«, wie Religion gern knapp definiert wird, wird daher nicht das Heilige selbst als gewalttätig definiert, sondern der Gewalt die Möglichkeit zugesprochen, unter Umständen geheiligt zu werden.[21] Umgekehrt kann gerade das Heilige – wie bei George Bataille – als »elementare Gewaltsamkeit« definiert werden.[22] Die Feststellung einer logischen Beziehung zwischen Religion und Gewalt will nicht recht gelingen, da jede Betrachtung von der Absicht geleitet ist, das Religiöse oder speziell den sogenannten Monotheismus positiv oder negativ in Wert zu setzen. Gängige Praxis ist es, die Religionsabsicht von der geschichtlichen Religion abzukoppeln und Gewalt in die Historizität des Religiösen einzubetten. Der religiöse Text sei quasi ein Dokument der Gewalt, der diese gleichzeitig überwinden helfe, indem er Gegenbilder zur Gewalt entwerfe. Die im religiösen Text konkretisierte Gewalt steht so der phänomenologisch abstrahierten Religion diametral gegenüber. Dies wiederum gilt als Beleg für eine »Instrumentalisierung« der Religion zur Ausübung konkreter Gewalt.

Analytisch gesehen besteht hier das Problem, dass eine substantialisierte, abstrahierte Religionsidee mit historischer Gewalt in Beziehung gebracht wird, ohne dass diese Gewalt in den Prozess der phänomenologischen Reduktion einbezogen würde. Der phänomenologische Zugriff auf das Religiöse setzt also eigentlich eine phänomenologische Interpretation von Gewalt voraus, um dem Noumenon von Gewalt auf die Spur zu kommen. Nur dann ließe sich eine Äquivalenzbeziehung zwischen beiden Konzepten sichern.[23] Gewaltphänomenologie gelingt aber nur dann, wenn man Gewalt als »autonomen Gegenstand« sui generis definiert und ihn als »im Wesen unabhängig« deklariert. Zu diesem Gegenstand müsse man durch eine Reduktion dokumentierter Phänomene der Gewalt gelangen, doch dann müsste auch schon eine Klassifikation vorliegen, die es erlaubt, bestimmte »Phänomene« als der Gewalt zugehörig definieren zu können. Gewalt zeige sich dann in historischen Sachverhalten (Epiphanie). Das,

---

21 Hamerton-Kelly, Robert G. (1994), Sacred Violence, Vorwort von René Girard, Minneapolis: Augsburg 1994.
22 Lienkamp, Christoph (2003), Gewalterfahrung. Wertbindung, Identitätsbildung. Sozial- und religionsphilosophische Bestimmungen des Verhältnisses von Gewalt und Religion, in: Liebsch, Burkhard und Mensink, Dagmad (Hg.) (2003), Gewalt Verstehen, Berlin, S. 203–223, hier S. 206.
23 Klass, Tobias Nikolaus (2004), Zur Phänomenologie der Gewalt, Rezension von Alfred Hirsch: Recht auf Gewalt? Spuren philosophischer Gewaltrechtfertigung nach Hobbes, in: Deutsche Zeitschrift für Philosophie 55 (2007) 5, S. 822–826.

was eine Phänomenologie der Gewalt sein könnte, ist unklar. Meist wird sie als eine Beschreibung der »Phänomene« gedacht: »Eine Soziologie der Gewalt müsse vielmehr mit einer Phänomenologie der Gewalt beginnen und die konkrete Gewalt dicht beschreiben.«[24] Es geht also zunächst um die Taxonomie der Gewaltereignisse: »Will man den Begriff der Gewalt nicht von vornherein und unzulässig auf intendierte und für ihr Opfer offenkundige Zufügung gewisser Verletzung reduzieren, so stellt sich einer Phänomenologie der Gewalt von Anfang an das Problem der angemessenen Gewalt-*Beschreibung*. Man darf die Frage, was überhaupt *als Gewalt* zu ›verstehen‹ und zu beschreiben ist, nicht einfach überspringen, wenn man ›Gewalt verstehen‹ will.«[25] Oft aber mündet die Diskussion in einer Anthropologie der Gewalt.[26]

Religion und Gewalt werden gern als Zwillingspaar angesehen, vor allem dann, wenn auf den Erfahrungszusammenhang verwiesen wird. Bei Hans Joas gerät die »Erfahrung der Gewalt« zum »perversen Bruder der Erfahrung von Wertebindung.«[27] Die »affektive Erfahrung der unbedingten Geltung eines Wertes« verweist auf den gemeinsamen Ursprung, nämlich in der Geltungsbehauptung. Hierin könnte nun der Zusammenhang zwischen Religion und Gewalt gesehen werden. Denn beide Konzepte sind durch den Begriff »Geltung« bestimmt. So, wie die Bezugnahme auf eine religiöse Wahrheit/Wirklichkeit subjektive Geltung schafft, verschafft auch die Gewalthandlung dem Subjekt Geltung, indem sie die Unversehrtheit eines anderen oder von etwas anderem verletzt und dadurch dem Gewalthandelnden ermöglicht, seinen Geltungsanspruch dem anderen aufzuzwingen.

Entscheidend ist also die subjektive Begründung des Geltungsanspruchs. Raubt jemand einem anderen ein Gut, sagen wir ein Päckchen Zigaretten, dann kann er die Geltung der Tat in vielerlei Hinsicht begründen: Er kann sagen: »Das Päckchen gehört mir«, »ich benötige dieses Päckchen dringender«, »ich kann nicht anders«, »Rauchen ist schädlich«, »Rau-

---

24 Mäder, Ueli, Strukturelle Gewalt in der Moderne, http://www.jpm.bl.ch/docs/ekd/inspekt/jg/gewalt_referat_maeder.pdf; außerdem Imbusch, Peter (2000), Gewalt – Stochern in unübersichtlichem Gelände, Mittelweg 36, 9, S. 24–40; Imbusch, Peter (2005), Moderne und Gewalt. Zivilisationstheoretische Perspektiven auf das 20. Jahrhundert, Wiesbaden.
25 Liebsch, Burhard (2003), Gewalt-Verstehen: Hermeneutische Aporien, in: Liebsch, Burkhard und Mensink, Dagmad (Hg.), Gewalt Verstehen, Berlin, S. 23–58, hier S. 52.
26 Sofsky, Wolfgang (1996), Traktat über die Gewalt, Frankfurt am Main.
27 Lienkamp, »Gewalterfahrung«, S. 220.

chen ist verboten« oder »Gott hat das Rauchen verboten«. In jedem Fall ist die Begründung Teil der Gewalthandlung selbst. Wenn also eine religiöse Norm begründend ist, dann ist diese im Moment der Tat Teil der Gewalt. Ein Unterschied ergibt sich aber dort, wo als Subjekt der Begründungsaussage das »Ich« oder etwas beziehungsweise jemand anderes steht. Im ersten Fall versteht der Täter sein Tun als Exekutiv eigenen Willens, im anderen Fall sieht er sich als legitime Exekutive fremden Willens. Als Zwangshandlung wäre die Gewalttat dann definiert, wenn das Subjekt der Begründung zwar formal mit dem Handlungsträger identisch ist, von diesem aber nicht als das kognitive Ich erfahren wird.

Hier nun stellt sich die Frage, unter welchen Bedingungen die eigene beziehungsweise die als eigen empfundene, oder die fremde beziehungsweise die als fremd empfundene Ermächtigung zur Tat religiös ist. Eine religionsphänomenologische Antwort hierauf ist nicht möglich, da die die Tat definierenden Geltungsansprüche nicht auf eine Substanz reduziert werden können und da die Handlungsträger keiner kollektiven Einheitlichkeit unterliegen, es sei denn, man erkennt einen radikalen Anthropologismus an.

IV

Es verwundert so nicht, dass in den ersten Arbeiten zum Thema »Religion und Gewalt« vornehmlich Rituale und Opferhandlungen untersucht wurden. Walter Burkert betont: »[D]enn dies ist der Akt der Frömmigkeit: Blutvergießen, Schlachten – und Essen. Tempel und Kultbild mögen fehlen, wie oft gerade im Kult des Zeus, sie können später errichtet und leicht ersetzt werden. Gegenwärtig ist der Gott an seinem Opferplatz [...]. Grunderlebnis des ›Heiligen‹ ist die Opfertötung. Der homo religiosus agiert und wird sich seiner selbst bewusst als homo necans. Dies ist ja Handeln schlechthin, operari – woraus das Lehnwort ›Opfer‹ übernommen ist – eine Benennung, die den Kern dieses ›Handelns‹ euphemistisch verschweigt.«[28] René Girard interpretierte Opferrituale als in der Funktion des »Sündenbocks«[29], durch die die Gewalt auf »unproblematische Bereiche«

---

28 Burkert, Walter (1997), Homo necans; Interpretationen altgriechischer Opferriten und Mythen. Berlin, (Religionsgeschichtliche Versuche und Vorarbeiten, Bd. 32.), S. 9f.
29 U.a. nach Lev. 9:15 (שְׂעִיר הַחַטָּאת, אֲשֶׁר לָעָם).

umgelenkt und hierdurch für die Gemeinschaft unschädlich gemacht werde.³⁰ Die Beziehung Opferritual und Gewalt scheint so allein durch den Handlungsvorgang des Tötens klargestellt. Nur trifft dies kaum die aktuellen Erfahrungen in Konflikten, in denen Religion als Kontext für eine Vielfalt an gewaltsamen Handlungsformen vermutet wird. Das »Opfer« tritt nur dann in diese Erfahrung ein, wenn von »Selbstmordopfer« oder »unschuldigen Opfern« die Rede ist. Im ersten Fall ist die religiöse Konnotation sofort erkenntlich, im zweiten Fall ist natürlich nicht das sacrificum gemeint, sondern das dem Täter gegenübergestellte Opfer als eine durch ein Verbrechen geschädigte Person. Aus der Sicht des Täters kann es sich dabei aber tatsächlich um ein Ritualopfer handeln, etwa wenn Angehörige der Groupes islamiques armés, die in den 1990er Jahren in Algerien gewütet hatten, Kinder deshalb rituell (durch »Schächten«) umbrachten, weil sie sie vor dem Leben in der Welt des Unglauben schützen wollten.

Verliert also das Religiöse seine Gewalt, wenn es keine rituellen Opferhandlungen mehr zulässt? Verliert es dann auch – Girard folgend – die Fähigkeit, die Gemeinschaft vor der Gewalt zu schützen? Wenn dem so wäre, dann müssten alle Religionstraditionen, die kein Ritualopfer (mehr) kennen (zum Beispiel das Christentum), in einem anderen Verhältnis zur Gewalt stehen als solche, die das Opferritual noch kennen (zum Beispiel der Islam). Dies aber lässt sich historisch nicht belegen. Im Gegenteil: Betrachtet man die Geschichte der Gewalt, durch die Geltungsansprüche religiös ausformuliert werden, so muss man feststellen, dass die neuzeitliche Umformung des Religiösen aus einer Kultpraxis in eine Glaubenshaltung keinesfalls zu einem Rückgang solcher mit Gewalt durchgesetzten Geltungsansprüche führte.

Auffällig ist, dass in der Gegenwart vor allem solche Handlungen mit einem religiös begründeten Geltungsanspruch ausgewiesen werden, die der sozialen Normativität dienen. Die vierzehnköpfige Gruppe, die am 16. Mai 2003 fünf Bombenanschläge in Casablanca verübte, hatte schon vorher in dem Stadtteil Sidi Moumen von sich Reden gemacht, als sie mit Gewalt gegen Alkohol trinkende Gäste in Kaffees vorging. Sie stützten sich dabei auf die Kurzform einer Prophetentradition (»Wer Verwerfliches sieht, der soll es mit der Hand abändern«), wie sie von dem Prediger Miloudi Zakaria (1970–2006) der *as-Sirat al-Mustaqim*-Gruppe interpretiert wurde. Zakaria

---

30 Girard, René (1972), La violence et le sacré. Paris.

Miloudi hatte selbst am 24. Februar 2002 in dem Bidonville Sekouila von Sidi Moumen einen »Ungläubigen« zu Tode gesteinigt.[31] Offensichtlich hat die Praxis religiöser Normativität Eingang in die Geltungsansprüche der Gewalt gefunden. Dies unterscheidet sie von Gewalthandlungen zum Beispiel islamischer Gemeinschaften (Singular *al-jama'a al-islamiya*) der 1970er und 1980er Jahre, in denen die Geltungsbegründung meist mit der selbst erfahrenen, vielfach staatlichen Gewalt verknüpft wurde und die als »Kampf gegen den Pharao« umschrieben wurden.[32]

Im Kern handelt es sich um die Selbstermächtigung zur Exekutive islamischer Normativität. Von den Handlungsträgern wird dies natürlich als legitime Gewalt interpretiert. Die Doppeldeutigkeit des deutschen Wortes »Gewalt« als *force* (lat. *fortis*) beziehungsweise *violence* (lat. *vis*, *violentia*) und als *power* (lat. *poti*, *potestas*) verwischt diese Unterscheidung. Im Arabischen hingegen kann sie sprachlich deutlich wiedergegeben werden: *quwa* (oder *sulta*[33]) steht für die *potestas* und *'unf* (und entsprechende andere Begriffe) für die *violentia*. Aus der Sicht des Handelnden, der sich als Exekutive der religiösen Normativität ermächtigt sieht, ist die Tat Ausdruck von Macht, aus der Sicht des Anderen hingegen Gewalt.

Der Begriff »religiöse Gewalt« könnte demgemäß aufgefasst werden als eine Kurzbezeichnung von Handlungen, die einerseits auf Grund des *common sense* als Gewalt interpretiert werden, zu der sich andererseits der Handlungsträger durch einen Bezug zu einer religiösen Haltung ermächtigt sieht und mit der dieser seiner religiösen Haltung Geltung verschaffen will. Um Gewalt im Sinne von *violentia* zu sein, bedarf es also eines Publikums, das die Handlung aus einer Außenperspektive als Gewalt erkennt und bewertet. Daher gestaltet sich die Beurteilung eines Opferrituals in der Antike als religiöse Gewalt schwierig, denn in diesem Fall sind wir es, die die Handlung als Gewalt identifizieren, es sei denn, antike Quellen lassen den Schluss zu, dass es auch zeitgenössische Zuordnungen der Opferrituale zur Gewalt gegeben hat. Zu Recht betont der Strafrechtler Winfried Hassemer die wachsende Sensibilität der öffentlichen Meinung gegenüber der Deutungen von Handlungen als Gewalt: »Was sich heute mit besonderer

---

31 http://www.maroc-hebdo.press.ma/MHinternet/Archives_559/html_559/lange.html.
32 Schulze, Reinhard (2007), »Islamistischer Terrorismus und die Hermeneutik der Tat«, in: Monika Wohlrab-Sahr und Levent Tescan (Hg..), Konfliktfeld Islam in Europa, Baden-Baden, S. 77–110 [Soziale Welt Sonderband 17].
33 *Sulta* meint ähnlich dem deutschen Wort »Walten« eigentlich die Handlung und den Zustand des *Waltens* = Herrschens, wobei man über eine Person oder Sache vollständige Herrschaft besitzt.

Rasanz und Sichtbarkeit ändert, ist die Art und Weise, wie wir [etwas als] Gewalt wahrnehmen und uns zu ihr einstellen. [...] Die Chance, Gewalt und Gewaltausübung wahrzunehmen, war wohl nie besser als heute.«[34]

Die oben genannte Definition von »religiöser Gewalt« ist insofern problematisch, als sie zirkulär das Attribut »religiös« als definiens verwendet. Zwar wird mit diesem Attribut gemeinhin auf »Religion« verwiesen, doch macht das die Sache nicht leichter, da Religion als historischer Begriff auf keinen eindeutigen, definierbaren Sachverhalt verweist. In der Neuzeit und Moderne ist der Begriff Religion entgegen den religionssoziologischen und religionsanthropologischen Definitionen sehr deutlich auf den Text zugespitzt, der als Ausdruck des Glaubens verstanden wird. Religiöse Normativität wird so primär mit dem Textgehalt des Religiösen in Verbindung gebracht. Diese neuzeitliche, mit deutlich protestantischen Zügen behaftete Wendung des Verständnisses des Religiösen aus einem Ritual in einen Textzusammenhang führt zwangsläufig zur Frage, ob ein Text Gewalt konstituieren kann, wenn dieser Text primär als Ausdruck einer religiösen Normativität gelesen wird.

Aus der Sicht der philosophischen Hermeneutik wird ist es unmöglich, den Text selbst als Gewalt zu begreifen; gewaltkonstituierend sei allenfalls das Verstehen.[35] Ein Text sei demnach keine Gewalthandlung, vielmehr könne eine bestimmte, dem Gemeinsinn widersprechende Interpretation des Textes diesem Gewalt antun. Wenn dies stimmt, dann können auch religiöse Texte wie der Koran selbst keine Gewalt darstellen. Allenfalls könne das Lesen zum Beispiel des Korans Gewalt hervorrufen und durch den damit verbundenen Geltungsanspruch mit dem Koran Gewalt antun. Letzteres hängt natürlich wieder von dem Gemeinsinn ab.

Wenn nun in einem religiösen Text wie in Koran 9:5 die Aufforderung steht »Und wenn nun die heiligen Monate abgelaufen sind, dann tötet die Heiden, wo (immer) ihr sie findet, greift sie, umzingelt sie und lauert ihnen überall auf!« dann stellt sich die Frage, ob der Imperativ »tötet« an sich schon Gewalt darstellt, da er diese Handlung denjenigen befiehlt, den sich durch den religiösen Text als »Gläubige« verstehen. Nach allgemeinem Rechtsempfinden ist die »Aufforderung zur Gewalttätigkeit gegen Menschen oder Sachen« eine unter Strafe gestellte Handlung (zum Beispiel

---

34 Hassemer, Winfried (1990), Das Schicksal der Bürgerrechte im ›effizienten Strafrecht‹, in: Peter-Alexis Albrecht/Backes, Otto (Hg.), Verdeckte Gewalt. Plädoyers für eine »Innere Abrüstung«, Frankfurt am Main, S. 191–203, hier S. 191.
35 Liebsch, »Gewalt-Verstehen«, S. 2ff.

schweizerisches StGB Art. 259.2). Für jemanden, der das Lesen des Textes als Glaubensausdruck versteht, kann diese Aufforderung natürlich keine strafbare Handlung sein – denn wie sollte Gott jemanden bestrafen, der seiner Aufforderung genügt?[36]

Dieser Imperativ war nach klassischer Auffassung aber nicht frei, sondern von dem Gesamtgefüge abhängig, das der Koran, die Koranexegese, die Koranexegeten, die Theologen und die Juristen bilden. Er unterlag grundsätzlich der Kontrolle der religiösen Autorität. Die imperative Gewalt des Textes verkörpert sich in der religiösen Autorität und war damit indirekt der Zuordnung individueller Frömmigkeit enthoben. Da solche Imperative keinen erkennbaren moralischen Charakter besaßen, unterlagen sie der juristischen Würdigung und fügten sich nicht in das allgemeine Moralempfinden ein.

Religiöse Texte sind meist auch Texte mit Aufforderungscharakter. Der Koran fordert auf zu Glauben (*iman*), der durch den Gottesdienst (*'ibada*) bekundet wird. In der islamischen Theologie war die Bindung des Glaubens an die Kultpraxis (*din*, *'amal*) umstritten. In der frühen Neuzeit nun lassen sich Spuren eines grundsätzlichen Wandels im Verstehen dieser Aufforderung ausmachen. Indem der alte Begriff *din* (eigentlich Kultpraxis und/oder Glaubenssatzung) mit dem personalen Glauben (*iman*) gleichgesetzt wurde, geriet die praktische Moral zu einer gesamthaften Bestätigung des Glaubens. Überspitzt formuliert wurde der Koran aus der Kultwelt in die Glaubenswelt überführt. Die Aufforderung im Koran: »Ihr Gläubigen, glaubt an Gott und Seinen Gesandten und die Schrift, die er auf seinen Gesandten herabgeschickt hat, und die Schrift, die er (schon) früher herabgeschickt hat« (4:136), konnte hierdurch sozial konkretisiert werden: Der Glaube an den Koran drückt sich im Befolgen seiner Gebote aus, das heißt der Glaube an den Gesandten bedeutet das Befolgen seiner in der Sunna überlieferten Seinsweise. Die religiöse Autorität wurde damit in den Text zurückgeführt, so dass der Text handlungsoffen wurde. Da die Frömmigkeit nicht auf juristischen und theologischen exegetischen Strategien beruhte, verschwanden die den Text kontrollierenden Diskurse. Weder Historisierungen (ein Sachverhalt im Koran wird durch den Hinweis auf die Gründe seiner Offenbarung (*asbab an-nuzul*) eingebunden) oder allegorische

---

36 Dies ist nicht immer eindeutig. In sufischen Kreisen wurde die Bestrafung von Iblis, der sich geweigert hatte, sich gemäß Gottes Aufforderung vor den Menschen zu verneigen, da Gott doch selbst bestimmt hatte, dass die Anbetung ihm allein gebühre, als Aporie angesehen.

Sinndeutungen noch teilweise raffinierte Formen der Abrogation (gestützt auf 16:101 und 17:86, wonach die zeitlich zuletzt erfolgten Offenbarungen verbindlich sind[37]) waren nun Teil des Glaubens an den Koran, was zur Folge haben konnte, dass es keine Bedeutungshierarchie in bezug auf einzelne Sachverhalte mehr gab. Letzteres betraf dann besonders die Prophetentradition.

Die sich hier abzeichnende Freisetzung des Glaubens als autonome Kategorie, die sich schließlich allein in einer alltagspraktischen »Glaubenslesung« des Korans und der Sunna konkretisierte, radikalisierte der islamische Puritanismus in der Frühen Neuzeit.

V

Der islamische Puritanismus der Frühen Neuzeit gründete auf einer Kritik an den religiösen Autoritäten, die für sich die Kenntnis und Verwaltung der seinswirklichen Universalien behaupteten. Das Religiöse galt nur in Bezug zur empirisch fassbaren und beurteilbaren Religiosität der Gemeinschaft, das heißt wenn sie »sinnlich« wahrgenommen, also als Glaubenspraxis erkannt werden kann. Im Unterschied zu den scholastischen Universalisten sahen die Puritaner Religion als das durch das gelehrte Dogma Gegebene an, da dieses keine »Wirklichkeit« besitze. Die Wirklichkeit sei nicht aus einer universellen Logik heraus ableitbar, sondern liege nur in konkreten, moralisch beurteilbaren Einzelfällen vor. Normen werden also nur dann wahr, wenn sie in die Praxis umgesetzt werden; hieraus ergibt sich, dass Religion nur als durch den Glauben gestiftete praktische Moral wirklich sein könne.

Nun ist es nicht so, dass in der islamischen Religionsgeschichte diese puritanische Haltung zu offener Gewalt der einzelnen Gläubigen geführt habe. Der Puritanismus wirkte vielmehr gemeinschaftsbildend. Zudem führte er die religiöse Autorität nicht wieder vollkommen in den religiösen Text zurück, sondern schuf mit seinen Predigten und Katechismen eine neue Form intermediärer Autorität, die verhinderte, dass sich der einzelne Gläubige die Autorität des religiösen Textes gänzlich zu eigen machte und diese in eine Eigengewalt umdeutete. Innerhalb der puritanischen Gemein-

---

37 In der Exegese wird als Grund genannt, dass Gott im Koran der Gemeinde zunächst eine leichtere Last und dann die schwerere aufgebürdet habe.

schaften aber wirkte der religiöse Text als Ausgangspunkt für die zwingende Geltung sozialer Normen, die, da sie kasuistisch gesehen wurden, keinerlei Bedeutungshierarchien mehr aufwiesen. Das Verbot, Tabak zu rauchen oder sich den Bart zu scheren besetzte den gleichen Rang wie das Gebot zu beten oder zu fasten. Die Durchsetzung dieser Normen in der Gemeinschaft erfolgte nun nicht immer in Form konkreter Gewaltakte. Zwar berichten historische Quellen auch von innerhalb der Gemeinschaft gewaltsam durchgesetzten Ge- und Verboten, und bisweilen lesen wir auch, dass bestimmte puritanische Gemeinschaften ihre Gebote anderen Gruppen aufgezwungen haben. Doch zu einem bedeutsamen Ereignis wurden diese Handlungsweisen erst in der Zeit zwischen 1750 und 1830, als der Puritanismus außerhalb des urbanen Milieus einen starken Rückhalt gefunden hatte. Zu erwähnen ist hier zunächst die arabische *wahhabiya*, die in gewisser Hinsicht ein Spätankömmling war; erst in den 1740er Jahren, also zu einer Zeit, als der städtische Puritanismus im Osmanischen Reich und im Safawidenreich schon deutlich an Einfluss verloren hatte, setzte sich im zentralen Hochland der arabischen Halbinsel die puritanische Kritik an den religiösen Traditionen durch, vor allem in der Ausformulierung von Muhammad b. 'Abdalwahhab (1703–1792), dessen Familie [Al ash-Shaykh] sich im 19. Jahrhundert eine puritanische Amtsautorität sichern konnte. Die Traditionskritik der *wahhabiya* richtete sich vor allem gegen alle Formen sufischer Verehrung, gegen nicht in der Sunna überlieferte islamische Kultformen, gegen jeglichen Gelehrtendiskurs, der auf einer spekulativen dogmatischen Diskussion beruhte, und gegen die schiitische Tradition der Verehrung der Imame. Die puritanische Gemeinschaftsbildung erfolgte nicht aus einem öffentlichen Raum heraus, sondern als Ergebnis eines Bündnisses mit einer erzwingenden Herrschaftsgewalt, die in den Händen der Familie Sa'ud [Al Sa'ud] lag. Die puritanische Lebensführung, die vollkommen auf der als richtig anerkannten Prophetentradition beruhte, wurde dadurch durchgesetzt, dass hier Loyalität gegenüber dem Herrscherhaus mit sozialer Sicherheit getauscht wurde. Untertänigkeit beruhte auf der uneingeschränkten Akzeptanz der puritanischen Lebensführung.

Neben anderen puritanischen Gemeinschaften in Nordafrika sei noch auf die indischen Traditionen verwiesen. Hier spielten die *ahl-e hadith* eine besondere Rolle, die sich auf die Ideen von Shah Wali Allah Dihlawi (gest. 1763) and Sayyid Ahmad Brelwi (gest. 1831) beriefen und auch Ansichten des bekannten jemenitischen Richters Muhammad b. 'Ali ash-Shawkani (gest. 1832) aufnahmen. In ihrer auf den Hadith bezogenen Kasuistik und Traditionskritik, die im 19. Jahrhundert vor allem durch Muhammad Siddiq Hasan Khan al-Qinnawji (1832–1890) geäußert wurde, ähnelten die *ahl-e hadith* oberflächlich der *wahhabiya*, so dass britische Kolonialbeamte sie bald als »indische Wahhabiya" klassifizierten. Allerdings war diese Zuordnung irrig, denn der Puritanismus von Hasan Khan und den *ahl-e hadith* war eng mit der sufischen Tradition der Naqshbandiya verbunden, was zur Folge hatte, dass der Sufismus nicht aus dem islamischen Feld der *ahl-e hadith* verbannt, sondern als Form ethischer Selbstbestimmung aufgefasst wurde.[38]

In der indischen Debatte geriet der Hadith in den Mittelpunkt der Frage, was die islamische Normativität ausmache. Sehr vereinfacht gesprochen konzentrierte sich die islamische Meinungsbildung in Indien auf die Frage, welchen Stellenwert dem Hadith für die islamische Normativität und damit für den Glauben habe. Innerhalb der Befürworter des Hadith unterschieden sich die Lehrmeinungen nach folgenden Aspekten:

- Ist das Befolgen der Sunna absoluter Ausdruck der Gläubigkeit oder erlaubt sie komplementär andere Formen der Frömmigkeitsbezeugung?
- Wenn ja, beschränkt sich diese auf eine sufisch begründete Ethik oder kann sie auch komplexe sufische Lehrmeinungen – einschließlich monistischer Lehren nach Ibn 'Arabi (gest. 1240) umfassen?
- Ist die Normativität allein auf den Corpus einer »reinen Sunna« (*as-sunna al-mutahhara*) bezogen oder ist die Bindung (*taqlid*) in der Beurteilung des Hadith an eine bestimmte Tradition – hier die hanafitische Tradition – zwingend?
- Ist der Prophet Muhammad primär als Verkörperung des Hadith zu sehen oder ist mit seiner Person eine Heilsbindung verknüpft, die im Glauben erfahrbar ist?
- Ist die aus dem Hadith abgeleitete Normativität zwingend mit einer Exekutive zu verstehen, die die Durchsetzungsgewalt oder gar Erzwingungsgewalt inne hat?
- Ist die aus dem Hadith abgeleitete Normativität in jedem einzelnen Punkt gleichwertig oder gestattet sie Hierarchien der Bedeutung?

Die indische Hadith-Debatte, die bis heute anhält, zeigt, dass im religiösen Textkanon vor allem jene Texte als Ermächtigung zur (gewaltsamen) Durchsetzung eigener Geltungsansprüche dienen, die lebensabbildend

---

38 Riexinger, Martin (2004), Sanâ'ullâh Amritsari (1868–1948) und die Ahl-i Hadis im Punjab unter britischer Herrschaft, Würzburg.

sind. Da die Sunna des Propheten Muhammad hochgradig kasuistisch ist – eine intertextuelle Hermeneutik, wie sie in der Koranexegese angelegt ist, ist hier faktisch nicht möglich – orientiert sich eine puritanische Lesung des Hadith stets an Einzelfällen, die alltagspraktisch sind. Allerdings bedeutet dies nicht, dass dieser Geltungsanspruch die Übernahme der Normen durch andere erzwingt. Dies aber wäre einer der Kerne »religiöser Gewalt«. Die puritanische Lesung religiöser Texte führt also nicht automatisch zu religiöser Gewalt des Einzelnen. Die auch in puritanischen Gemeinschaften institutionalisierte religiöse Autorität allerdings ermöglichte die kollektive Ausübung von religiöser Gewalt, wenn sie der Durchsetzung des Geltungsanspruchs der Gemeinschaft diente. In der Moderne änderte sich diese Situation grundlegend. Mit dem Eintritt des Islam in den öffentlichen Raum geriet die religiöse Autorität zu einem frei verfügbaren Diskurs von Privatleuten, die sich zum Publikum versammelten.[39] Die öffentliche Meinung bestimmte nicht nur die Lese- und Verstehensweise religiöser Texte, also hier des Korans, der Prophetentradition und der Prophetenvita, sondern auch die Legitimität der praktischen Durchsetzung von Geltungsansprüchen. Der öffentliche Islam[40], der im Kern eine puritanische Religionsdeutung fortschrieb, brachte zwar Fragen ethischer Normativität in den öffentlichen Raum ein und diente als Moderation der Selbstreflexion moderner diskursiver Ethik.[41] Doch bedeutete dies zugleich, dass dieser Geltungsanspruch prinzipiell entsprechend der diskursiven Regeln des öffentlichen Raums medial zum Ausdruck gebracht wird. Die Meinungsbildung ersetzte die Zwangshandlung.

Solange also der öffentliche Islam die Funktion eines Ersatzes religiöser Autorität einnahm, war die Möglichkeit des Einzelnen, selbst durch Zwangshandlungen einen Geltungsanspruch durchzusetzen, gering. Umgekehrt ist zu erwarten, dass in dem Moment, wo der öffentliche Islam diese Funktion verliert oder selbst gar »entöffentlicht« wird, die religiöse Autorität und die durch sie institutionalisierte Ethik in Form einer subjek-

---

39 In Anlehnung an die berühmte Formulierung von Jürgen Habermas (1962), Strukturwandel der Öffentlichkeit. Untersuchungen zu einer Kategorie der bürgerlichen Gesellschaft, Neuwied 1962, S. 40. (Öffentlichkeit als »Sphäre der zum Publikum versammelten Privatleute«).
40 Schulze, Reinhard (2008), Islam im öffentlichen Raum oder der Islam als öffentliche Religion, in Mariano Delgado (Hg.), Religionen in der Öffentlichkeit, Stuttgart, mit weiterer Literatur.
41 Zum Geltungsanspruch öffentlicher Religion in der Moderne siehe Casanova, José (1994), Public Religions in the Modern World, Chicago, S. 107, 206.

tiven, personalisierten Ethik an den Einzelnen zurückfallen. Eine solche personale Ethik geht vom Gefühlserleben aus, das Lesen des religiösen Textes wird dann zu einem emotionellen Erleben des Inhalts, den der Leser im Text erkennt. Dies wiederum stiftet ein moralfundiertes Gefühl von Gültigkeit der Textaussage, hinter die der Handelnde subjektiv zurücktritt.

VI

Im öffentlichen Islam war Ethik streng einer rationalen Beurteilung unterworfen, die eng mit der Kategorie der Gerechtigkeit verbunden ist. In dieser durch die Öffentlichkeit institutionalisierten Ethik hatte der Islam eine wichtige Ordnungsfunktion. Die Krise des öffentlichen Islam, die sich schon in den späten 1980er Jahren ankündigte, weichte diese Ordnungsfunktion auf. Neue Solidaritätsbezüge[42] schufen soziale Bindungen, in denen der öffentliche Islam keinerlei Integrationsfähigkeit mehr hatte und in denen die institutionalisierte Ethik bedeutungslos wurde. Das alte ethische Gemeinschaftsprinzip des Korans, »das Gute/Gebilligte zu gebieten und das Böse/Verwerfliche zu verbieten« (*al-amr bi-l-ma'ruf wa-n-nahy 'an al-munkar*, hierzu Koran 3: 103 und 3:110)[43] wurde von frühen islamischen Theologen oftmals sehr kontrovers diskutiert. Einer berühmten Tradition nach habe Muhammad bestimmt: »Wer immer etwas Verwerfliches sieht und in der Lage ist, es mit seiner Hand zu richten, dann soll er es mit seiner Hand richten; wenn er dazu nicht in der Lage ist, dann [soll er es] mit seiner Zunge [richten]; wer dazu nicht in der Lage ist, der [soll es] mit dem Herzen [richten]. Dies ist das Geringste des Glaubens.«[44] In der islamischen Tradition wird diese allgemeine Legitimität der Durchsetzung von Geltungsansprüchen allerdings stark eingeschränkt: Der Handelnde müsse

---

42 Schulze, Reinhard (2004), Islamische Solidaritätsnetzwerke. Auswege aus den verlorenen Versprechen des modernen Staates, in: Jens Beckert, Julia Eckert, Martin Kohli, Wolfgang Streeck (Hg.), Transnationale Solidarität. Chancen und Grenzen, Frankfurt am Main, S. 195–218.
43 Cook, Michael A. (2000), Commanding right and forbidding wrong in Islamic thought, Cambridge, U.K..
44 سمعت رسول الله صلى الله عليه وسلم يقول من رأى منكرا فاستطاع أن يغيره بيده فليغيره بيده فإن لم يستطع فبلسانه فإن لم يستطع فبقلبه وذلك أضعف الإيمان – Abu Da'ud, Sunan, 1:677f. Nr. 1140 [andere Zählung Nr. 963].

»milde« (*rafīq*)[45], den Gesamtkontext der Tradition kennen (*'alim*) und ein Mann der Gerechtigkeit (*'adl*) sein. Zudem meinten einige, die Exekutivgewalt »mit der Hand« gehöre den Herrschern (*umarā'*), die »mit der Zunge« den Gelehrten und die »mit dem Herzen« dem Volk.[46]

In einer personal(isiert)en Ethik kann die Einschränkung der Berechtigung zur Exekutive ganz entfallen. Dies geschieht vor allem dann, wenn der Text unabhängig vom Traditionswissen, das ja Aussagen über die Beschränkung macht, als Ausdruck der Frömmigkeit gelesen wird. Der Text wird als emotioneller Wahrheitsausdruck erfahren, wobei der Text Gottes Absicht (direkt im Koran, abgebildet in einer Handlungsweise des Propheten) darlegt, die der Mensch nur ansatzweise erkennen kann. Darin werden Regeln aufgestellt, die für das Leben des Einzelnen wie für das Zusammenleben in der Gemeinschaft von Belang sind. Die im Text erkannten Regeln werden als zwingende Normen gewertet, die Macht definieren. Sie treten in die Verfügungsgewalt des Lesenden, wobei der Leser im Moment des Lesens zum »Gefäß« des Textes wird und somit zu einem Handlungsträger des Textes selbst, also zu dessen Exekutivorgan, avanciert. Als sein Exekutivorgan reproduziert der Leser den Text in seinem wörtlichen Gehalt und wird somit zum Handlungsträger von Gottes Determination. Der Leser fühlt sich als Handlungsträger von Gottes Determination zu einzelnen Handlungen im Sinne einer »Eigengewalt« ermächtigt. Der Leser begreift seine Autorität durch das Lesen, was ihn von anderer Autorität befreit.

Die Entwicklung einer derartigen Verständnisses wurde in den letzten zehn bis 15 Jahren durch die Kasuistik der Internet-Informationslandschaft erheblich erleichtert. Der Zugriff auf Informationen aus den religiösen Texten wurde hierdurch radikal partikularisiert und privatisiert. Dies hatte die Krise des öffentlichen Islam noch vertieft, denn nun war der Zugriff auf religiöse Information ohne jede Bindung an eine religiöse Autorität möglich. Gewiss, auch im 12. Jahrhundert hätte sich jemand den Koran oder die Prophetentradition beschaffen können, um individuell den Text »zu lesen«, doch dann wäre er immer mit dem Kontext der gelesenen Textstelle konfrontiert gewesen. Zudem hätte er – vor allem wenn er die Prophetentradition »las« – ein professionelles Interesse an dem Text haben

---

45 Im Anschluss an die vielzitierte Prophetentradition »Gott liebt die Milde/Güte. Durch Milde wird gegeben, was durch Gewalt nicht gegeben wird«, u.a. Ahmad b. Handal, musnad, Nr. 859.
46 Cook, Commanding, S. 598f.

müssen, und dann wäre er schon Teil des Gefüges religiöser Autorität gewesen. Jetzt genügt ein Suchen nach Stichworten in den elektronischen Hadith-Sammlungen[47], um relevante Belege zu finden.

Der zweite durch die neuen Medien ausgelöste »Strukturwandel der Öffentlichkeit«, die diesen Wandel begleitende Krise des öffentlichen Islam und die puritanische Neudeutung des Religiösen stellen aber nur zeitgenössische Kontexte für die Entfaltung religiöser Gewalt dar. Der Prozess der Selbstermächtigung zu Gewalthandlungen ist eigentlich von dem religiösen Text unabhängig.

Streng genommen müsste »religiöse Gewalt« im Verständnis der Handelnden ein Akt der Frömmigkeit oder gar des Gottesdienstes sein. Nur dann ist die Beziehung Gewalt und Religion funktional. Der Kampf zwischen zwei Gruppen, die sich jeweils mit einer bestimmten religiösen Tradition identifizieren, ist somit nicht zwingend religiöse Gewalt. Vielmehr muss sie als Gewalt erkannt werden, die zwischen zwei »Wir-Gruppen«[48] ausgetragen wird, wobei sich mindestens eine der beiden Gruppen ihrer »Wir-Identität« durch eine Selbstzuordnung zu einer »Religion« vergewissert. Von außen wird dann diese Zuordnung als Gewaltbegründung angesehen, auch wenn die Handlungsträger ganz andere Motive (z.B. Rache, Gerechtigkeit, Besitz- oder Kontrollansprüche) behaupten würden. Religiös ist diese Gewalt selbst dann nicht, wenn im konkreten Fall, zum Beispiel beim Bombenlegen in einem schiitischen Stadtteil von Bagdad, der Angriff auf die anderen erfolgt, weil diese als religiös different angesehen werden. Hier dient Religion nur als Markierung von Wir-Gruppen. Zur religiösen Gewalt wird die Tat erst, wenn der Täter sie selbst als religiös, also als praktischen Ausdruck seiner Frömmigkeit interpretiert.

In diesem Fall haben wir es mit der Transformation einer im religiösen Text erkannten Normativität in eine Glaubenspraxis zu tun. Dies unterscheidet religiöse Gewalt deutlich von den Gewaltformen, die zum Beispiel in einem Opferritual gesehen werden können. Gemein ist beiden Formen der Gewalt die Behauptung, »Gottesdienst« (im weitesten Sinne des Wortes) zu sein. Der Unterschied liegt aber darin, dass im Opferritual zum Beispiel Entsühnung, Besänftigung zorniger Götter, Anerkennung eines göttlichen Privilegs, Dank, Ersatz für das einem Gott eigentlich zustehende Recht, Maßnahmen zur Abwehr drohender Gefahr, Gemeinschaftlichkeit

---

47 Z.B. http://hadith.al-islam.com.
48 Elwert, Georg (1989), Nationalismus und Ethnizität. Über die Bildung von Wir-Gruppen, Kölner Zeitschrift für Soziologie und Sozialpsychologie 41, S. 440–464.

mit einem Gott, Aufrechterhalten kosmischer Ordnung oder Ausdruck der Gegenseitigkeit rituell dramatisiert wird. Dies ist zwar auch »Gottesdienst«, dient aber nicht der Selbstvergewisserung als gläubiger Mensch. Kulthandlungen wie das Gebet sind – unter der Bedingung der neuzeitlichen Transformation des Religiösen – hingegen Praktiken, die der Bewahrheitung (*tasdiq*) des religiös Geglaubten im Subjekt dienen. Neuzeitlich ist diese Zuordnung insofern spezifisch, als sich – wie oben ausgeführt – durch die Transformation des Religiösen die alte Kultpraxis (*din*) funktional in eine textgestützte »Glaubenspraxis« wandelte. Wenn zum Beispiel jemand einem anderen seine religiöse Praxis aufzwingt, indem er ihm ein Glas Bier vom Tisch kippt oder ihn tötet, dann dient die Tat primär der Bewahrheitung des Glaubens. Da die Normativität aus der Lesung eines religiösen Texts abgeleitet ist, ist diese Glaubenspraxis textgestützt.

Religiöse Gewalt steht somit im Kontext der Glaubenspraxis. In islamischen Kontexten finden wir nun eine Verdichtung einzelner Handlungsgebote zu einer Gesamtidee wieder, die mit dem Begriff Jihad ausgedrückt wird. Es sei nochmals daran erinnert, dass der aus dem Koran abgeleitete Begriff Jihad von muslimischen Juristen als diejenige Handlung definiert wurde, die den islamischen Kultfrieden garantiert, indem den Ungläubigen, die den Kultfrieden stören, »zugesetzt« wird (cf. Koran 66:9). Dieses »Zusetzen« wurde meist als Kampfhandlung interpretiert. Nun wurde seit den 1970er Jahren vor allem in Kreisen radikaler »islamischer Gemeinschaften« die Deutung betont, dass der Islam erst durch diesen Jihad gestiftet sei. In seinem Kommentar zu Koran 2:190 erklärte der marokkanische Gelehrte Taqi ad-Din al-Hilali:

»al-Jihâd (holy fighting) in Allah's Cause (with full force of numbers and weaponry) is given the utmost importance in Islâm and is one of its pillars (on which it stands). By Jihâd Islâm is established, Allah's Word is made superior (His Word being La ilaha ill Allah which means none has the the right to be worshiped but Allah), and His religion (Islam) is propagated. By abandoning Jihâd (may Allâh protect us from that) Islâm is destroyed and Muslims fall into an inferior position; their honour is lost, their lands are stolen, their rule and authority vanish. Jihâd is an obligatory duty in Islâm on every Muslim, and he who tries to escape from this duty, or does not in his innermost heart wish to fulfill this duty, dies with one of the qualities of a hypocrite.«[49]

---

49 Muhammad Taqi-ud-Dîn Al-Hilâlî/Muhammad Mushin Khân (1993), Interpretation of the Meanings of the Noble Qur'an in the English Language, Riyad, S. 71.

Al-Hilali deutet den Jihad also als die *raison d'être* des Islam. In gewisser Hinsicht folgte er noch den alten Juristen, die ja auch sagten, dass das Ziel des Jihad nur und ausschließlich die Herstellung des Kultfriedens (*islam*) sei. Da in der Neuzeit aber der Kult zur Glaubenspraxis geworden war, wurde die Deutung al-Hilalis so gelesen, dass der Jihad die Bewahrheitung des Glaubens sei; und da al-Hilali zudem den Jihad als Individualpflicht und nicht – wie die meisten alten Juristen – als Kollektivpflicht definierte, geriet der Jihad zu einer individuellen Pflicht der Glaubenspraxis. Radikalisiert konnte der Jihad also den Status einer kultischen Pflicht einnehmen, die dem des Gebets oder des Fastens entsprach. Auf das Subjekt bezogen konnte der Jihad nun als eine die Existenz des Einzelnen bewahrheitende Glaubenspraxis angesehen werden. Dies ermöglichte die Transformation des Jihad zu einer religiösen Gewalt, zu einem Gottesdienst, durch den der Handelnde seinen Glauben Wahrheit werden ließ. Die Gegnerschaft im Jihad musste sich konsequenterweise auf die »Feinde Gottes« beziehen. Einzelne Handlungen, die nicht der puritanischen Normativität entsprachen, wurden jetzt aber nicht mehr nur als Einzeltat gesehen, sondern als Ausdruck der Feindschaft zu Gott.

VII

Unter den Bedingungen der neuzeitlichen Transformation des Religiösen geriet der religiöse Text zum Bezugspunkt für Handlungen, die von außen als »religiöse Gewalt« identifiziert werden. Doch ist es nicht der Text, der die Gewalthandlung determiniert, selbst wenn im Text klar erkennbare Handlungsaufforderungen zu erkennen sind. Vielmehr ist es die Lesung des Textes, die unter bestimmten Umständen eine Gewalthandlung in die religiöse Glaubenspraxis eintreten lässt. In der Moderne wird dieser Lese- und Verstehensvorgang dadurch erleichtert, dass der Text unmittelbar mit subjektiven Geltungsansprüchen verknüpft werden kann. Die Zuordnung zu exklusiven Geltungsansprüchen der Religion selbst, die zugespitzt in der Unterscheidung von »falschen« und »wahren« Göttern oder in der Monotheisierung des Religiösen gesehen werden, erweisen sich dabei als nachrangig. Gewiss wurden in der Religionsgeschichte aus diesen Ansprüchen heraus über Jahrhunderte hinweg Zwangshandlungen legitimiert, genauso wie – unabhängig von der theistischen Konfiguration des Religiösen – jede

Kultpraxis äußerst gewalttätig sein konnte (gerade auch gegenüber der Tierwelt). Heutige religiöse Gewalt aber lässt sich allenfalls noch genealogisch mit diesen Gewalttraditionen in Verbindung bringen. Das Spezifikum der heutigen Situation besteht vielmehr in einer religiösen Gewalt, die als durch den Text legitimierte Glaubenspraxis erscheint. Eine solche Lesung religiöser Texte unterliegt wie alle Formen der kulturellen Konstruktion von sozialer Wirklichkeit den Bedingungen der Sinnstiftung. Dieser Sinnstiftung kann hier nicht weiter nachgegangen werden. Geht man aber von der empirisch fassbaren Praxis aus, in der religiöse Gewalt existiert, dann kann man feststellen, dass eine solche Lesung religiöser Texte verglichen mit der Gesamtzahl der Nutzer religiöser Texte (noch) relativ selten stattfindet. Das Problem ist nur, dass diese Lesung in einigen Fällen äußerst radikal ausfallen kann.

»Wehe den Ungläubigen«
Das Konfliktpotential der absoluten Wahrnehmung

Georg Schmid

Dass sich heute alle weltweit wirksamen Religionen in ihrer überall geforderten Weltnähe durch vielerorts durchgeführte soziale Programme und durch ihr Engagement für Bildung – zumindest verbal – auch für umweltgerechte Verhalten und für gerechte Verteilung der vorhandenen Ressourcen einsetzen, wird nur selten bestritten. Die aufgeschlosseneren Varianten jeder Religion engagieren sich überdies noch innerhalb und außerhalb ihrer Gemeinschaft für die Gleichstellung von Mann und Frau und für die Respektierung der Menschenrechte in allen Lebensbereichen. Nicht zuletzt ist Religion in ihrer spirituellen Dimension auch der Versuch, schwierige Emotionen lebbar zu gestalten. Angst und Verzweiflung, Unsicherheit, Liebeshunger und Hass werden seit der Zeit der Psalmen in individuellen und kollektiven Gebeten aufgegriffen und zum Teil mit Vehemenz, zum Teil liturgisch würdig dem Himmel vorgelegt.

Friedensfördernde und konfliktfördernde Religion

Das spirituell-liturgische Bearbeiten schwieriger Emotionen führt nicht selten zu einer seelischen Entlastung, die zum Beispiel in den Psalmgebeten nach allen Hasstiraden, zum Himmel gerichtet, schon in den Schlusszeilen in ein Lob Gottes münden. Durch persönliches oder gemeinsam liturgisch gestaltetes Gebet findet das bedrängte Gemüt neuen Lebensmut.

Auch als Hüterin der wichtigsten vom Himmel sanktionierten menschlichen Werte lässt sich der positive Beitrag der Religionen zum friedlichen Zusammenleben der Menschen kaum bestreiten. In eine – wenn auch oft recht konservative – Moralordnung gebunden, windet sich die menschliche Gemeinschaft aus der egomanen Orientierung des Einzelnen oder der einzelnen Gruppe allein am eigenen Vorteil heraus. Kurz: Religion präsentiert sich in den erwähnten und manchen anderen Aspekten als friedensfördernde und friedenserhaltende Kraft.

Trotzdem überwiegt in öffentlichen Debatten heute oft der Eindruck, dass Religionen nicht nur naheliegende Konflikte rechtzeitig angehen, eindämmen und im besten Fall erübrigen, sondern dass sie auch Konflikte oft erst richtig anheizen. Die Kämpfe zwischen Schiiten und Sunniten im Irak, der andauernde Konflikt zwischen dem Staat Israel und den Palästinensern (Streitobjekt ist nicht zuletzt auch der Tempelberg in Jerusalem), die andauernden nicht nur verbalen Attacken radikaler Islamisten gegen die als Kreuzritter verschrienen Leitgestalten westlicher Politik, die Spannungen zwischen Moslems und Christen in Teilen Indonesiens und zwischen Buddhisten und Moslems in Thailand und der erst unlängst ablaufende Konflikt zwischen Katholiken und Protestanten in Nordirland wecken zusammen mit vielen anderen auch religiös eingefärbten lokalen Konfliktherden Zweifel an der Fähigkeit der Religionen, in menschlichen Konflikten überzeugend zu vermitteln. Religionen – dies die naheliegende Vermutung dieses Aufsatzes – tragen an sich ein gewaltiges friedensförderndes und friedenserhaltendes Potential in sich. Doch über Nacht kann das, was bisher dem Frieden diente, sich aggressiv ausleben. Auch das Konfliktpotential der Religionen ist somit unübersehbar. Doch warum und unter welchen Umständen kippt die friedensfördernde und humanisierende Kraft der Religion in Aggression, Manipulation, Unterdrückung und Streitsucht? Manche Ursachen für die verhängnisvolle Wende von der humanisierenden zur zwanghaften Religion finden sich schon nach kurzem Nachdenken über eigene Erfahrungen mit religiösen Traditionen und Gemeinschaften. Andere finden sich zuhauf in der Geschichte der großen Weltreligionen. Bei sorgfältiger Prüfung findet sich keine Weltreligion, die nicht zeitweilig versucht hat, sich zwanghaft durchzusetzen. Beispiele für zwanghafte Religionen finden sich in allen Kulturen und Zeiten wie Sandkörner am Meer. Sie einzeln aufzuführen, machte wenig Sinn. Aber sich auf Situationen und Umstände zu besinnen, die den in allen Religionen irgendwo schon inhärenten Keim zu zwanghaftem Glauben aufbrechen lassen, ist mehr als nur sinnvoll. Es ist, wenn das gegenwärtige und zukünftige Schicksal der Religionen uns nicht gleichgültig ist, religionskritisch geboten. Denn dieses Nachdenken dient, falls sich durch Nachdenken auch religiöse Verhaltensmuster und Denkschemata verändern lassen, der friedlicheren Nutzung der im Gemüt des Menschen angelegten religiösen Kräfte.

Von der Wahrnehmung des Absoluten zur absoluten Wahrnehmung

In den Religionen begegnen wir Menschen in ihrer gemeinsamen Suche nach dem Ewigen, verborgen hinter allem oder in allem Vergänglichen, in ihrer verhaltenen oder hell lodernden Liebe zum Weltumspannenden und Absoluten und in ihrem Versuch, individuelles und kollektives Leben im Einklang mit dem Absoluten zu gestalten. Dass Religion als Freundschaft mit dem Himmel und als möglichst vollkommenes Einvernehmen mit dem Absoluten sich nicht nur an ewigen Werten orientiert, sondern immer versucht ist, sich selbst als ewigen Wert zu verstehen, liegt fast auf der Hand. Wer sich als Freund des Absoluten versteht, gleitet in seiner Selbstwahrnehmung nur zu leicht aus der Sphäre des Bedingten und Beschränkten und setzt sich auf Throne, die ihm der Himmel hingestellt hat. Die Wahrnehmung des Absoluten wird über Nacht zur absoluten Wahrnehmung.

Konsequenzen absoluter Wahrnehmung

Absolute Wahrnehmung führt überall dort zum Anspruch absoluter Wahrheit, wo sie sich vor Andersdenkenden nicht verhüllt, sondern bewusst eröffnet. Der mit absoluter Wahrnehmung beschenkte Glaubenszeuge begegnet seiner Umgebung mit dem Auftrag, die alles entscheidende, göttliche Erkenntnis, die ihm zuteil wurde, anderen darzulegen. Sein Zeugnis wirkt auf seine Umgebung als absolute Wahrheit, als göttliche Botschaft, die unbedingt gilt, über die hinaus es nichts mehr zu erwägen oder zu bezweifeln gibt.

Diese Zumutung absoluter Wahrheit drängt die Umgebung sofort zu einer Entscheidung. Entweder entzieht man sich diesem Anspruch oder man fügt sich ihm. Absolute Wahrheit drängt immer nach gläubiger Unterwerfung. Der noch Ungläubige wird nolens volens vom Anspruch absoluter Wahrheit bedrängt. Er kann nicht nichts tun. Er muss Stellung beziehen. Er muss bejahen oder verneinen. Er muss sich anschließen oder sich zurückziehen. Dieser Rückzug stempelt ihn in den Augen der Wahrheitszeugen früher oder später zum Feind der Wahrheit, zum Menschen, der zu seinem eigenen Unheil sich der göttlichen Wahrheit verschließt.

Absolute Wahrheit, anderen vorgelegt, produziert Gläubige und Ungläubige, Gerettete und Verlorene, Freunde Gottes und Feinde der Wahrheit. Absolute Wahrheit spaltet die Menschheit in der Optik der Wahrheitszeugen und in der Erfahrung der Glaubensverweigerer.

Diese Spaltung wird sogar dort spürbar, wo sie im Geist der neuzeitlichen religiösen Toleranz Menschen nur noch selten sozial ächtet und niemanden mehr physisch bedroht. In Zeiten eingeschränkter religiöser Toleranz entwickelte sich der Anspruch der absoluten Wahrheit für die eine oder andere Seite oder für beide zugleich zum persönlichen und kollektiven Drama.

Absolute Wahrnehmung und frühchristliches Märtyrertum

In der Geschichte des frühen Christentums fällt das aggressive Potential, das sich im Anspruch absoluter Wahrheit verbirgt, auf die Wahrheitszeugen zurück und führt sie ins Märtyrertum. Später – in den Jahrhunderten christlicher Herrschaft und kirchlicher Dominanz – vernichtet die absolute Wahrheit dann nicht selten diejenigen, die sich ihr verweigern. Der Weg ins Märtyrertum wird nicht nur durch das Schicksal des Meisters von Nazaret den frühen Christen vor Augen geführt. Auch eigene Erfahrungen zeigen der frühen christlichen Gemeinde, wie spannungsvoll sich absolute Wahrheit und Glaubensverweigerung gegenüberstehen. Im Johannesevangelium werden eigene Gemeindeerfahrungen auf eindrückliche Weise mit dem Schicksal des Meisters verbunden. Der johanneische Christus spricht nicht nur für sich selbst, sondern noch offenkundiger für die johanneische Gemeinde. Dieser Christus artikuliert wie sie in den Gesprächen mit Gegnern absolute Wahrheit bedingungslos klar, er erfährt wie sie Unverstand und Ablehnung, und er erlebt wie sie den Ausschluss aus der Gemeinschaft der Andersdenkenden und riskiert wie sie zuletzt die körperliche Vernichtung. So werden die Debatten des johanneischen Christus mit seinen Gegnern zu eindrücklichen Dokumenten absoluter Wahrheitsliebe in frühchristlicher Gestalt. Anders als der Jesus der drei ersten Evangelien, dessen Botschaft sich um die Erfahrung des hereinbrechenden Reiches Gottes dreht, spricht der johanneische Christus vorwiegend von sich selbst, von seiner Sendung und von seinem Verhältnis zum himmlischen Vater. Das Wissen um das Einssein mit dem absoluten Gott, das aus zahlreichen Selbstaussagen des johanneischen Christus spricht, zeigt diesen Christus von einer Aura absoluter Souveränität umhüllt. Die Menschen, die ihm begegnen, müssen daher radikal gegensätzlich reagieren: Die einen – vom Meister fasziniert – erkennen seine Selbstwahrnehmung an, die anderen lehnen ihn radikal ab. Absolute Selbstwahrnehmung führt – wie das Johannesevangelium auf Schritt und Tritt bezeugt – notwendig zur grundsätzlichen Scheidung der Geister. Glaube und Unglaube brechen angesichts der absoluten Wahrnehmung unüberhörbar auseinander. Eine Passage aus dem erwähnten Evangelium muss hier für viele stehen:

»Ein andermal sagte Jesus zu ihnen: Ich bin das Licht der Welt. Wer mir folgt, wird nicht in der Finsternis umhergehen, sondern das Licht des Lebens haben. Da sagten die Pharisäer zu ihm: Du legst ja über dich selbst Zeugnis ab. Dein Zeugnis ist nicht glaubwürdig. Jesus entgegnete: Auch wenn ich über mich selbst Zeugnis ablege, ist mein Zeugnis glaubwürdig, denn ich weiss, woher ich gekommen bin und wohin ich gehe. Ihr aber wisst nicht, woher ich komme und wohin ich gehe. Ihr urteilt nach dem Fleisch, ich urteile über niemanden. Und wenn ich urteile, ist mein Urteil gültig, denn nicht ich allein spreche das Urteil, sondern ich und der mich gesandt hat, der Vater. Und in eurem Gesetz steht geschrieben, dass das Zeugnis zweier Menschen gültig ist: Ich bin es, der Zeugnis ablegt über mich, und der Vater, der mich gesandt hat, legt Zeugnis ab über mich. Da sagten sie zu ihm: Wo ist denn dein Vater? Jesus antwortete: Weder mich noch meinen Vater kennt ihr. Würdet ihr mich kennen, würdet ihr auch meinen Vater kennen. Diese Worte sprach er beim Opferstock, als er im Tempel lehrte. Und niemand nahm ihn fest, denn seine Stunde war noch nicht gekommen.«[1]

Schon dieses kurze Gespräch deckt nicht nur die Kraft und Dynamik absoluter Selbstwahrnehmung auf, sie lässt auch das Konfliktpotential erahnen, das sich in absoluter Selbstwahrnehmung verbirgt. Der johanneische Christus lässt sich hier wie anderswo durch keinen Einwand, keinen Widerspruch und keine Drohung irritieren oder gar erschüttern. Im Gegenteil – die Einwände der »Pharisäer« oder der »Juden« dienen ihm geradezu dazu, sich in seiner ganzen Absolutheit zu erläutern. Diese Erläuterungen klingen nur in den Ohren der Widersprechenden widersprüchlich, indem ihnen zum Beispiel auffallen muss, dass der Christus gleichzeitig urteilt und nicht urteilt, oder indem er auf den absoluten Zeugen beruft, der als körperlich nicht anwesend auch nicht in einen Zeugenstand treten kann und dessen Zeugnis nur für den Christus, aber nicht für seine Gegner hörbar wird. Radikal anders versteht sich die absolute Erkenntnis selbst. Aus ih-

---

1 Joh 8, 12–20 (Zürcher Bibel 2007).

rem Einklang mit der göttlichen Erkenntnis heraus ist ihr Zeugnis in sich selbst evident. Diese Erkenntnis fließt Christus im Verständnis der johanneischen Gemeinde immer wieder vom Vater her zu. Die Gemeinde selbst sieht sich wahrscheinlich fast ebenso kontinuierlich getragen und geführt durch den im Geist immer noch präsenten Christus. Diese andauernden Geist- oder Christuserfahrungen der Gemeinde sind aus unserer zeitlichen Distanz heraus im Einzelnen nur noch schlecht vorstellbar. Parallelen zu diesem andauernden und erlebbaren Einklang mit dem Meister finden sich möglicherweise in der Charismatik unserer Gegenwart, die auch menschliches Empfinden und göttliche Wahrheit mit Visionen und Prophezeiungen in einer Art Kollektivmystik zusammenschweißt. Für die unmittelbare Wahrnehmung des Meisters und seines göttlichen Vaters braucht es keine äußeren Argumente, um Zweifel an dieser Wahrnehmung zu überwinden. Ummittelbarkeit ist für sie immer und überall Argument genug. Aus kollektivmystischem Einheitserleben der Gemeinde mit ihrem auferstandenen Meister und mit dem göttlichen Geist heraus sind alle Christusreden des Johannesevangeliums durchaus einfühlbar und in sich überzeugend. Ebenso nachvollziehbar sind auch die Äußerungen Christi zum Unverstand und zur Unkenntnis seiner Gegner. Wer die Unmittelbarkeit zu ihm und zu seinem Vater im eigenen Erleben und im Erleben der Gemeinde nicht kennt, der kann den Christus und seine Gemeinde nur missverstehen. Der muss beide in ihren Ansprüchen als reine Zumutung empfinden, die in keiner Weise nachvollziehbar ist. Ebenso realistisch sind die Hinweise des Evangelisten auf das drohende Todesurteil für den Meister, der sich geistig derart übernimmt. Jesus ist in der Sicht der Johannesgemeinde absolute Wahrnehmung in Person, genauso wie sich die Gemeinde sicher auch in ihren Geist- und Christuserfahrungen als Gemeinschaft erfüllt von absoluter Wahrnehmung sieht. Beide, der Meister und seine Gemeinde, müssen mit dem Schlimmsten rechnen. Aber beiden geschieht nur, was der göttliche Wille zulässt. Auch die Feinde des Glaubens – darin tröstet sich die Gemeinde – sind dem göttlichen Willen unterstellt. Die Stunde des Meisters ist »noch nicht gekommen«. Auch die Gemeinde wird Verfolgung erleiden, aber zu der von Gott bestimmten Zeit. Mit diesem Wissen tröstet sich die in absoluter Wahrnehmung auf ihre Umgebung immer provokativ wirkende Gemeinde nicht über die Probleme hinweg, die sie mit ihrem Anspruch in ihrer Umgebung auslöst. Aber sie relativiert die drohenden Gefahren. Gott verfügt auch über die Feinde seiner Wahrheit.

Absolute Wahrnehmung und politische Führung im frühen Islam

Absolute Wahrnehmung begegnet im frühen Islam nach dem Auszug des Propheten nach Medina. Dort ist er nicht mehr eingebunden in das Leben eines von seiner ungläubigen Umgebung angefochtenen Wahrheitszeugen, sondern umwoben von allen Möglichkeiten und Schwierigkeiten einer bedeutenden politischen Existenz. Der Prophet wurde zum erfolgreichen Lenker eines rasch expandierenden jungen Staates. Auch in dieser Führungsrolle werden ihm immer noch Offenbarungen zuteil, die sich nun selbstverständlich auch mit seinem Leben als religiöser und politischer Führer des jungen Staates befassen. Wie wirkt sich diese besonders konkrete und situationsbezogene Form absoluter Wahrnehmung, die im Leben des Propheten regelmäßig erfahrbare Offenbarung des göttlichen Willens, in diesem verglichen mit dem Leben der frühchristlichen Gemeinde völlig anderen Kontext aus?

Offenbarung, die persönliche und politische Realität gestaltet und die Gegner zu überzeugen oder doch in die Schranken zu weisen sucht, findet sich in allen Suren des Korans in Überfülle. Sie ist das eigentliche zentrale Thema des Korans. Aber auch hier muss wie im Beispiel der Reden des johanneischen Christus eine Passage so gut wie möglich für alle anderen sprechen.

Der jüdische Stamm Nadir in Medina hatte zuerst mit Mohammed einen Neutralitätsvertrag geschlossen, war dann nach seinem Sieg bei Badr über die Einwohner Mekkas(624) sogar bereit, ihn als Prophet anzuerkennen, hatte sich dann aber nach der Niederlage der Moslems beim Berg Uhud (625) auf die Seite seiner Feinde geschlagen und war nach einer sechstätigen Belagerung seiner »Burg« durch Mohammed und seinen Gläubigen besiegt und anschließend vertrieben worden. Da die Beute aus diesem Kriegszug dem Propheten zufiel, der sie nach seinem Ermessen verteilte, vermissten einige der alten Einwohner von Medina ihren Anteil an der Beute und meldeten sich kritisch. Die anschließend Mohammed zuteil gewordene Offenbarung antwortet dieser Kritik mit den folgenden Worten:

»Es preiset alles, was in den Himmel und was auf Erden ist; und Er ist der Mächtige, der Weise. Er ist's, welcher die Ungläubigen vom Volk der Schrift[2] aus ihren

---

2 Gemeint ist der jüdische Stamm der Nadir.

Wohnungen zu der ersten Auswanderung trieb. Ihr glaubtet nicht, dass sie hinausziehen würden, und sie glaubten, dass ihre Burgen sie vor Allah schützen würden. Dann aber kam Allah zu ihnen, von wann es sie es nicht vermuteten, und war Schrecken in ihre Herzen. Sie verwüsteten ihre Häuser mit ihren eigenen Händen und den Händen der Gläubigen. Drum nehmt es zum Exempel, ihr Leute von Einsicht! Und hätte nicht Allah für sie Verbannung verzeichnet, wahrlich, Er hätte sie hienieden gestraft; und im Jenseits ist für sie die Strafe des Feuers. Solches, dieweil sie sich Allah und Seinem Gesandten widersetzten; und wenn sich einer Allah widersetzt, siehe, so ist Allah streng im Strafen. [...] Was Allah Seinem Gesandten von den Städtebewohnern zur Beute gab, das gehört Allah und Seinem Gesandten und seiner Verwandtschaft, den Waisen und Armen und Sohn des Weges, damit es nicht unter den Reichen von euch die Runde mache. Und was euch der Gesandte gibt, das nehmt, und was er euch verwehrt, von dem lasset ab und fürchtet Allah. Siehe, Allah straft strenge. (Und es gehört auch) den armen Auswanderern[3], die aus ihren Wohnungen und von ihrem Gut vertrieben wurden, die Allahs Huld und Wohlgefallen suchten und Allah und Seinem Gesandten helfen. Sie sind die Wahrhaftigen. Und diejenigen, die vor ihnen in der Wohnung und dem Glauben hausten[4], lieben die, welche zu ihnen auswanderten und fühlen in ihrer Brust kein Bedürfnis nach dem, was ihnen gegeben ward, und ziehen sie sich selber vor, auch wenn sie selber bedürftig wären. Und wer vor seiner eigenen Habsucht bewahrt ist, denen ergeht es wohl. Und diejenigen, welche nach ihnen kamen, sprechen: »O unser Herr, vergib uns und unseren Brüdern, die uns im Glauben vorangingen, und setze nicht Missgunst in unsere Herzen gegen die Gläubigen; unser Herr, siehe Du bist gütig und barmherzig.«[5]

Die ganze Sure 59 ist wie zahlreiche andere Passagen des Korans geprägt von einer faszinierenden Verbindung von menschlich plausiblen Argumenten mit absolut gültigen göttlichen Willenskundgebungen. An sich könnte sich Mohammed ohne weitere Argumente auf die Gültigkeit des göttlichen Willens berufen. Gott hat, wie die anschließenden Verse in der gleichen Sure zeigen, das verräterische Treiben des jüdischen Stammes erkannt und zur Strafe mit dem Propheten und den Gläubigen die Verräter aus ihren Burgen vertrieben und ihre Burgen zerstört. Und Allah selbst hat dem Gesandten gezeigt, was mit der Beute geschehen soll. Die Bestrafung des jüdischen Stammes und die spezielle Regelung bei der Verteilung der Beute geschahen in völligem Einklang mit dem göttlichen Willen. Trotzdem beruft sich der Offenbarungstext nicht nur auf diesen undiskutierbaren göttlichen Willen, der jeden bestraft, der sich ihm entgegensetzt. Der

---

[3] Gemeint sind die Muslime, die mit Mohammed aus Mekka ausgezogen waren.
[4] Die Medinenser.
[5] Sure 59, 1–4 und 7–10 (Der Koran, übersetzt von Henning, Max (1998), Stuttgart.

Text appelliert auch an den Großmut der bisherigen Einwohner Medinas und an ihr Mitgefühl für die nun beschenkten, aber meist ärmeren mit Mohammed aus Mekka eingewanderten Muslime. Sogar an die Fähigkeit der Medinenser, ihren Neid als solchen zu erkennen und Gott um Vergebung zu bitten, wird appelliert. Kurz: Das Wissen um den unbedingten göttlichen Willen ersetzt nicht mancherlei einsehbare Argumente und mancherlei menschlich durchaus einfühlbare Appelle.

Der Ausgang der Begegnung der absoluten Wahrnehmung mit menschlicher Kritik ist im Fall des erwähnten Abschnittes aus dem Koran völlig anders als im Beispiel der Begegnung des johanneischen Christus mit den Pharisäern. Das eine Mal ist das Missverständnis vollkommen. Die Standpunkte driften so weit auseinander, dass sich der gewaltsame Tod des Meisters schon andeutet. Das andere Mal werden die medinensischen Kritiker der Politik des Propheten nach dem Kriegszug gegen die Nadir durch das Miteinander von menschlich einsehbarer Erwägung und göttlichem Willen von ihrer Kritik abrücken. Die absolute Erkenntnis, die dem Leiter des Staatswesens anvertraut und mit mannigfachen menschlichen Argumenten verbunden ist, lädt ein zu einem plausiblen Gehorsam gegenüber den von Gott gegebenen Verordnungen des Propheten. Wartet auf die Gemeinde, die sich nach dem johanneischen Christus ausrichtet und die seine Gegenwart im Geist intensiv erlebt am Ende möglicherweise das Martyrium, so entfaltet sich die Herrschaft Mohammeds in Richtung einer »plausiblen Theokratie«. Gegner werden vertrieben, Kritiker fügen sich gleichzeitig dem Willen Gottes und der in den Offenbarungen präsenten einfühlbaren Argumentation.

Absolute Wahrnehmung und religiöse Selbstjustiz

Trotz des im Moment noch glimpflichen Ausgangs der Begegnung der absoluten Wahrnehmung des Christus mit den Pharisäern und trotz des auffallend argumentativen Stils der göttlichen Willenskundgebung in der Auseinandersetzung um die Verteilung der Beute nach dem Kriegszug gegen die Nadir, ist das Konfliktpotential nicht zu übersehen, dass diese und jede andere Form absoluter Wahrnehmung in sich tragen. Wo absolute Wahrnehmung auftritt, werden die Kritiker sich nicht immer nur kopfschüttelnd zurückziehen oder sich in eine menschennahe Theokratie einfügen. Der Anspruch, in völligem Einklang mit dem Willen Gottes zu sprechen, enthebt den Wahrheitszeugen derart aus jedem normalen menschlichen Diskurs und irritiert die Umgebung derart grundsätzlich, dass das weitere Miteinander, Nebeneinander oder Gegeneinander von absoluter Wahrnehmung und menschlichem Widerspruch im Einzelnen unberechenbar wird. Besonders tragisch gestalteten sich in der Regel Begegnungen von Religionen oder religiösen Gemeinschaften, die beide in ihrem Verständnis von absoluter Wahrnehmung lebten. Selbstverständlich sind die schlimmsten Schläge der absoluten Wahrheit, mit denen sie den Irrtum zu treffen suchte, immer auch noch in einem speziellen sozialen, ethnographischen oder politischen Kontext eingebunden. Man brachte und bringt sich gegenseitig nicht nur deshalb um, weil man anders glaubt. Aber die je in absolute Wahrnehmung getauchte eigene Religion trägt oft einen an sich »normalen« politischen oder ethnischen Gegensatz als Kampf des Lichtes gegen die Finsternis aus. Sie macht aus Kontrahenten mythische Krieger und erschwert oder verhindert jedes sinnvolle vermittelnde Gespräch. Kurz: Absolute Wahrnehmung ist fast durchweg unfähig, in Konflikten, in die sie selbst verwickelt wurde, hilfreich zu vermitteln. Besonders verhängnisvoll wirkt sich absolute Wahrnehmung dort aus, wo sie jede Kritik an einer Religion oder an einer religiösen Institution zur Blasphemie erklärt. Wie soll sich ein normales Gespräch über den eigenen und den fremden Glauben gestalten, wenn religiöse Gestalten und Lehren nicht mehr hinterfragt werden dürfen? Der Blasphemievorwurf verlangt im Blick auf die kritischeren Aspekte eines Glaubens immer respektvolles Wegsehen oder stillschweigende Lehrkonformität. Wo aber der Diskurs sich verbietet, erlischt bald auch der Dialog und mit ihm jede überzeugende Variante eines Miteinanders verschiedener religiöser Wahrheiten.

Gerade wenn sich absolute Wahrnehmung auch jedem Urteil Außenstehender dadurch entzieht, dass sie jede Kritik als Blasphemie deutet, wird deutlich, wie radikal absolute Wahrnehmung am Ende sich selber schadet. Sie begibt sich nicht nur sozial ins Abseits, indem sie zuletzt nur noch mit den kritiklos gläubigen Anhängern spricht. Sie verzichtet auf die Chancen zu Selbstkorrektur und Wandlung, die jeder ehrliche Diskurs bei aller Mühsal, den er sicher auch mit sich bringt, in sich trägt. Religion, die sich dauernd der Kritik Außenstehender entzieht, verkommt zum Monolog des Glaubens mit dem Glauben, zum monomanen Repetieren der einen und einzigen göttlichen Wahrheit. Kurz: Religion verkommt zur Rechtgläubigkeit. Oberflächlich attackiert die absolute Wahrnehmung das Denken und

Empfinden all jener, die sich ihr verweigern. Aber genauer besehen fällt dieser Angriff der absoluten Wahrheit auf die Welt der relativen Wahrheit auf die perfekte Religion selbst zurück. Die sich selbst verabsolutierende Religion begibt sich ihrer Zukunft und jeder wirklichen Wandlung. Sie schließt sich selbst in den Kerker des Fundamentalismus und verpflichtet sich dazu, geschichtslose Identität mit dem zu leben, was sie für den himmlischen Willen hält. Eine sich selbst verabsolutierende Religion erstarrt und altert vor der Zeit. Auch die Intensität der Gefühle, die sie in der gläubigen Gemeinschaft oft ekstatisch zu erwecken vermag, täuscht über das Sterben nicht hinweg, zu dem sie sich selbst vorzeitig verurteilt hat.

Befreiung aus den Schlingen der absoluten Wahrnehmung?

Absolute Wahrnehmung gleicht dem Bumerang, den radikale Religionen der Welt entgegenschleudern, der aber über kurz oder lang auf sie selbst zurückfällt. Dass die sich verabsolutierende Religion nicht nur das Zusammenleben der Menschen belastet und damit sich ihren eigenen humanisierenden Auftrag erschwert oder verbaut, sondern sich auch ihrer Wandlungsmöglichkeiten begibt, fällt nicht nur den Religionskritikern auf, sondern auch der engagierten Reflexion innerhalb der Gemeinschaft der Gläubigen. Immer wieder treten innerhalb der Religionen Menschen auf, die die Religion aus dem Gefängnis der Selbstvergötzung befreien und sie zu ihren Wurzeln, zum menschlich bedingten Dienst am Absoluten zurückführen wollen. Die ersten nachweisbaren Kämpfer gegen eine sich selbst verabsolutierenden Religion sind wahrscheinlich die alttestamentlichen Propheten, die gegen den Tempelkult wettern. Ihnen folgt der Meister von Nazaret, wie ihn die ersten drei Evangelien schildern. Er verkündet nicht wie der johanneische Christus sich selbst. Er spricht vom hereinbrechenden Reich Gottes, seinen Anzeichen und von den lebensverändernden Konsequenzen dieser Reich-Gottes-Erfahrung. Wie naheliegend wäre es nun für ihn, das eigene Erleben und das Erleben seiner jungen Gemeinschaft ungebrochen mit diesem Reich zu identifizieren und damit zu verabsolutieren. Aber immer wieder weist er auf Grenzen hin, die den Gläubigen selbst in ihrer intensivsten Reich-Gottes-Erfahrung gesetzt sind. In Mk 10,35ff. wird geschildert, wie die zwei Brüder unter den Jüngern Jesu, Jakobus und Johannes, mit der Bitte an diesen herantreten, dass sie in seinem

Reich je einer zur Rechten und der andere zur Linken des Meisters sitzen dürfen. Der Meister lehnt die Bitte ab mit den Worten: »Ihr wisst nicht, worum ihr bittet, Könnt ihr den Kelch trinken, den ich trinke, oder euch taufen lassen mit der Taufe, mit der ich getauft werde? Sie sagten zu ihm wir können es. Da sagte Jesus zu ihnen: Den Kelch, den ich trinke, werdet ihr trinken, und mit der Taufe, mit der ich getauft werde, werdet ihr getauft werden, doch über den Platz zu meiner Rechten oder Linken zu verfügen steht mir nicht zu, sondern er wird denen zuteil, für die er bereitet ist.«[6]

Die gegenwärtige Jüngergemeinschaft gleitet wie der Meister selbst nicht unverwandelt ins Vollkommene hinüber. Das bevorstehende Trinken des Kelches und die anstehende Taufe weisen auf das anstehende Martyrium des Meisters und vieler seiner Jünger hin. Nur durch den Tod hindurch finden sie in die Vollendung. Deshalb taugen sie auch nicht als Thronanwärter. Der Meister von Nazaret praktiziert nicht spielerisch vorgezogene Theokratie. Er erlebt die Anzeichen des Reiches und dient ihm. Aber er kann nicht Regierungsposten verteilen im Blick auf die zukünftige göttliche Weltherrschaft. Über die vollkommene Welt vermag er nichts zu verfügen.

In der Nachfolge des Meisters, der die eigene Gemeinschaft nicht verabsolutiert, stehen später zahlreiche Christen, die das Gefühl für absolute Wahrheit, das sich auch im Christentum ausbreitet, als gefährliche Selbstvergötzung des Glaubens anprangern. Der erste in dieser langen Reihe der christentumskritischen Nachfolger des Meisters ist der Apostel Paulus, wenn er dem religiösen Überschwang der Charismatiker in seinen Gemeinden entgegenhält, dass göttliche Erkenntnis in der Zeit sich keinem Menschen ungebrochen, in ungetrübter Klarheit erschließt: »..Stückwerk ist unser Erkennen und Stückwerk unser prophetisches Reden. Wenn aber das Vollkommene kommt, dann wird zunichte werden, was Stückwerk ist. Als ich ein Kind war, redete ich wie ein Kind, dachte wie ein Kind, überlegte wie ein Kind. Als ich erwachsen war, hatte ich das Wesen des Kindes abgelegt. Denn jetzt sehen wir alles in einem Spiegel, in rätselhafter Gestalt, dann aber von Angesicht zu Angesicht. Jetzt ist mein Erkennen Stückwerk, dann aber werde ich ganz erkennen, wie ich auch ganz erkannt worden bin. Nun aber bleiben Glaube, Hoffnung, Liebe, diese drei. Die grösste unter ihnen aber ist die Liebe.«[7]

---

6 Markus 10,38–40, Zürcher Bibel (2007).
7 1. Kor 13,9–13.

Dieser Schluss der bekannten poetisch dichten Auseinandersetzung des Paulus mit den sich in ihrer absoluten Erkenntnis sonnenden Glaubensgefährten gehört zum Eindrücklichsten, was je von religiöser Seite gegen absolute Wahrnehmung eingebracht wurde. Spiegel waren in der Zeit des Apostels noch recht milchig wirkende Gläser oder Metalle. Wer die Wahrheit nur in einem Spiegel erkennt, der spekuliert. (Spiegel heißt auf lateinisch speculum). Das Wissen darum, dass alle Menschen in ihrer Gotteserkenntnis bloß spekulieren, befreit den Apostel aus dem Kerker der absoluten und vollkommenen Wahrheit und öffnet die Tür zu neuen zwischenmenschlichen Erfahrungen in »Liebe«. Rechthaber aller Zeiten und Kulturen sind fähig, sich gegenseitig umzubringen. Wer weiß, dass er selbst nur spekuliert, muss als Glaubenszeuge seinen Mitmenschen anders, bescheidener und liebevoller begegnen.

Von diesem bescheideneren und liebevolleren Umgang mit Andersdenkenden weiß die spätere Geschichte des Christentums über weite Strecken allerdings wenig zu berichten. Die absolute Wahrheit bedrohte immer wieder die Andersdenkenden. Auch in der Geschichte des Islams werden Phasen der Toleranz immer wieder abgelöst und eingeschränkt durch den Führungsanspruch der perfekten Wahrheit, die dem Propheten geschenkt wurde und die die heiligen Schriften der an die bisherigen Schriftbesitzer, Juden und Christen, nur noch als Verzerrungen der ursprünglichen Wahrheit versteht. Anders als im Christentum sucht aber der Islam, auf den menschlichen und religiösen Schaden, die eine ungebremst verabsolutierte religiöse Wahrheit mit sich bringt, nicht mit offener und expliziter Relativierung des überzogenen religiösen Wahrheitsanspruches zu reagieren. Er sucht in seiner liberaleren Form und in Verlängerung der Offenbarungen des Korans, die den göttlichen Willen mit menschlichen Argumenten und viel Sinn für momentane Gegebenheiten verbinden, nach einer möglichst menschennahen Anpassung des göttlichen Willens an die jeweils vorgefundenen Gegebenheiten. Der liberale Islam relativiert nicht die Offenbarung. Aber er interpretiert sie möglichst menschenfreundlich und bindet den göttlichen Willen immer wieder neu an die menschlichen Realitäten. Die sich heute aber an vielen Orten manifestierenden konservativeren Strömungen versuchen das göttliche Gesetz wieder in seiner ganzen antimodernen Schärfe anzuwenden. Kurz: Islam und Christentum sind noch lange nicht aus dem engen Raum absoluter Wahrheit entronnen. Der religiöse Pluralismus der Gegenwart fördert mancherorts sogar die sich selbst verabsolutierenden Glaubensformen. Ich kenne keine Religion, die nicht

Gefahr läuft, als Antwort auf die drohende religiöse Beliebigkeit sich selbst zu verabsolutieren und in dieser Selbstvergötzung fern aller Kritik zur Doktrin zu erstarren. Umso notwendiger sind heute in allen Kulturkreisen und Religionen Menschen, die gegen diese Selbstvergötzung antreten und aus der verhängnisvollen absoluten Verehrung Gottes zurückrufen in die religiös einzig sinnvolle Verehrung des absoluten Gottes. Sich selbst verabsolutierende Religion ist ein Grundproblem unserer Gegenwart. Umso dringlicher brauchen wir religiöse Menschen, die darauf verzichten, die absolute Wahrheit zu vertreten, die aber gerne und engagiert spekulieren.

»Der Buchstabe tötet – der Geist aber macht lebendig« Theologische Überlegungen zum Verhältnis von Aggressivität und Literalität der Religion

Georg Pfleiderer

»Gute« Religion als »geistige« Religion?

»Was ist eine gute Religion?« lautete die Frage, die das Feuilleton der *Neuen Zürcher Zeitung* von März 2006 bis Mai 2007 insgesamt 20 Intellektuellen, die sich mit Religion (mehr oder weniger) ex professo beschäftigen, gestellt hat.[1]

»Gute Religion« ist – in alphabetischer Reihenfolge (etwa der Hälfte) der Autorinnen und Autoren – eine Religion,

- die »Befreiung vom selbstsüchtigen Egoismus« und Befreiung zur »Sorge für jedermann«[2] lehrt und bringt;
- die »in ihren Symbolsprachen selbst die Ambivalenzen des Religiösen präsent hält, bearbeitet und so durch selbstbewusste Glaubenspraxis die Reflexivität des Einzelnen fördert«[3];
- die »Menschen [...] nicht [...] zu einer autoritären Anschauung tendieren [...]« lässt, sondern sie »[...] zu einer Vorstellung [anleitet], die ihre Ebenbürtigkeit bejaht«[4];
- die Menschen hervorbringt, »die der Glaube beflügelt zu einem Grad der Nächstenliebe oder [...] der Barmherzigkeit, der unser gewöhnliches Menschsein überragt und damit unsere Welt transzendiert«[5];

---

1 Vgl. Wenzel, Uwe Justus (2007) (Hg.): Was ist eine gute Religion? Zwanzig Antworten, München.
2 Armstrong, Karen, Weisheit der goldenen Regel. Ebd., S. 86–91, hier S. 89.
3 Graf, Friedrich Wilhelm, Lob der Unterscheidungen. Ebd., S. 11–15, hier S. 12.
4 Gruen, Arno, »Es ist ein jeder Mensch sein eigener Gott«. Ebd., S. 66–71, hier S. 69.
5 Kermani, Navid, Es ist wichtiger, ein guter Mensch zu sein als ein guter Muslim. Ebd., S. 55–60, hier S. 60.

- welche die »Überwindung infantiler Bevormundung [...]« und die »Förderung wahrer Freiheit zu einem guten Leben«[6] leistet;
- die »sich als Dienerin einer guten Politik [...]« versteht und »Politik [nicht] lediglich [als] ein Werkzeug im Dienst der wahren Religion«[7] betrachtet;
- die »[...] in den Koexistenzordnungen säkularen Rechts ihren eigenen Vorteil zu erkennen und zu suchen«[8] bereit ist;
- die »ein Teil guter Modernität [ist]: Sie betrachtet Gottesgewissheit als eine Erfahrung jenseits ihres logischen und empirischen Horizonts, als Sache des Einzelnen«[9];
- die lehrt, dass »die absolute Macht gut, ja dass sie in ihrem Wesen Liebe ist – was sie nur sein kann, wenn sie in sich selbst bereits die Struktur einer interpersonalen Beziehung hat«[10];
- die »eine [...] Synthese von Entschiedenheit und Toleranz« bietet und darum selbst »eine Form von Aufklärung«[11] ist;
- die »offen[legt], dass zu einer rundum guten, von Liebe durchdrungenen Welt nichts Geringeres gehörte als die Aushebelung des Äquivalenzprinzips«[12];
- »die die allseitige Religionsfreiheit in der institutionalisierten Form des liberalen und säkularen Rechtsstaates anerkennt«, und darum auch bereit ist zu »[...] akzeptieren, dass ihre Anhänger von dieser Freiheit (ein weiteres Mal) Gebrauch machen und der Religion [...] den Rücken kehren«[13].

Bei aller Unterschiedlichkeit zeigen die – hier auf einzelne Spitzenaussagen zusammengezogenen[14] – Antworten sehr deutlich, dass »gute Religion« aus der Sicht dieser Intellektuellen einem ethischen Anforderungskatalog zu

---

6 Lehmann, Karl, Dialog ohne Machtanspruch. Ebd., S. 21–25, hier S. 23.
7 Lilla, Mark, Meisterin der Politik – Magd der Politik. Ebd., S. 79–85, hier S. 84.
8 Lübbe, Hermann, Religionsverbesserungen. Über Wirklichkeitszwänge. Ebd., S. 42–48, hier S. 47.
9 Schulze, Gerhard, Grenzgang mit Humor. Ebd., S. 49–54, hier S. 52.
10 Spaemann, Robert, Die Welt ist kein geschlossenes System, der Tod hat nicht das letzte Wort. Ebd., S. 107–110, hier S. 109.
11 Theunissen, Michael, Die Schlacken der Vergangenheit, die Öffnung, der Umsturz. Ebd., S. 116–121, hier S. 120.
12 Türcke, Christoph, Über alle menschlichen Kräfte. Ebd., S. 26–30, hier S. 30.
13 Wenzel, Uwe Justus, Wir sind alle Häretiker. Ebd., S. 122–126, hier S. 124.
14 Über die Treffsicherheit der Heraushebung dieser Aussagen kann man natürlich unterschiedlicher Auffassung sein.

entsprechen hat, dessen Inhalte relativ klar und einheitlich umrissen sind: »Gute Religion« ist liberal-emanzipatorisch, nämlich selbstkritisch und dialogbereit, aber auch sozial-kohäsiv, indem sie ein Ethos der ›Geschwisterlichkeit‹ fördert. »Gute Religion« wirkt zugleich individualisierend und sozialisierend. »Böse Religion« wäre solche, die diesen ethischen Bezugsrahmen ignoriert oder gar angreift.

Kennzeichnend ist auch, dass zwar in etlichen Antworten die Eigenständigkeit der Religionen und ihrer Weltsicht thematisiert und das in der Fragestellung liegende Funktionalisierungsproblem angesprochen wird. Den – aus meiner Sicht relativ unüberhörbaren – ironisierenden Unterton in der Leitfrage reflektiert jedoch, wenn ich recht sehe, keine der Antworten. Dabei scheint mir die Frage nach der »guten Religion« in ihrem Formulierungsduktus doch ziemlich deutlich an die alte pädagogisch-paternalistische Frage nach dem »guten« als dem »braven« Kind angelehnt zu sein. Die Leitfrage beinhaltet darum vielleicht ein höheres Bewusstsein für die sublimen Sozialdisziplinierungspotentiale, denen sich Religion in der modernen Welt ausgesetzt sieht, als es die zwanzig intellektuellen Religionsdeuter einzuräumen oder als problematisch zu empfinden gewillt waren.

»Allen Antwortenden stand es frei, die Frage nach ihrem Gutdünken auszulegen, sie zu korrigieren oder sich gegen sie zu wenden. Die Frage dient als eine Art Sonde zur Erkundung des Raums der gegenwärtigen Religionsdiskurse. Bei ihrer Mission, die mit keiner Missionierung verbunden sein soll, sammelt sie nicht nur Antworten ein, in ihrem Spiegel bündeln sich Antworten auch zu neuen Fragen.«[15] Zu diesen neuen Fragen, die die Antworten aufwerfen, gehört auch diejenige nach den Vorschriften, die der Religion gemacht werden sollen.

Nur gelegentlich und dezidiert vor allem in einer einzigen Antwort, nämlich der von Christoph Türcke, klingt ein anderer Ton an, wird Religion auf den als allgemein gegeben vorausgesetzten ethischen Referenzhorizont nicht affirmativ und synthetisch, sondern kritisch und transzendierend bezogen. Zwar wird auch hier mit einem solchen Referenzrahmen gearbeitet, wie die Metapher der »von Liebe durchdrungenen Welt« anzeigt, aber dieser wird doch unterschieden von einem anderen, real geltenden, für den der Begriff des Äquivalenzprinzips steht, also – so dürfte man ohne den Gedanken zu verbiegen sagen können – das moderne, bürgerliche Recht.

---

15 Wenzel, Uwe Justus, Was ist eine gute Religion? Ebd., S. 7–9, hier S. 9.

Religion, so der Gehalt dieses Gedankens, dürfe nicht nur als Funktionsäquivalent der durch das Recht definierten ethischen Ordnung verstanden werden, sondern sie sei zugleich auch als dessen kritische Transzendiererin zu denken. Religion ist nicht nur als der warmherzige »Geist der Liebe«, der das ansonsten eher kalte Gehäuse bürgerlich-liberaler Rechtsordnung kommunikativ zu erfüllen und gewissermaßen zu klimatisieren hat, zu verstehen. Vielmehr müsse Religion immer auch ein kritisches Bewusstsein von den Grenzen, nämlich von der der Rechtsordnung immanenten Tendenz zur Positivierung ihrer selbst und der mit ihr (und solcher Positivierungstendenz) verbundenen Weltordnung, wachhalten.

Entscheidend für die Argumentationsgänge, welche die aufgelisteten Thesen repräsentieren, ist jedoch, dass der Bezug auf die demokratische Rechtsordnung in den meisten dieser Thesen gar nicht vorkommt. In der Regel ist der explizit genannte Referenzrahmen ein ethischer und mithin metarechtlicher. Von ihm wird das Recht als abhängig gedacht. Indem die Religion auf jenen ethischen Begründungsrahmen bezogen wird, soll sie ihrerseits in diesen einrücken, aber doch so, dass daraus kein Konstitutionsproblem für dessen Positivität und Suisuffizienz entsteht. Religion ist der ethische Geist, genauer: ein (fungibler) Teil desselben, aus dem die Rechtsordnung ihren Geltungsgrund und Geltungsanspruch bezieht. Religion muss darum ethik- und gewissermaßen geistförmig sein, sie transportiere einen »Geist der Liebe« und nur – beziehungsweise allenfalls – vermittels dessen einen »Geist des Rechts«.

Zur literalen Rationalität moderner Rechtsstaatlichkeit

Es scheint eine bestimmte Logik zu sein, die diesem Anschauungsgefüge ihrerseits zugrunde liegt, nämlich die Logik eines bestimmten Verhältnisses von »Geist« und »Buchstabe«. In diese Logik ist selbst und in gewisser Weise gerade diejenige Position (repräsentiert durch Chr. Türcke) eingeschlossen, die oben als die einzige dezidiert kritische unter den aufgelisteten beschrieben wurde. In dieser kritischen Position kommt sie sogar zu prägnantem Ausdruck. Es ist in der Tat das »Äquivalenzprinzip«, nämlich das Gegenseitigkeitsprinzips des Vertragsdenkens, welches das genuin moderne Verständnis des Staates als positiven Rechtsstaates begründet und bestimmt. Sein Medium und mediales Prinzip ist die Schriftlichkeit. Der

›Geistträger‹, also der Souverän, in den Anfängen des modernen Staatsrechts meist durch den Monarchen repräsentiert, später durch das Volk beziehungsweise seine gewählten Vertreter, autorisiert (als Legislator) den Rechts-Text; zugleich aber sind dieses Autorisierungsverhältnis und der Autorisierungsakt ihrerseits der konstitutive Inhalt des Rechts-Textes. Autorisierungsakt und Recht konstituieren sich wechselseitig: Das Recht verdankt sich dem Autorisierungsakt durch den Souverän, umgekehrt hat dieser Autorisierungsakt nur Geltung, sofern er seinerseits rechtskonform erfolgt. Souveränität, mithin charismatische Geistherrschaft, und literales Recht, also bürokratische, verfahrensrationale Rechts-Herrschaft, sind hier, um mit Max Weber zu sprechen, in ein Verhältnis wechselseitiger Abhängigkeit gebracht.

Es ist dieses Interdependenzverhältnis, das der Logik der Differenz von Literalität und Oralität, von Geist und Buchstabe abgelesen ist. Dabei inhäriert dem Geistbegriff, dass Souveränität nicht einfach nur als absolute Potestas, also als Setzungsgewalt, sondern zugleich als Auctoritas, also als (aus inneren Gründen) anerkennungsfähige Macht gedacht wird. Und der Grund solcher Anerkennungsfähigkeit liegt in der Geisthaftigkeit der Autorität, das heißt in ihrem Bezug auf verallgemeinerungsfähige Gesetzlichkeit überhaupt. Die Autorität ist demgemäß bezogen auf praktische Vernunft und deren konstitutives Prinzip: die – reziproke, nämlich zu wechselseitiger Anerkennung bereite – Freiheit des Individuums.

Es ist die so verfasste praktische Vernunft selbst, in der das Verhältnis von freier Setzung und verfahrensrationaler Selbstbindung begründet ist, oder umgekehrt: Die praktische Vernunft ist selbst nach dem Modell der als wechselseitiges Konstituierungsverhältnis konzipierten Relation von »Geist« (oraler Autorität) und »Buchstabe« (literalem Recht) gedacht. Unbeschadet seiner strukturellen Wechselseitigkeit kommt jedoch in diesem Konstituierungsverhältnis dem Moment des Geistes, also der oralen Autorität, der Vorrang zu. Der Akt vernünftiger Selbstbindung ist nur dann als ein solcher zu denken, wenn als ihr Ursprung eine voluntative Energie angenommen wird, ein Wille, dem seine Willensstruktur nicht gänzlich abgesprochen werden dürfte, wenn er sich nicht rechtlich-literal binden würde.

Innerhalb des modernen Rechts tritt dieser strukturelle Rest- und Urüberschuss des Charismas des Geistes über die bürokratische Verfahrensrationalität des juridischen Buchstabens vor allem in Gestalt des Grundrechts der Gewissens- und Religionsfreiheit in Erscheinung. Gewissens-

und Religionsfreiheit sind rechthistorisch nicht einfach gleichzusetzen, aber doch eng verwandt. Auch sind beide nicht einfach als moderne (Schrumpf-) Form eines Widerstandsrechtes zu denken; vielmehr kommt hier geradezu das teleologische Konstitutionsprinzip moderner liberaler Rechtsstaaten, das in der Wahrung und Förderung individueller Freiheit zu sehen ist, zur Anwendung. Im Grundrecht der Gewissens- und Religionsfreiheit bekundet sich das Wissen des Rechtsstaates um ein ihm inhärentes strukturelles Utopiedefizit, für dessen Deckung er auf die Kreativität individueller Religions- und Gewissensakte angewiesen ist. Der reflektierte Rechtsstaat darf den Bilderstürmern, den Ikonoklasten, die in der Moderne eigentlich Literoklasten sind, nicht jeden Raum nehmen, weil er weiß oder wissen sollte, dass er auf die Himmelstürmer angewiesen ist. Er verdankt ihnen häufig kreative Veränderungen des Rechts, auf die er selbst nie gekommen wäre.

Aggression durch die »Heilige« Schrift? Zur poetologischen Deutung der Religion

Das moderne Recht setzt und definiert selbst buchstäblich den Freiraum, in dem sich der religiöse Geist entfalten darf. Daran stößt sich dieser nicht selten, denn er »weht« bekanntlich »wo er will« (Joh. 3,8). Aber aus genau diesem Grunde akzeptiert er es oft auch, denn im Gegenüber zur literalen Fixierung scheint der freiheitliche, kreative religiöse Geist zu sich selbst zu kommen. Die in einer konkreten Dialogsituation verortete paulinische Formel »der Buchstabe tötet – der Geist aber macht lebendig« (2. Kor. 3,7) wird in der Moderne gerne religionstheoretisch verallgemeinert: historisch wie sachlich ursprüngliche, lebendige, individuelle Religion sei aliteral, ja unter Umständen sogar averbal. Der Kern der Religion sei Mystik, sei unmittelbares, persönliches Erlebnis, Offenbarung, die im Nunc stans des Augenblicks geschehe und sich schon darum der verbalen, schriftlichen Fixierung entziehe oder ihr zumindest kategorial vorausgehe. Was sich schriftlich fixieren lasse, sei immer sekundäre, abgeleitete, zeitlich-sukzessive Beschreibung und Entfaltung einer ihr vorausliegenden Augenblickserfahrung. Religion habe mithin eine poetologische Grundstruktur. Das will heissen: Ihre literale Verbalisierung sei als Ausdruck individueller Empfindung und Erfahrung zu verstehen. Und diese schriftliche Fixierung ziele grundsätzlich darauf, anzuleiten zu einer solchen aliteralen, unmittelbaren, individuellen religiösen Erfahrung und sich in dieser wiederum aufzuheben. Man kann diese poetologische Deutung von Religion nach Anfängen, die viel früher datieren, spätestens seit dem 18. Jahrhundert quer durch die religionsbezogenen Wissenschaften wie auch in den Künsten finden. Obwohl sie im 20. Jahrhundert in der Religionswissenschaft wie auch in der Theologie unter großen Druck gekommen ist, wirkt sie oft auch dort in modifizierten Formen noch nach.[16] Außerhalb der fachwissenschaftlichen Diskurse scheint sie das allgemeine Verständnis von Religion nach wie vor zu beherrschen; in der Eventkultur der Gegenwart feiert es fröhliche Urstände.

Religiöse Texte oder deren Verwendungsweisen, die sich zu dieser poetologischen Deutung spröde verhalten oder sich ihr aktiv zu widersetzen suchen, werden in diesem Deutungsmodell schnell mit dem Ruch des Vor- und Antimodernen versehen, sie wirken autoritär. Fester Bestandteil liberaler Fundamentalismusdiskurse ist der Hinweis auf die vermeintlich enge Verbindung von religiösem Fundamentalismus und einer spezifischen Schriftreligiosität. Quer durch die Religionen, insbesondere eben die drei großen Schrift-Religionen Islam, Judentum und Christentum, scheint sich Fundamentalismus geradezu durch ein bestimmtes, nämlich antimodernes Verständnis des Verhältnisses von Religion und Schrift auszuzeichnen: Fundamentalisten seien Buchstabengläubige, die Religion gerade nicht als individuelle, unmittelbare, aktuale, aliterare Erfahrung, sondern als eine zentrale, in einer – ihrer – Heiligen Schrift fixierte, ein für allemal in der Geschichte geschehene Offenbarung mit ganz bestimmten, verbal-literarisch fassbaren Inhalten verstünden.[17] Fundamentalisten verwechselten somit im Grunde Religion und (ein allerdings vormodernes, antisäkulares) Recht. Die ins Auge springenden Belege dieser Verwechslung seien die Scharia-Orthodoxie des Islam, das Pochen jüdischer Traditionalisten auf die wörtliche Auslegung der Hebräischen Bibel und insbesondere ihrer Landverheißungen, die Reduktion des Christentums auf ganz bestimmte

---

16 Sie wirkt oft auch dort noch nach, wo sie zu bestreiten und zu überwinden versucht wird, etwa in der Dialektischen Theologie eines Karl Barth. Diese neoreformatorische Wort-Gottes-Theologie lässt sich als der medialtheologische Versuch lesen, gegen die Literalität wie auch gegen die Aliteralität der Religion den Vorrang der Rhetorizität zur Geltung zu bringen. Das Wort Gottes ist »Wort in den Wörtern« (Barth, Karl, Der Römerbrief. Zweite Fassung [1922], 15. Aufl., Zürich 1989, S. XIX) also aktual gesprochenes Wort in und hinter den geschriebenen.
17 Vgl. z.B. Kienzler, Klaus (1996), Der religiöse Fundamentalismus. Christentum, Judentum, Islam, 2. Aufl., München, S. 24f.

dogmatische Satzwahrheiten durch protestantische Evangelikale. Aus dieser Verwechslung und Veräußerlichung der Religion erkläre sich zugleich auch die Aggressivität des religiösen Fundamentalismus. Wer aus dem freien Geist der Religion eine gesetzliche Buchstabengläubigkeit mache, für den sei es selbstverständlich, dass Andersdenkende, Ungläubige oder moderne religiöse Individualisten nicht zu tolerieren, sondern mit allen zur Verfügung stehenden oder praktikablen Mitteln zu bekämpfen seien. Die Aggressivität des religiösen Fundamentalismus sei mithin zumindest in wesentlicher Hinsicht nichts anderes als die Folge seiner literalen Religionsdeutung: Der Buchstabe tötet.

Diese Interpretation kann ergänzt werden durch psychopathologisierende Erklärungsversuche der Motive solcher Wortwörtlichkeitshermeneutik, die oft in einer diffusen Angst vor den Vieldeutigkeiten und religiösmoralischen Indifferenzen der Moderne vermutet werden. Gewisse Schwierigkeiten bekommt dieses Deutungsmodell, jedenfalls bei holzschnittartiger Verwendung, regelmäßig mit der Interpretation religiöser Phänomene (Verhaltensweisen, Gruppen oder Institutionen), die bestimmte religiöse Texte als »heilige Schriften« und eine bestimmte, ihrerseits schriftlich fixierte Auslegungspraxis als konstitutiv und normativ für das individuelle religiöse Leben erachten, ohne dabei in eine Fundamentalopposition zu Grundsätzen moderner Rechtstaatlichkeit zu geraten. Genau dieses Akzeptanzverhalten ist aber inzwischen kennzeichnend insbesondere für die dominanten (Leitungs-)Theologien der großen christlichen Volkskirchen in den westlichen Industriegesellschaften.

Nun soll zwar nicht behauptet werden, dass dieser verbreiteten Fundamentalismusdeutung jegliche Plausibilität abgehe. Aufmerksam zu machen ist jedoch auf das ihr zu Grunde liegende medial-kategoriale Schema, das mit einer bestimmten, normativen Deutung einer Differenz von »Geist« und »Buchstabe« arbeitet. »Geist« ist dabei das Innere, nämlich Innerliche, »Buchstabe« das Äußere, Äußerliche. Sodann wird diese selbst schon ethisch-normativ unterlegte Innerlichkeits-/Äußerlichkeit-Kodierung mit der dezidiert ethisch-normativen Opposition von Freiheit und Zwang/Gewalt assoziiert. Keine dieser Assoziationen und der an sie geknüpften Bewertungen ist freilich zwingend, wie die zahlreichen Spielarten von Spiritualismuskritik in der Theologiegeschichte, vor allem in der reformatorischen, und die zahlreichen Spielarten von Individualismus- und Subjektivismuskritik in der Philosophiegeschichte, gerade auch im nachaufklärerischen Deutschen Idealismus, zeigen. Vor allem die reformatorischen und die idealistischen Antikritiken lassen erkennen, dass man am Gedanken eines konstitutiven Verhältnisses von Religion und Freiheit durchaus festhalten kann, ohne in eine abstrakte normative Alternative von Geist versus Buchstaben alias Innerlichkeit versus Äußerlichkeit verfallen zu müssen.

Schriftreligionen als Gewaltreligionen?

Nicht selten wird die These von einem den Schriftreligionen per se innewohnenden Gewalt- oder Repressionspotential auch soziohistorisch beziehungsweise institutionentheoretisch begründet, nämlich mit dem Argument, dass der Vorgang der Kanonisierung heiliger Texte gar nicht anders denn als Herrschaftsakt gedeutet werden könne. Ein Blick in die Religionsgeschichte zeige, dass Kanonisierung ein gerne benutztes Instrument religiöser Herrschaftskasten zur Unterdrückung, Ausgrenzung und Delegitimierung missliebiger religiöser Gruppen, Individuen oder Institutionen sei. Mit der Kanonisierung religiöser Schriften werde die Sakralisierung der eigenen normativen Quellen und zugleich die Profanisierung konkurrierender Quellen betrieben. Ein Schulbeispiel dafür scheint die im 2. bis 4. Jahrhundert schrittweise vollzogene Kanonisierung der christlichen Bibel zu liefern. Sie war zunächst vor allem eine Reaktion auf die von Marcion vorgenommene Kanonisierung christlicher Schriften unter Ausschluss der Hebräischen Bibel. Die kontroverstheologischen Motive späterer Kanonisierungsakte richteten sich gegen die starke spiritualistische Gruppe des Montanismus sowie gegen gnostische Strömungen. Wie insbesondere die Auseinandersetzung mit Marcion zeigt, muss jedoch die Initiative zur Kanonisierung nicht von den Vertretern der Majorität ausgehen. Genauere Analysen autoritär-charismatischen Montanismus und der vielfältigen gnostischen Strömungen, deren Abwehr die späteren Kanonisierungsakte dienten, dürften auch zeigen, dass die Verteilung von Gesslerhüten und Freiheitsbäumen in der Geschichte ein diffiziles Geschäft ist. Kanonisierung heiliger Schriften oder das Festhalten an traditionellen Kanones kann durchaus auch ein Instrument der Sicherung religiöser Freiheit sein, wie etwa die zu Zeiten nationalsozialistischer Herrschaft in Deutschland wieder aufflammenden Auseinandersetzungen um die christliche Legitimität der Hebräischen Bibel eindrucksvoll belegen.

Das wirkmächtigste kirchengeschichtliche Beispiel dieser Auffassung ist, jedenfalls aus protestantisch-theologischer Sicht, selbstverständlich die Reformation. Hier wurde die Berufung auf die Heilige Schrift und ihre geltungspraktische Suisuffizienz geradezu zur eigentlichen gnoseologischen Basis einer emanzipativen, autoritätskritischen Theologie. Die reformatorische Theologie insbesondere Martin Luthers ist auch ein Beleg für das differenzierte hermeneutische Bewusstsein, das mit solcher Berufung auf die Schrift gegen religiös-institutionelle Autoritäten einhergehen konnte, auch schon lange vor der Entstehung einer modernen historischen Forschung. So kam es Luther gerade nicht auf die Kanonizität der Heiligen Schrift als solcher, sondern auf ihren zentralen Inhalt an, den er im Gedanken des die Sünder rechtfertigenden Jesus Christus erblickte. Dementsprechend hat Luther auch die Frage nach den Grenzen des Textkorpus der Heiligen Schrift durchaus offen diskutieren können.[18] In der reformatorischen und nachreformatorischen Theologie ist es schließlich auch zu hochelaborierten Debatten über die adäquate theologische Verhältnisbestimmung von autoritativem göttlichem »Wort« und freiem göttlichem – wie auch menschlichem – »Geist« gekommen.[19] Damit wurde auf theologisch-normative Weise der modernen, historisch-philologischen Forschung vorgearbeitet, die längst erkannt hat, dass kanonische Bindung und religiös-theologische Deutungsvielfalt sich in der Christentumsgeschichte nicht nur faktisch keineswegs ausgeschlossen haben, sondern dass der Grund für letztere auch in den kanonisierten Schriften des Neuen Testamentes selbst liegt: »Der neutestamentliche Kanon begründet als solcher nicht die Einheit der Kirche. Er begründet als solcher […] dagegen die Vielzahl der Konfessionen.«[20] Eine pauschale Verdächtigung von Kanonisierungsakten religiöser Schriften beziehungsweise von Berufungen auf die kanonisierte Schrift als Mittel religiös-theologischer Auseinandersetzung geht mithin an den tatsächlich viel komplizierteren Verhältnissen der Kirchen- und Religionsgeschichte gewiss vorbei. Noch vereinfachender und sachlich verkehrter wäre es, schon den Akt der Verschriftlichung vermeintlich unmittelbarer oder nur mündlich tradierter religiöser Erfahrung grundsätzlich als

---

18 Vgl. die bekannte Kritik Luthers am Jakobusbrief als »stroherne Epistel«.
19 Vgl. dazu etwa den »Rahtmannschen Streit« im 17. Jh., dazu: Pfleiderer, Georg (1999), [Art.:] im »Rahtmann, Hermann«, in: LThK, 3. Aufl., Bd. 8, Sp. 808f.
20 Käsemann, Ernst (1960), Begründet der neutestamentliche Kanon die Einheit der Kirche?, in: Ders., Exegetische Versuche und Besinnungen. Erster Band, Göttingen, S. 214–223, hier S. 221.

einen Akt der Fixierung und Sistierung ursprünglicher religiöser Spontaneität zu deuten oder gar als einen damit verbundenen Herrschaftsakt. Man kann sich dies insbesondere an der Erforschung der alttestamentlichen Prophetie klar machen, die stets geradezu ein Locus classicus phänomenologisch-historischer Wesensbestimmungsversuche von Religion war. Schon der große Basler Alttestamentler und Prophetenspezialist, Bernhard Duhm (1847–1928), dessen Prophetendeutung insgesamt durchaus noch von einem romantisch-aufklärerischen Modell des religiös-moralischen Genies geprägt ist, stellt fest, dass die Verschriftlichung der prophetischen Visionen und Botschaften keine sekundäre gewesen sei, sondern mit den spezifischen Inhalten der Prophetie zu tun gehabt habe. Die Ankündigung der geschichtlichen Katastrophe als Folge des Fehlverhaltens des Volkes beziehungsweise seiner Eliten habe nämlich die Notwendigkeit aus sich herausgesetzt, die entsprechenden »Beschlüsse Jahwes [zu] *erklären* und [zu] *begründen*, und das ist […]« etwa bei Amos »[…] der […] *Grund*, warum er spricht und schreibt.«[21] Die neuere Prophetenforschung ist von dem Deutungsmodell eines ursprünglichen auditiven oder visionären Offenbarungsaktes des großen Einzelnen (als religiös-moralischen Genies), dessen Inhalt durch den Propheten selbst oder mehr nur noch durch seine anonymen Schüler sekundär verschriftlicht worden wäre, völlig abgerückt, »da sich die Erkenntnis durchgesetzt hat, dass nicht einmal die *ipsissima verba* der Propheten zugänglich sind, sondern allenfalls nur literarische Erinnerungen von Schülerkreisen der Propheten, die Ausgangspunkt für Jahrhunderte währende literarische Fortschreibungen bis in hellenistische Zeit waren. Das verschriftete Prophetenwort wurde in je neuer historischer Situation ausgelegt und konnte seinerseits im Zuge der literarischen Neuinterpretation je neue Prophetenworte hervorbringen. Zunehmend wurde die Prophetenüberlieferung das Werk von Schriftgelehrten, die sich den Prophetenmantel umwarfen, indem sie die Prophetenbücher fortschrieben.«[22] Verschriftlicht wurden die prophetischen Texte also genau aus dem Grund, weil sich – nach Auffassung ihrer Verfasser oder seiner Anhänger – nicht anders zeigen ließ, dass sie – mit ihren auf geschichtliche Realisierung und insofern auf empirische Evidenz ausgerichteten Botschaften – Recht hatten. Genau an diesen Sachverhalt knüpft eine besonders einfluss-

---

21 Duhm, Bernhard (1922), Israels Propheten. 2., verb. Auflage, Tübingen, S. 94.
22 Otto, Eckart (2007), Auszug und Rückkehr Gottes. Säkularisierung und Theologisierung im Judentum, in: Joas, Hans; Wiegandt, Klaus (Hg.), Säkularisierung und die Weltreligionen, Frankfurt am Main, 125–171, hier S. 151.

reiche, kritische These in den neueren Debatten zu Religion, Schrift und Gewalt an: Jan Assmanns Monotheismusthese. Mit dieser setze ich mich darum im folgenden auseinander.

Zum (vermeintlichen) Gewaltpotential der monotheistischen Schriftreligion. Eine Auseinandersetzung mit Jan Assmann

Die Behauptung eines allgemeinen Zusammenhangs von Schriftreligion und Gewalt lässt sich, wie ich zu skizzieren versuchte, relativ leicht als pauschalisierendes Fehlurteil widerlegen. Schwieriger könnte es werden, wenn nicht allgemein von Schriftreligion (wozu etwa auch der Buddhismus zählen würde), sondern genauer von monotheistischen Schriftreligionen die Rede ist.[23] Es gibt jedenfalls in der neueren Debatte um Religion und Gewalt mindestens eine prominente Stimme, welche die in die Tage radikaler aufklärerischer Religionskritik zurückgehende These einer strukturellen Liaison von Monotheismus und Gewalt unter Rekurs auf einen dem Monotheismus eigentümlichen Literalismus erneuert.

In mehreren Publikationen[24] hat der Ägyptologe und Kulturwissenschaftler Jan Assmann die seither intensiv diskutierte[25] These in Umlauf gebracht, dass mit der Mosefigur eine neue Form von Religion in die Welt gekommen sei, die sich dadurch auszeichne, dass hier erstmals in der Geschichte Religion konstitutiv mit einer als digitale Unterscheidung aufge-

---

23 Die historischen Problematiken solcher essentialistischer Redeweisen lassen wir hier für einmal auf sich beruhen.
24 Vgl. Assmann, Jan (2000), Moses der Ägypter. Entzifferung einer Gedächtnisspur, Frankfurt am Main (3. Aufl. 2001); ders. (2003), Die Mosaische Unterscheidung – oder der Preis des Monotheismus, München, Wien; ders. (2006), Monotheismus und die Sprache der Gewalt, Wien; ders. (2006), Gesetz, Gewalt und Monotheismus, in: Theologische Zeitschrift 4/62, S. 475–486.
25 Vgl. die bei J. Assmann »Die Mosaische Unterscheidung« im Anhang abgedruckten Kritiken von Rolf Rendtorff, Erich Zenger, Klaus Koch, Gerhard Kaiser und Karl-Josef Kuschel, a.a.O., S. 193ff., sowie insbesondere die Sammelbände: Manemann, Jürgen (2002) (Hg.), Monotheismus. Jahrbuch Politische Theologie Bd. 43, (2. Aufl. Münster 2005); Söding, Thomas (2003) (Hg.), Ist der Glaube Feind der Freiheit? Die neue Debatte um den Monotheismus (Quaestiones disputatae 196), Freiburg i.B. u.a.; Walter, Peter (2005) (Hg.), Das Gewaltpotential des Monotheismus und der dreieinige Gott (Quaestiones disputatae 216), Freiburg i.B. u.a.

fassten Wahr-Falsch-Alternative verknüpft worden sei.[26] Die inhaltliche Pointe dieser Unterscheidung liege darin, dass sie den eigenen Gott nicht einzelnen anderen Göttern polemisch gegenüberstellt, sondern allen anderen Göttern. Der mosaische Monotheismus ist aus Assmanns Sicht von Anfang an seiner Struktur nach ein prinzipieller, weil als solcher reflektierter Monotheismus, also nicht einfach nur praktizierte Heno- oder Monolatrie.

Assmann selber parallelisiert die Neuformatierung von Religion, die er aufgrund ihrer religionskritischen – nämlich gegen alle anderen Religionen kritischen – Struktur »Gegenreligion«[27] oder »sekundäre Religion«[28] nennt, durch die Wahr-Falsch-Unterscheidung mit der »›Parmenideischen‹ Unterscheidung. Die eine unterscheidet zwischen wahrer und falscher Religion, die andere zwischen wahrem und falschem Wissen.«[29] Damit meint er die Entdeckung der Basissätze der Logik, wie sie sich erstmals bei Parmenides nachweisen lassen und später von Aristoteles systematisiert werden: die Sätze von der logischen Identität, vom Widerspruch und vom ausgeschlossenen Dritten. »Der neue Wissensbegriff, den die Griechen eingeführt haben, ist genauso revolutionär, wie der neue Religionsbegriff, den die Juden eingeführt haben.«[30] Genau besehen handele es sich bei der »Analogie zwischen Religion und Wissenschaft sowie zwischen der Mosaischen und der Parmenideischen – der Sokratischen, Platonischen, Aristotelischen – Unterscheidung […]« »[…] um mehr als nur eine Analogie. Zu dem neuen Begriff von Wissen gehört, dass er sich gegen einen ebenso neuen Gegenbegriff abgrenzt, nämlich ›Glaube‹«[31] (im Sinne nicht wissensmäßig ratifizierbaren Für-wahr-Haltens). Trotz dieser Parallelität von jüdischer »Gegenreligion« und griechischer Wissenschaft sei nun aber die Entstehung der ersteren zugleich als Ursprung der systemischen Ausdifferenzierung von Religion und Wissen beziehungsweise Wissenschaft anzusehen: »Vor dieser Unterscheidung waren Wissen und Glaube und damit Wissen-

---

26 Wir lassen hier alle Feinheiten der Assmannthese, die ihr teilweise erst in Reaktion auf erste scharfe Kritiken zugewachsen sind, beiseite, insbesondere auch die rezeptions- oder wirkungsgeschichtliche Präzisierung (und Relativierung) der Rede von der Mosefigur und der an sie geknüpften historischen Innovationsbehauptung.
27 Assmann, Jan, Die Mosaische Unterscheidung, S. 49.
28 Ebd., S. 19.
29 Ebd., S. 23.
30 Ebd., S. 24.
31 Ebd., S. 27.

schaft und Religion dasselbe«[32]; denn religiöse Überzeugungen seien nicht als Glaubensinhalte, sondern als »Sache einer schlichten und natürlichen Evidenz«[33] wahrgenommen worden. Im Medium der sekundären Religion mit ihrem strikten Transzendenzglauben seien demgegenüber religiöse Inhalte mit einem »neuen Typus von Wahrheit…« verbunden worden, der religiöse Wahrheit als »absolute, geoffenbarte, metaphysische oder Glaubenswahrheit«[34] verstehe.

Systematisch inkohärent an dieser ansonsten in sich durchaus schlüssigen Argumentation ist lediglich, dass die Ausdifferenzierung der Religion als Religion gerade darauf basiert, dass in die Religion eine bestimmte Wissensstruktur Einzug hält. Der transzendenzbezogene Glaubensbegriff der Gegenreligion ist ein Glaube, der, so kann und muss man m.E. sagen, genuin *theologische* Struktur hat. Für Assmanns mosaischen Monotheismus ist eine – spekulative – Theologie konstitutiv; er ist eigentlich philosophisch-theologische Weltdeutung in der Form prinzipieller, propositionaler Aussagen: »Ich bin der Erste, und ich bin der Letzte, und ausser mir ist kein Gott« (Jes. 44, 6)[35]. Im mosaischen Monotheismus gehen, anders gesagt, religiöse Verve, nämlich Heilsglaube und Heilsbedürfnis, und intellektuelle Wahrheitssuche ein ursprüngliches Amalgamverhältnis ein, das – so die mitlaufende Kritik – letztlich beziehungsweise gleich von Anfang an – beide Seiten, die Religion wie die intellektuelle Wahrheitssuche kompromittiere.

Wenn Heidegger den Irrweg abendländischer Wahrheitsverbergung mit Platon beginnen sieht,[36] dann Assmann mit Mose. Hier wie dort haben wir es mit der These einer ursprünglichen Verbindung von Theologie und Metaphysik beziehungsweise Philosophie zu tun,[37] auf die eine deszendenztheoretische Version einer Achsenzeitthese mit umgekehrten Wertungsvorzeichen gegründet wird: In der Achsenzeit schert das Abendland aus dem Allgemein-Menschlichen antiker Kosmos- und Daseinsbejahung aus in einen transzendentalistischen Sonderweg eines »Anti-Kosmotheis-

---

32 Ebd., S. 27.
33 Ebd.
34 Ebd., S. 28.
35 Vgl. Jes. 43, 11; 45, 14.21; 46, 82. Sam. 22 u.ö.
36 Vgl. Heidegger, Martin (1954): Platons Lehre von der Wahrheit. Mit einem Brief über den »Humanismus«, Bern, S. 49–52.
37 Vgl. bei Heidegger, ebd., S. 48.

mus«[38], dessen schlimme Folgen wir heute immer noch tagtäglich besichtigen können (sollen). Was für Heideggers Platon das Höhlengleichnis ist,[39] lässt sich für Assmanns Mose an der Sinaiszene im Buch Exodus illustrieren: In beiden Fällen wird die Wahrheit gewissermaßen aus der vorfindlichen Welt des Sichtbaren herausgeschnitten (gedacht) und dadurch für sich genommen wahrheitsleer. Vor dem paradiesisch-unmittelbaren Umgang mit der Welt steht seither der Engel mit dem Flammenschwert – und einer Tafel mit der Vorschrift: »Draw a distinction«![40] Für beide Deutungen ist dabei von Belang, dass sowohl das Höhlengleichnis als auch die Sinaiepisode von der Gesetzesoffenbarung an Mose auf dem Berg und der anschließenden Auseinandersetzung um das Goldene Kalb, von ihren Interpreten als narrative »Urszene[n]«[41] verstanden werden, deren Thema jeweils das Verhältnis von Wirklichkeit und ihrer adäquaten semiotischen Erfassung – in Bild oder Schrift – ist.[42]

Jan Assmann sieht die Wendung zur monotheistischen »Gegenreligion« verbunden mit einem »›scriptural turn‹: vom Kult zum Buch«[43]. »Die monotheistische Wende hat ihr Korrelat in einem Wandel des Mediums. Auf der Seite der sekundären Religionen gehören Schrift und Transzendenz zusammen, ebenso wie auf der anderen Seite der primären Religionen Ritus und Immanenz.«[44] »Vieles spricht dafür, dass der jüdische Monotheismus, das Prinzip der Offenbarung und der aus diesem Prinzip entwickelte und sich immer mehr steigernde Abscheu gegen traditionelle Formen des Kultes aus dem Geist der Schrift geboren oder doch mit dem Medium der Schrift in einer sehr tiefen Weise verbunden ist.«[45] »Meine These ist, dass der Schritt in die neue, lebensfundierende Form von Religion ohne die Schrift nie hätte getan werden können.«[46] Die Einführung dieses Medienwechsels bedarf eines starken Offenbarungskonzepts, wie es wiederum in der Sinaiperikope narrativ veranschaulicht wird. Assmann deutet die Sinaiszene als Urszene religiöser Selbstkanonisierung eines heili-

---

38 Assmann, Jan, Die Mosaische Unterscheidung, S. 59.
39 Heidegger, Martin, Platons Lehre von der Wahrheit, passim.
40 Vgl. »‚Triff eine Unterscheidung'«. Assmann, Jan, Moses der Ägypter, S. 17.
41 Assmann, Jan, Gesetz, Gewalt und Monotheismus, S. 475.
42 Vgl. Assmann, Jan, Die mosaische Unterscheidung, S. 52; Heidegger, Martin, Platons Lehre von der Wahrheit, S. 19ff.
43 Assmann, Jan, Die mosaische Unterscheidung, S. 145, vgl. S. 12.
44 A.a.O., S. 145, vgl. S. 20.
45 A.a.O., S. 150.
46 Assmann, Jan, Monotheismus und die Sprache der Gewalt, S. 46.

gen Textes. Dieser heilige Text ist das Deuteronomium. Das Deuteronomium beziehungsweise das deuteronomistische Geschichtswerk ist für Assmann gewissermaßen der Kanon im Kanon der Bibel. Die Schrift wird hier verstanden als das Gesetz, die Tora. Gesetz ist Lebensvorschrift, sie erhebt Anspruch auf das ganze Leben, sie ist totalitär.

Genau hier nun sieht Assmann die Verbindung von Schrift und Gewalt. Die Heilige Schrift des Monotheismus – und nur dieser hat in seiner Sicht heilige Schriften, nämlich ein geschlossenes, kanonisiertes Korpus – ist diejenige, die Anspruch auf das gesamte Leben erhebt. Die Schrift ist Vor-Schrift für die Lebensführung der Glaubenden. Tolle – lege. Das ist das Programm des Monotheismus. Die Schrift greift auf den Einzelnen durch; sie will in seinem Leben herrschen. »Die gesteigerte Form von Schriftlichkeit nennen wir Kanon. Das Prinzip Kanon wird im 5. Buch Mose in zwei Formeln ausgedrückt. Erstens: Die Schrift ist geschlossen, nichts darf hinzugefügt, nichts weggenommen, nichts darf verändert werden. Zweitens: Die Schrift muss Tag und Nacht studiert, mit anderen diskutiert, den Kindern eingeschärft und total verinnerlicht, in der Sprache der Bibel ›ins Herz geschrieben‹ werden. Der Einzelne muss sie gewissermassen re-inkarnieren, um sie in seiner Lebensführung ausagieren zu können. Ein Leben nach der Schrift ist gefordert, mit Thomas Mann zu reden: ein ›zitathaftes Leben‹. Für jede Lebenssituation, jede Lebensentscheidung gilt es das richtige Schriftwort zu finden. Leben ist Schrifterfüllung. Gewiss, in dieser extremen Form gilt das nur für das Judentum. Aber es gilt doch zu bedenken, dass alle monotheistischen Religion[en] auf einem Kanon beruhen. Allen monotheistischen Religionen ist die performative Schriftlichkeit und der Anspruch auf Grundlegung der individuellen Lebensführung ebenso gemeinsam wie ein Kanon heiliger Schriften, in denen die Grundsätze dieser Lebensregeln als Ansprüche, die Gott an uns stellt, niedergelegt sind.«[47]

In dem durch die Schrift vermittelten Durchgriff der Gottesautorität auf den einzelnen Glaubenden liegt mithin in Assmanns Deutungsperspektive die eigentliche Gewalttat des Monotheismus: Es handelt sich für ihn um eine strukturelle Gewalttat. Der Glaubende ist sozusagen das erste und eigentliche Opfer des Monotheismus; er muss nämlich herausgeschlagen werden aus seinem notorischen Hang zum Polytheismus. Er muss konvertieren, und er wird im Grunde in einer ständigen Konversionsbewe-

---

47 A.a.O., S. 48f.

gung gehalten. Gewalt ist im Monotheismus zunächst und vor allem Gewalt gegen die Anhänger der eigenen Religion, Gewalt gegen sich selbst. Die Gewalt, die im Monotheismus liegt, und der autoaggressive Charakter dieser Gewalt wird laut Assmann ebenfalls am besten an der Sinaiperikope sinnenfällig. Als Mose herabkommt vom Berg tanzt das Volk um das Goldene Kalb. Die Strafe ist bekanntlich fürchterlich, die Leviten richten unter den Israeliten ein monströses Blutbad an. Nicht die fremden Andersgläubigen sind die ersten und die bevorzugten Opfer des monotheistischen Gottes, sondern die Andersgläubigen unter den eigenen Gläubigen.

Der Monotheismus bringt also nach Assmann eine Basisdistinktion in den Religionsdiskurs, der diesen überhaupt erst zu einem Streit um Wirklichkeitsdeutung macht. Monotheismus impliziert Religionsdiskurs als Diskurs der Wirklichkeitsdeutung, der zugleich als Steuerungsdiskurs alles Verhaltens in der Wirklichkeit gilt. Dies scheint mir das Interessante an der Assmannthese zu sein. Denn genau hier liegt die Verbindung zur Medialität der Schrift. Die Bedingung für die Diskursivierung der Religion mittels der Unterscheidung von Wahr und Falsch ist die Vermitteltheit der Religion durch die Schrift, genauer: die Schrifthaftigkeit der Religion, also die Geoffenbartheit des Ursprungskerns der Religion in der Schrift und als Schrift. Wahr-falsch-Unterscheidungen brauchen das Medium des Buchstabens, denn sie sind nur im Medium von propositionalen Aussagen zu treffen. Mythen und Riten transportieren keine Wahr-falsch-Aussagen.

Die Besonderheit dieses religiösen Schrift-Diskurses liege nun jedoch in der Tat in ihrer Performanzstruktur: »Die Schriftlichkeit, derer sich die Religion bedient, um gestaltend und umgestaltend auf die gesamte Lebensführung der Menschen einzuwirken, ist von der performativen Art. Wenn ich der Schrift nicht folge, dann ist das nicht mein Risiko, sondern ich versündige mich. Das ist etwas völlig Neues in der Geschichte nicht nur der Religion, sondern auch der Schriftkultur, und diese beiden Innovationen hängen, sich gegenseitig bedingend, zusammen.«[48] Der Zusammenhang von Schrift und göttlicher Autorität – und damit, so meint Assmann, immer auch von Schrift und Gewalt – sei dabei in den monotheistischen Kernthexten der Hebräischen Bibel, viel enger als etwa im Falle anderer autoritativer antiker Codices, etwa des Codex Hamurabi; denn diese Texte seien stets auf die Autorität des Legislators hin transparent gewesen: »In den altorientalischen Reichen wurde das geltende Recht vom jeweils leben-

---

48 A.a.O., S. 47.

den König gesprochen, und kein Codex konnte dessen Rechtssouveränität einschränken ... Das verschriftete ›exkarnierte‹ Recht ... hat nur noch eine informative Relevanz. Dieses Verhältnis von Schrift und Leben wird in der performativen Schriftlichkeit der Tora umgekehrt. Das Gesetz gilt, weil es geschrieben steht. Die Schrift informiert nicht, wie Recht gesprochen werden soll, sondern sie spricht Recht, und dieser performative Anspruch macht beim Recht nicht halt, sondern beansprucht in jedem Satz autoritative und normative Verbindlichkeit für alle Aspekte des Lebens.«[49] Kurzum: Die Gesetzes-Schrift wird dem Glaubenden »ins Herz geschrieben«[50]; sie will sich in ihm inkarnieren.

Jan Assmanns Monotheismusthese ist das aktuelle Paradebeispiel einer Theorie vom intrinsisch-systemischen Zusammenhang dezidiert literalistischer Religionsstruktur und fundamentalistischer Gewaltbereitschaft. Ihre Plausibilität bezieht sie nicht zuletzt aus der Formel, in der sie ihren gedanklichen Kulminationspunkt hat: aus der Schrift, die »ins Herz geschrieben wird«. Assmann scheint hier in der Tat die mediale Zentralmetapher gesamtbiblischer Religion getroffen zu haben, die das Alte Testament mit dem Neuen verbindet.[51] Und er scheint in dieser Metapher die ursprüngliche Gewaltaffinität heteronomer monotheistischer Schriftreligion und eodem actu deren ethisch verwerflichen Charakter aufgedeckt zu haben: Wer mit dem Herzblut eines andern schreibt und diesem dabei noch dazu vorschreibt, wie er sein Leben zu leben habe, tötet ihn gleichsam von Innen heraus; denn mit Herzblut schreibt man allenfalls selbst – und dann nichts anderes als Sätze, welche die raison du coeur eingegeben hat, also Gedichte, vor allem religiöse.

Zur historischen Triftigkeit der Assmannschen Argumentation insgesamt ist in den letzten Jahren allerhand geschrieben worden, was hier nicht zu wiederholen ist.[52] Die hier zu vertretende Antikritik von Assmanns

---

49 A.a.O., S. 47f.
50 A.a.O., S. 48.
51 Vgl. Röm 2, 15; Jer. 31, 33.
52 Am Rande zu erwähnen ist davon hier lediglich, dass die Rekonstruktion Assmanns sich nur partiell an der tatsächlichen israelitischen Religions- und Literaturgeschichte orientiert; ihre Hauptgewährstradition ist die deuteronomistische Theologie. Hinsichtlich dieser ist ferner zu bedenken, dass sie ihrerseits sowohl bei ihrer Abfassung wie auch in den längsten Zeiten ihrer Wirkungsgeschichte keineswegs selbstverständliche gesamtisraelische Geltung besaß. Eine Ausnahme bilden vor allem die Zeiten der Makkabäeraufstände im 2. Jahrhundert v. Chr. Überdies hat die deuteronomistische Theologie ihren Entstehungshintergrund in den Zeiten des Verlusts oder der weitreichenden Bedrohung der staatlichen Selbständigkeit Israels. Die These von einer mehr als nur literarischen

interessanter These kann und muss sich auf ihren systematischen Gehalt konzentrieren: Es ist nämlich unverkennbarerweise die moderne, aufklärerische poetologische Konzeption der Religion, die hier gegen ihr vormodernes, literalistisches Gegenbild mobilisiert wird. Die Plausibilität des Arguments ist nicht zuletzt eine, die auf der medialen Perversion der Metapher beruht, sie ist ihrerseits eine rhetorische. Nur wenn man diese einleuchtend findet, kann man in der Herz-Schrift-Metapher auch den Kulminationspunkt der Logik der Gewalt finden, die sie bezeichnen möchte.

Gegen diese Logik ist nun aber allerhand zu sagen: Die Metapher von der Inskription der Schrift (oder des Gesetzes) ins Herz ist bei Jeremia wie bei Paulus intentione recta gerade nicht als Gewaltmetapher zu verstehen, nicht als marionettenhafte Steuerung der religiösen Praktikanten, sondern als eine Metapher, welche die Intrinsizität des Gottesgesetzes, das heißt die Evidenz seiner Übereinstimmung mit dem von den Betreffenden selbst als das ursprünglich Gute und Wahre Anerkannte beinhaltet. Gerade bei Paulus dient die Metapher dazu, die Vernünftigkeit des Gottesgesetzes zu illustrieren; und genau so, als Übereinstimmungsbehauptung von Gottes- und Naturgesetz, ist die Stelle ja auch wirkungsgeschichtlich so bedeutsam geworden. Die Metapher steht mithin nicht für die Ausschaltung der Vernunft der religiösen Praktikantinnen und Praktikanten, sondern genau für die – im Falle Jeremias – eschatologische Einheit von Vernunft und Glaube, von spontaner, selbsttätiger Lebensführung und göttlichem Gesetz. Bei Jeremia ist dieser eschatologische Zustand zudem geknüpft an die göttliche Vergebung der Sünden des Volkes als seinen Möglichkeitsgrund.

Wo Religion mit Wahr-falsch-Alternativen verbunden wird, wird sie, wie oben konstatiert, prinzipiell diskursiviert. Dies aber bedeutet grundsätzlich nichts anderes, als dass so formatierte Religion in den diskursiven Raum der Vernunft eintritt. Sie hat sich nun in der Realität zu bewähren. Um ihre Realitätstauglichkeit unter Beweis zu stellen, wurden die prophetischen Sätze auf- und umgeschrieben. Religion, die sich auf Wahr-falsch-Alternativen einlässt, lässt sich auf ihre eigene Vergeschichtlichung ein, was bedeutet, dass theologische Reflexion, nämlich kritisch-theologische Dau-

---

Gewaltaffinität der deuteronomistischen Theologie müsste mithin mit einer Ressentimentthese verbunden werden. Die literale Befolgung der Schrift ist sodann rezeptionsgeschichtlich eine Besonderheit der sich um etwa diese Zeit bildenden pharisäischen »Sekte«, deren religiöse Praxis ansonsten jedoch gerade wenig Bereitschaft zu politischer Gewaltanwendung beinhaltete. Vgl. dazu Otto, Eckart, Auszug und Rückkehr Gottes, S. 156ff.

erreflexion, zu ihrem konstitutiven Bestandteil wird. Zwar hat die Theologie immer wieder versucht, gewisse Bestände der Religion dieser rationalen Selbstdiskursivierung für prinzipiell entzogen zu erklären, und das Prinzip der Verbalinspiration ist dafür ein probates und immer wieder auch eingesetztes Mittel. Aber Verbalinspirationsthesen haben in einer hochgradig diskursivierten Religion, zu der insbesondere das Christentum in seiner westlichen Traditionslinie wurde, immer nur solange Mehrheitschancen, wie sie von politischer Macht gestützt werden oder wie sie zur Stabilisierung von religiösen Gegenkulturen gebraucht werden, die ihre Identität aus der Ablehnung der Bildungsstandards rationalitätsorientierter Eliten ziehen. Damit aber lässt sich auf die Dauer weder Politik noch Religion machen.

Friede im Glauben, Friede durch Glauben: Die Lösungen des Christentums
Religionsphilosophisches Nachdenken

Hanna-Barbara Gerl-Falkovitz

Im Oktober 2003 wurde der Friedenpreis des Deutschen Buchhandels an Susan Sontag verliehen. In ihrer Dankesrede formulierte die amerikanische Kulturkritikerin, die Vorstellung von Religion sei die Quelle von Gewalt, und es sei die Literatur, also eine Dominante liberaler Kultur, die solche Gewalt einbinden könne. Sontags Einschätzung entspricht einem verbreiteten Muster, und sie ist auch nicht ganz falsch (wenn auch trotzdem nicht richtig).

Das 21. Jahrhundert: Ein Kampf der religiösen Kulturen?

Erinnern wir kurz an den Buchtitel, der 1996 Furore machte: Samuel Huntingtons »Clash of Civilisations«. Henry Kissinger nannte das Buch damals »eine der wichtigsten Veröffentlichungen seit dem Ende des Kalten Krieges«. Die entscheidende These Huntingtons lautete: *causa belli* oder Ursache des Krieges im 19. Jahrhundert sei die Idee der Nationalität gewesen, im 20. Jahrhundert der Kampf der roten und braunen Ideologien, im 21. Jahrhundert werde es der Zusammenstoß der Kulturen sein. Huntington zählt neun beherrschende und solcherart wettstreitende Kulturen auf: die westliche, orthodoxe, islamische, chinesisch-konfuzianische, buddhistische, hinduistische, japanische, latein-amerikanische und afrikanische Kultur.

Diese Liste ist natürlich zu Recht kritisiert worden: Fünf Kulturen sind nach ihrem religiösen Hintergrund benannt, die anderen nach geographischer Lage. Überhaupt nicht erwähnt sind die jüdische und die christliche Kultur – vermutlich weil sie in die »westliche« Kultur eingeschmolzen scheinen und dort die entscheidenden anthropologischen Ideen eingetragen haben (die zum Beispiel zur Formulierung der Menschenrechte führten).

Trotz aller Mängel: Herausfordernd bleibt auf jeden Fall die These, Kulturen und ihre Konflikte seien überwiegend nach religiösen Grundmustern zu beschreiben. Ähnlich formulierte der *Club of Rome* zu Beginn des Jahres 1998 in der Studie »The Borders of Community«, jede Gemeinschaft beruhe – trotz aller unterschiedlichen Lebensstile – auf gemeinsamen, darunter auch religiösen Überzeugungen, ja, bedürfe ihrer zur Selbstgestaltung. Befürchtet wurde jedoch – anders als bei Huntington –, diese Überzeugungen und religiös gesicherten ethischen Normen nähmen überall auf der Welt zugunsten pluraler oder individueller Entwürfe ab; dies führe zur Selbstauflösung der Kulturen.

Gegenwärtige Revitalisierung von Religion

In solchen internationalen Überlegungen zeigt sich trotz aller unterschiedlichen Einschätzung der Gesamtlage die Bedeutung der Religionen für die künftige Politik und Ethik der »einen Welt«. Statt – wie im 19. Jahrhundert vorausgesagt – eines langsamen Todes zu sterben, sind Religionen heute ein wichtiger, vielleicht sogar der wichtigste Faktor der Kulturen und keineswegs nur ein »prämoderner« Rückstand. Von ihrer Gesprächsbereitschaft, gegenseitigen Kenntnis und Toleranz hängen in Zukunft vermutlich weltpolitische Entscheidungen ab, wie der amerikanische Soziologe Peter L. Berger betonte. Die es sich »mit der Vorstellung bequem gemacht hatten, Säkularisierung sei ein quasi-automatischer Bestandteil von Modernisierung«[1], haben nicht erst seit dem 11. September 2001 sichtlich nachzulernen.

Erstaunlicherweise ist eine Renaissance des Religiösen festzustellen; genauer gesagt: Es ist sogar zweifelhaft, ob es überhaupt je abgetreten war. »Es herrscht dichter Verkehr auf der Straße nach Damaskus«, schrieb ein ungarischer Journalist nach 1989. »Von einer abnehmenden Bedeutung der Religion kann in globaler Perspektive gar keine Rede sein. Trotz aller weiteren Verbreitung von Industrialisierung, Urbanisierung und Bildung in den letzten Jahrzehnten haben alle Weltreligionen in diesem Zeitraum ihre

---

[1] Hans Joas, Eine Rose im Kreuz der Vernunft. Das Neue ist nicht neu, aber als Altes ist es gut: Wer von der Wiederkehr der Religion spricht, der verkennt, daß diese nie verschwunden war. Jürgen Habermas' Rede von der postsäkularen Gesellschaft ist verdienstvoll, greift aber zu kurz, in: Die Zeit Nr. 7 vom 7. Februar 2002, S. 32.

Vitalität erhalten oder gesteigert. [...] ›Postsäkular‹ drückt dann nicht eine plötzliche Zunahme an Religiosität nach ihrer epochalen Abnahme aus – sondern eher einen Bewußtseinswandel derer, die sich berechtigt gefühlt hatten, die Religionen als moribund zu betrachten.«[2] Mit anderen Worten: Sie wurden zwar totgesagt, waren aber gar nicht gestorben.

Vielmehr wird im neuen Begriff des »Postsäkularen« etwas anderes deutlich: Wie sehr das Absterben von Religion ein eifrig und eifernd betriebenes Projekt der Moderne war – aber eben ein »unvollendetes«, ja ein unvollendbares, in Selbsttäuschung befangenes Projekt. Religion kann offenbar nicht einfach von Rationalität übernommen oder beerbt werden. Ein berühmter Satz von Brecht lautete: »Unter den schärferen Mikroskopen fällt er« – gemeint ist Gott. Aber gerade dieser Satz klingt altmodisch, ja gewissermaßen prä-postmodern. Viel näher steht der heutigen Generation der Satz von Wittgenstein: »Wir fühlen, daß selbst, wenn alle möglichen wissenschaftlichen Fragen beantwortet sind, unsere Lebensprobleme noch gar nicht berührt sind.«[3] Die scheinbar »beruhigte Endlichkeit« eines rundum aufgeklärten Denkens ist ihr eigener, besonders tragischer Trugschluss. Im Gegenteil: Die existentielle Brauchbarkeit der Wissenschaft selbst steht zur Diskussion. Statt Lebensprobleme zu lösen, vervielfältigt sie diese vielmehr.[4]

Umso wichtiger wird die innere Auseinandersetzung der Religionen mit dem Potential an Gewalt, auf das sie zweifellos anthropologisch treffen. Jede menschliche Gruppierung, ob im Stamm organisiert oder in modernen Großgesellschaften, muss mit Abstufungen von Gewalt umgehen und sie »hegen«. Diese anthropologische Grundbefindlichkeit wird damit zu einem Feld gerade religiöser entscheidender Bearbeitung; ihre Bändigung in Kulthandlungen oder in religiösen Deutungen, von den »Theomythien« bis zur »Theologie«, wird vordringliche Aufgabe. Wie lenken oder fördern Religionen Gewalt?

---

2 Ebd.
3 Wittgenstein, Ludwig, Tractatus logico-philosophicus S. 52.
4 Dies ist ablesbar am medizinischen Fortschritt: Mit Zunahme der Lebenserwartung nehmen die altersbedingten Krankheiten zu, für deren Behebung wiederum verbrauchende Embryonenforschung betrieben werden soll. Um dies legal tun zu können, muss bisher geltendes Recht geändert werden., Die Argumentation für die Embryonenforschung kann schließlich aber auch für euthanasische Maßnahmen verwendet werden etc.

Zur Gewalt der Götter

»Gewalt« ist ein umfassendes und zweideutiges Wort; es enthält im Deutschen die ganze Spannbreite zwischen rechtmäßiger und widerrechtlicher Gewalt.[5] In dieser umfassenden Bedeutung kennzeichnet es in den meisten polytheistischen Religionen die göttliche Gewalt *und gleichermaßen* die diabolisch-dämonische Zerstörung. In solch bedrohlicher Doppeldeutigkeit stehen weiterhin die Begriffe Herrschaft, Zwang, Macht, während »Kraft« einhelliger auf das Gute hin gelesen werden kann.

Am Ende der 200-jährigen europäischen Aufklärungsgeschichte klingen Begriffe wie Gewalt einigermaßen vormodern: Sie erscheinen als Ausdruck einer Nicht-Zähmung durch Vernunft, einer triebhaften – nicht vernunftkontrollierten – Überwältigung durch Leidenschaften, als Potenzgehabe atavistischer Art, das bis zu rauschhafter Steigerung führen kann und durch soziale Einschränkungen gesteuert werden muss – so dass heute nur noch der Staat als legitimer Träger eines Gewaltmonopols gilt, und auch das nur im Blick auf genau definierte, nicht »eingehegte« Gewalttäter, seien es Individuen, Institutionen oder andere Staaten.

Die »vormoderne« Unmittelbarkeit der Selbstbehauptung (eines Kollektivs oder eines einzelnen) durch Gewalt rührt in der Tat an tiefgehende, das moderne Selbstbewusstsein bedrohende Zusammenhänge. Religionsgeschichtlich gehören Gewalt und das Göttliche unzweifelhaft zusammen[6], gerade auch in ihrem zerstörerischen, also diabolisch empfundenen Aspekt. »Furchtbar« sind die Götter der alten Religionen, schaudererregend, *tremendum et fascinosum* nach der berühmten und treffenden Formulierung von Rudolf Otto[7]. Der Grieche Archilochos schreibt im 7. Jh. v. Chr.: »Die Götter haben das letzte Wort. Sie heben dich in die Höhe, wenn du auf der dunklen Erde liegst, sie werfen dich auf den Rücken, hast du erst einmal Fuß gefaßt...« Je »archaischer« die Gottheiten, desto weniger eindeutig gut, erweist das Studium der klassischen östlichen wie westlichen Mythologien. Einige Beispiele für viele: Im Hinduismus verkörpert die Muttergöttin Kali, »die Schwarze«, den mythischen Kreislauf, den Doppelaspekt von

---

5 Der Artikel »Gewalt« mit seinen Ableitungen umfasst im Deutschen Wörterbuch der Gebrüder Grimm über 310 Spalten (Bd. 6, Sp. 4910–5234).
6 Dierken, J. (1999), Gott und Gewalt. Ethisch-religiöse Aspekte eines zentralen Problems von Vergesellschaftung, in: Zeitschrift für Mission und Religion 83, S. 277–291.
7 Otto, Rudolf (1917), Das Heilige. Über das Irrationale in der Idee des Göttlichen, Breslau.

Leben und Tod, indem sie nach der Befruchtung ihren Gatten tötet und, mit Totenschädeln behängt auf seinem Leichnam tanzend, seine Eingeweide, den Lebenssitz, einschlürft.»Du in Gestalt der Leere, im Gewand des Dunkels, wer bist du, Mutter, die allein du thronst im Schreine von Samadhi? Vom Lotos deiner furchtzerstreuenden Füße zückt der Liebe Blitz. Dein Geistgesicht strahlt auf, es schallt dein Lachen fürchterlich und gellend.«[8]

In der Dreiheit der männlichen Gottheiten Indiens, der *trimurti*, wiederum ist Shiva der Zertrümmerer der Welten, auch er im ewigen Umschwung der Äonen sowohl schaffend wie zerstörend tätig – beides wertungslos in demselben unerschütterlichen, sachlich-unerbittlichen Gleichmut. Dieser Doppelaspekt erfasst die Souveränität der Gottheit, die tötet, ohne sich zu rechtfertigen, oder anders: die sich am Lebendigen sättigt, das sie hervorbringt. Solche Gottheiten sind gestalthafte Umsetzungen der jahreszeitlichen Rhythmik von Werden und Vergehen, aber auch der Rhythmik des Menschenlebens zwischen Geburt und Sterben. Ihre Gewalt ist *numinos*, unpersönlich-überwältigend, prozesshaft: deu/s und dev/il, Teu/fel gehen nicht nur etymologisch ineinander über.[9] Tatsächlich löst gerade die vom Menschen nicht gebändigte Natur vergleichbare Schauder aus und ist wohl mit ihren Schrecken der Grund für die Vergöttlichung sinnlicher Naturgewalten.[10] Ein Ausdruck solcher vom Menschen nicht einzuordnenden, ja nicht einmal ungestraft zu bewertenden Mächte sind die Theomachien, die grausamen Götterkämpfe der griechischen und nordischen Welt, worin sich die Götter im feindseligen Zwist tödlich befehden und ihre aspekthafte Gewalt sich gegenseitig aufhebt.

Der Gewalt des Göttlichen antworten die Religionen mit Loskauf, Beschwichtigung, Anerkennung, Bitte, Dank: im Grundgestus des Opfers. Im vorgeschichtlichen Vollzug war es sogar vielfach das Selbstopfer: die Selbstaufgabe vor dem Übergroßen. An seine Stelle tritt der – notwendig

---

8 »Ode an Kali«, in: Shri Ramakrishnas ewige Botschaft, übers. v. Fr. Dispeker, Zürich 1955, S. 692.
9 Genauer zur magischen und mythischen Religiosität: Gerl, Hanna-Barbara (1995), Die bekannte Unbekannte. Frauen-Bilder in der Kultur- und Geistesgeschichte, Mainz, Kap. II.
10 Mann, Thomas (1977), Meerfahrt mit ›Don Quijote‹, in: Mann, Essays. Bd. 1: Literatur, Frankfurt, S. 301: »Ich achte denjenigen nicht hoch, der im Anblick der Elementarnatur sich nur der lyrischen Bewunderung ihrer ›Großartigkeit‹ überläßt, ohne sich mit dem Bewußtsein ihrer gräßlich gleichgültigen Feindseligkeit zu durchdringen.«

kostbare – Ersatz: das Opfer anderer Menschen oder der Erstling von Früchten, Tieren, Menschen oder ein materieller Teilersatz.

Zur Gewalt des Einen Gottes im Alten Testament und ihren Gegenpolen: Gerechtigkeit und Barmherzigkeit

Erst im Monotheismus des Judentums – Grundlage für Christentum und Islam – werden solche dem Polytheismus innewohnenden Zweideutigkeiten geklärt und in einem einzigen »Allgewaltigen« gebündelt. An erster Stelle dieser Klärung ist zu nennen die langsame, sich gegen den eigenen Widerstand ausprägende Fassung des Gottesgedankens: Gott ist nur Einer, jenseits der Naturmächte oder »Götter«[11], überhaupt jenseits dieser Welt, nicht in ihren Tempeln enthalten, nicht mit ihnen zerstörbar, wie die sonstigen Bildwerke aus Lehm und Gold – ja es gibt, um ihn nicht mit dem Sinnfälligen zu verwechseln, kein Bildwerk von ihm (allerdings mit der bezeichnenden Ausnahme jenes Abbildes, das der Mensch seit Schöpfungsbeginn selbst ist[12]). Damit löst sich das Judentum aus dem animistisch-magischen Kult der Mutter-Göttinnen, der väterlichen Zeugungspotenzen und der Dämonen, also aus dem zwiespältigen, jederzeit möglichen Umschlag von heller in dunkle Gewalt. Denn die göttliche Gewalt wird nunmehr eindeutig, und zwar eindeutig hilfreich, seinem Volk gewogen und nur den Feinden schrecklich.

Zur Gewalt des Einen, der keinen gleichrangigen Widersacher mehr kennt und zulässt, tritt im Judentum ausgleichend und beleuchtend die Gerechtigkeit. Sie wird vertieft zur eifersüchtigen, fordernden Liebe, die Gott zu seinem Volk hegt, und zur Barmherzigkeit, mit der er diesem Volk grundsätzlich beisteht.

Weiterhin: Das antike Judentum verbot ausdrücklich jede Art von Menschenopfer, etwa die Kinderopfer für den heidnischen Götzen Moloch, und ließ nur noch Tier- und Feldfruchtopfer zu. Wiederum angeleitet

---

11 Bekanntlich enthalten vor allem die Psalmen Hinweise auf die »Götter« = Mächte, die jedoch ausnahmslos dem einen Gott unterworfen sind: »Herr, unter den Göttern keiner wie Du« (Ps 85, 8).
12 Vgl. Gerl-Falkovitz, Hanna-Barbara (1998), ›Schafft alle Dinge weg, damit ich sehe.‹ Vorläufig, aber unersetzlich: die Gottesbilder, in: Dies., Nach dem Jahrhundert der Wölfe. Werte im Aufbruch, Zürich/Köln (Benziger) 3. Aufl., Kap. X.

von den Propheten wird jedoch gegen die Tempelopfer von Tieren vorrangig die geistige Hingabe eingefordert; sie kann bis zum Geopfertwerden und Sichopfernlassen reichen, wie es der leidende Gottesknecht bei Jesaja vorzeichnet. Nach der Zerstörung des Tempels im Jahre 70 n. Chr. und nach der Zerstreuung des Judentums in der weltweiten Diaspora werden im Synagogalgottesdienst überhaupt keine »äußeren« Opfer mehr vollzogen.

Allerdings: Wie in allen antiken Religionen ist Gewalt als kriegerische Auseinandersetzung mit den Feinden oder als Eroberung von Feindesland für Israel üblich. Ebenso finden sich in den Fluchpsalmen klare Aussagen zur Gewalt gegen »die anderen«, und zwar gerade auch im Zeichen der eigenen Erwählung. Dennoch sind vier Gesichtspunkte bemerkenswert[13]:

- Israel kennt Krieg »im Namen (seines) Gottes«, aber keinen überzeitlichen Auftrag zum »Heiligen Krieg«. Temporär beauftragt fühlte es sich zur Eroberung seines eigenen kleinen Landes, aber nicht zur politischen Expansion und nicht zur Ausbreitung seines Glaubens auf kriegerische Art, also nicht zu einem Glaubenskrieg.
- Der Befehl zur »Ausrottung« der Völker, die im Verheißenen Land wohnen (Dtn 7, 1–3; Jos 11, 15ff,), ist eine nachträgliche, absichtsgeleitete Deutung, also nicht eine historische Aufforderung. Vielmehr war das Land bereits 500 Jahre vor dieser Niederschrift langsam unkriegerisch von den unfruchtbaren und unbesiedelten Bergen aus besiedelt worden. Die Funktion der Josua-Erzählung, viele Generationen später, besteht darin, gegen die zeitgenössische Bedrängnis und Übermacht der Assyrer die gewaltigere Macht Gottes aufzuzeigen – also »Gegenpropaganda« mit Hilfe von unbeugsamem Gottvertrauen gegen die Mutlosigkeit zu entwickeln.[14]
- In seiner Theologie entwirft Israel das Bild eines endgültigen kommenden Friedens, in welchem alle Völker vereint leben (Jes 2, Micha 4); Israel selbst lernt solchen *shalom*, indem es die Blutrache überwinden muss und das *ius talionis* einführt: die Zähmung des überschießenden

---

13 Vgl. Lohfink, Gerhard (1983) (Hg.), Gewalt und Glaube im Alten Testament, Freiburg/Basel/Wien.
14 Lohfink, Gerhard (2001), Mord im Namen Gottes? Fakten und Überlegungen zur Ideologie des Heiligen Krieges, in: Heute in Kirche und Welt. Blätter zur Unterscheidung des Christlichen, S. 1, S. 10, S. 3.

Rachedurstes und die *genaue* Rückforderung Auge um Auge, Zahn um Zahn.
- Dazu tritt etwas Entscheidendes und für die damalige Zeit Neues. Tatsächlich kommt schon das Alte Testament unter der langen Glaubenserfahrung göttlicher Führung und Züchtigung zu einem Liebesgebot, was den Umgang mit Feinden angeht: »Hat dein Feind Hunger, gib ihm zu essen, hat er Durst, gib ihm zu trinken; so sammelst du glühende Kohlen auf sein Haupt, und der Herr wird es dir vergelten.« (Spr 25, 21f)

Diese Entwicklung grenzt »den anderen« in der Tendenz nicht mehr aus, sondern versteht ihn grundsätzlich als Geschöpf desselben Vaters. Israel kennt zwar zweifellos noch eine ausgeprägte Sippen- oder Wir-Ethik, setzt aber in bemerkenswerten Anläufen auch zu deren Überwindung an. Die Elemente einer allgemein verstandenen Menschlichkeit lauten in der jüdischen Theologie konzentriert: aller Menschen Ebenbildlichkeit mit Gott, die Ebenbürtigkeit von Mann und Frau, die Gleichheit beider auch im Gestaltungsauftrag gegenüber der Erde, die Freiheit von der bisherigen Welt der Dämonen, der Gleichmut gegenüber Rang und Besitz beziehungsweise die ethische Verpflichtung des Reichen gegenüber dem Armen, sogar in Ansätzen der Begriff einer nicht mehr nur auf Stamm und Sippe eingegrenzten Ethik.

Hat die Überlieferung des Einen Gottes damit die göttliche Gewalt »entschärft«? Odo Marquard hat schon in den achtziger Jahren den Monotheismus der drei verschwisterten Religionen Judentum, Christentum und Islam als eine unterschwellige oder offene Gewaltbereitschaft auszumachen geglaubt, dem nur mit einem neuen Polytheismus oder mit pluralen »Geschichten« gegenzusteuern wäre. »In diesem Sinne ist selbst der Einfall suspekt: es lebe der Vielfalt.«[15] Solche Angriffe verstärken sich mittlerweile: Von Walser über Handke bis zu Houellebecq wird das jüdisch-christliche Erbe, bei Houellebecq spezifisch und absichtlich politisch in-

---

15 Marquard, Odo (1981), Lob des Polytheismus. Über Monomythie und Polymythie, in: Marquard, Odo, Abschied vom Prinzipiellen. Philosophische Studien, Stuttgart, S. 110. Ebd.: »Es scheint mir ebenfalls fällig, daß sie [die Philosophie] ihre Kollaboration mit dem Monomythos beendet und Distanz gewinnt auch zu all dem, was in ihr selber zu dieser Kollaboration disponiert. Das ist insbesondere das Konzept der Philosophie als orthologischer Mono-Logos: als das Singularisierungsunternehmen der Ermächtigung einer Alleinvernunft durch Dissensverbote, bei dem – als unverbesserliche Störenfriede – die Geschichten a priori nicht zugelassen sind: weil man da erzählt, statt sich zu einigen.«

korrekt der Islam, verantwortlich gemacht für die Sinnkrise: nicht aber wegen einzelner Geschichtsdaten (wie etwa dem 11. September), sondern grundsätzlich: wegen des Monotheismus.[16] Freilich hat Erik Peterson längst vor Marquard schon 1935 – vor dem Hintergrund des Dritten Reiches – hervorragend gezeigt, dass gerade im Christentum der Glaube an die Dreieinigkeit Gottes keinen fundamentalistischen Ansatz für Politik biete, im Gegenteil: Er sei Garant für den grundsätzlichen »Bruch mit jeder ›politischen Theologie‹« und erlaube ein Denken »jenseits von Monotheismus und Polytheismus«.[17]

In der Tat ist es kurzschlüssig, den Monotheismus – wie neuerdings immer wieder behauptet – zur Ursache religiöser Gewaltbereitschaft zu erklären; zumindest ist es argumentativ logischer, den währenden Unfrieden der polytheistischen Götterwelt und die – bis in Abbildungen hinein[18] – sichtbare Rohheit der göttlichen Kämpfe als Quelle religiös begründeter Gewalt anzunehmen. Dagegen wird die Macht des einen Allmächtigen gerade durch seine Eigenschaften der Rechtheit und Barmherzigkeit nicht ins Maßlose gesteigert, es sei denn, man betone damit die Steigerung der Wirklichkeit des Göttlich-Guten, das Unwiderstehliche seines gerechten Gerichts. (Analog argumentieren im Christentum Augustinus und, ihm folgend, Bernhard von Clairvaux mit der Liebe, die kein Maß kenne.)

Grundlagen der Gewaltüberwindung im Neuen Testament

Die Gedanken des Alten Testaments fortsetzend hat das Neue Testament gegenüber den mythischen, helldunklen Gottheiten der Vorzeit eine Klärung vollzogen: »Gott ist Licht, und keine Finsternis ist in ihm« (1 Joh 1, 5). Die Gewalt Gottes, nunmehr eindeutig lichthaft gesehen, bedeutet

---

16 Assheuer, Thomas (2002), »Macht euch die Erde untertan. Nach dem Streit um Walser: Warum Schriftsteller die monotheistischen Religionen für die Sinnkrise verantwortlich machen. Ein zweiter Blick auf die Romane von Peter Handke und Michel Houellebecq«, in: Die Zeit Nr. 30 vom 18. Juli 2002, S. 33. Besprochen werden die Romane von Handke »Der Bildverlust« und von Houellebecq »Plattform«.

17 Peterson, Erik (1994), Der Monotheismus als politisches Problem, in: Peterson, Erik, Theologische Traktate. Ausgewählte Schriften, Bd. 1. Mit e. Einl. hg. v. Barbara Nichtweiß, Würzburg, S. 23–81, hier S. 24 und S. 59.

18 Auf dem Pergamonaltar (Museumsinsel Berlin) tritt eine Göttin mit dem schönbeschuhten Fuß einem stürzenden Feindgott der Unterwelt mitten ins Gesicht.

nicht, dass sie ihre Stärke oder ihre Unzugänglichkeit einbüßt – solche Gutheit ist gerade nicht »zahnlos«; sie kann durchaus als einschneidend erfahren werden, allerdings im Sinne einer heilsamen, über irdische Ziele hinaus gerichteten Verweigerung: »Manchmal glaube ich, daß die wichtigste Besonderheit dieser Liebe ihre *Grausamkeit* ist. Das heißt [...] ihre Freiheit von jener Sentimentalität, mit der die Welt und das Christentum gewöhnlich diese Liebe identifiziert haben. In der Liebe Gottes gibt es keine Verheißung irdischen Glücks, noch befaßt sie sich damit.«[19]

Die entscheidende mentale Wende von dem, der selbst Gewalt ausübt, zu dem, dem Gewalt angetan wird und der ihr freiwillig zustimmt, ist eine christliche Wende. Sie wird im Christentum sogar zur kultischen Mitte, zur *memoria passionis*. Dabei wird strenggenommen der Opfergedanke verändert, nämlich als »ein für allemal« vollzogen gedacht und daher nicht mehr gesellschaftlich ritualisiert. Seit das Uropfer, das eine »Lamm«, starb, freiwillig, wird seine Tötung gerade nicht wiederholt, sondern täglich in der Eucharistie = Danksagung beziehungsweise im Abendmahl *unblutig* gegenwärtig gesetzt (in *repraesentatio*). »Im Verhältnis zum Unbedingten ist nur eine Zeit: die Gegenwart.«[20]

Auch verbietet das Christentum religiös begründeten Selbstmord = Selbstopfer, ja, aus guten Gründen sogar das Drängen zum Martyrium[21] – es leitet vielmehr grundsätzlich zur seelischen Hingabe an, verstanden als gewaltfreie *imitatio Christi*. Die alttestamentlichen Anstöße sind im Evangelium – in der Theorie, gewiß nicht durchgängig in der Praxis – zur Fülle entfaltet: Auch der Feind ist im Liebesgebot enthalten. Den Kampfbegriff gibt es nur gegen die Sünde, gegen die eigene und strukturelle Bosheit. Zwar gehört die Gewalt zu diesem Äon, zeigt aber gerade darin dessen verdorbene Gestalt. Das Reich Gottes wird demgegenüber ohne Gewalt errichtet, ja seine erwählten Propheten, am Ende sein Sohn, liefern sich dieser Gewalt ohne Gegenwehr aus. Allerdings gibt es rechtmäßige Mittel der Verteidigung, vor allem im Blick auf den schutzbedürftigen Nächsten, aber Gewalt zum Zweck religiöser und anderer Selbstbehauptung ist verwerflich[22].

---

19 Schmemann, Alexander (2002), Aufzeichnungen 1973–1983, Einsiedeln, S. 416.
20 Kierkegaard, Sören, Einübung im Christentum, Sämtliche Werke XII, S. 60.
21 Artikel »Martyrium« in: Lexikon Antike und Christentum.
22 Röm 12, 17–21; 1 Petr 2, S. 19–24.

Das Konzept einer neuen gewaltfreien Menschlichkeit in der Bergpredigt Jesu und im Neuen Testament

»[E]igentlich ist es das Gottesverhältnis, das einen Menschen zum Menschen macht.«[23] Die Bergpredigt Jesu hat entscheidende Elemente einer neuen Anthropologie in das Bild gleichberechtigter, gleich geliebter Kinder eines gemeinsamen Vaters verdichtet. Insbesondere hier entspringt das Konzept einer neuen Menschlichkeit, und zwar gegen die triebhaft-natürliche Selbstbehauptung sowohl der Wir-Gruppe wie des Einzelegoismus. Die theologische Begründung dafür ist nichts Geringeres als die »Vollkommenheit des himmlischen Vaters«. Als entscheidendes Novum kann dabei gelten, dass der Appell an das *forum internum*, an die nicht von außen justitiable Gewissensentscheidung des Einzelnen, zu einer bisher unbekannten *Individualethik* führte. Grundlage der Ethik ist nach wie vor zwar die Thora in der Gestalt einer *Unterlassens-Ethik* (»nicht schaden«); sie wird aber in den Antithesen der Bergpredigt radikalisiert zu einer *Tun-Ethik*, die den Einzelnen zu einem *optimum virtutis* aufruft: das Äußerste zu tun.

Zu diesem Äußersten gehört nicht einfach das Untersagen von Gewalt, sondern die Erkenntnis der Wurzeln der Gewalt: in der eigenen Seele, oder hebräisch formuliert: »im Herzen«. Daher rühren die scharfen Antithesen Jesu (Mt 5, 21–48), die nicht einfach einen schon vollzogenen Mord verwerfen, sondern von seiner inneren, scheinbar harmlosen, weil »nur gedanklichen« Vorbereitung ausgehen: »Wer seinem Bruder [nur] zürnt, wird dem Gericht verfallen sein.« (Mt 5, 22) Was übertrieben scheint, nämlich den Ehebruch bereits mit dem »lüsternen Ansehen« beginnen zu lassen (Mt 5, 28), ist freilich im Lichte der Psychologie und der unbewussten »Formatierungen« völlig plausibel. Auch die ungeheure Forderung nach Verzicht auf Rache, ja, nach dem Hinhalten der anderen Wange (Mt 5, 39) verliert ihre scheinbare »Unmännlichkeit«, wenn man die unkontrollierbare Dynamik von Vergeltung erwägt, für die die Geschichte erschreckende Beispiele bereithält. Allerdings ist hinzuzufügen, dass Gewaltverzicht nur für den Betroffenen und seine Selbstrücknahme gefordert ist: Nicht gedeckt ist davon Tatenlosigkeit im Blick auf andere Opfer oder Leichtsinn im Blick auf mögliche Prävention. Zugleich verbietet sich eine rasche Verurteilung, ja sogar eine Beurteilung des anderen, wiederum in Bezug auf

---

23 Kierkegaard, Sören, Die Krankheit zum Tode. Nachschrift I, Sämtliche Werke VII, S. 206.

sich selbst: Siebenmal siebzigmal ist ihm zu verzeihen, um im eigenen »Herzen« die Überheblichkeit der Selbsteinschätzung zu unterbinden. Die Kette der Gewalt durch Nichtvergeltung unwirksam zu machen, ist nur die eine (Über)forderung; die zweite besteht in der gebotenen Feindesliebe. Nichtreaktion ist leichter als ausdrückliches Lieben und Tun des Guten (Mt 5, 43–47). Gerade darin dreht sich der Gewaltautomatismus völlig um. Und diese »Zumutung« steht unter dem Satz von der »Vollkommenheit des himmlischen Vaters« (Mt 5, 48): Sie ist der Horizont der Entwicklung des eigenen Herzens.

Ein weiteres Zeichen der Umkehrung: Hiesige Macht, besonders in der bekannten Form männlicher Herrschaft, wird erschüttert. Jesus dient an seinem letzten Abend wie ein Sklave bei der Fußwaschung (Joh 13, 1–17), bevor er die Jünger als seine Sachwalter einsetzt: Amt ist Dienst, ist Umkehrung des gewohnten Oben und Unten.

In all dem wird der Einzelne, das *Subjekt*, zum Adressaten und Träger aktiven, selbstverantworteten Handelns. Zugleich kommt es in der *objektiven* Zielstellung religionsgeschichtlich erstmals zu einer *Universalethik*, weil ihr Geltungsbereich nicht wie bisher auf die Sippe oder Glaubensgemeinschaft eingeschränkt bleibt, sondern auf *jedes* Gegenüber zielt.

Damit wird der Begriff des Menschen erstmals individuell konstitutiert, so dass man gleichfalls, von einem anderen Blickwinkel aus, von der erwähnten *Individualethik* sprechen kann. »Der Mensch soll nach der Lehre des Christentums in Gott aufgehen nicht durch ein pantheistisches Verschwinden, nicht durch eine Auswischung aller individuellen Züge in dem göttlichen Ozean, sondern durch eine potenzierte Bewusstheit, ›der Mensch soll Rechenschaft ablegen für jedes ungehörige Wort, das er geredet hat‹, und wenn auch die Gnade die Sünde auswischt, so geht doch die Vereinigung mit Gott vor sich in der durch diesen ganzen Prozeß abgeklärten Person.«[24]

Paulus, der größte Theologe und Theoretiker der frühen Kirche, formulierte die Aussagen der Bergpredigt zu revolutionären Konsequenzen weiter. Dabei entstanden Thesen, welche die griechische Antike mit Ausnahme einiger Ansätze in der Stoa nicht gedacht hatte: vom Wegfall der Unterschiede zwischen Nationen, sozialen Schichten, selbst den Geschlechtern: »Hier ist nicht Jude, nicht Grieche, nicht Sklave, nicht Freier,

---

24 Kierkegaard, Sören (1948), Resultat oder Wahrheit. Gedanken über das Christentum (1838), übertr. v. Th. Haecker, in: Prisma 15, S. 26.

nicht Mann, nicht Frau – alle seid Ihr Einer in Christus.«[25] Damit riss die christliche Theorie einen der ältesten einschränkenden Horizonte weg vor neuen Ufern: den Horizont von Hierarchie und Knechtschaft zwischen den Mitgliedern einer Familie, eines Stammes, eines Volkes, ja einer Kultgemeinde. Christlich war damit das Konzept der Gleichen und Freien geboren, und zwar nicht behaftet mit dem Blasphemie-Verdacht des Prometheus, den Göttern, den Ungleichen, trotzen zu wollen, sondern das Konzept des Einen Schöpfers ebenbürtiger Geschöpfe. Vor Ihm, kraft Seiner sind die Menschen gleich und frei untereinander, ja Ihm selbst über das Ebenbild gleich, durch Ihn selbst frei – Abbilder der höchsten Souveränität, weder Sklave noch Sklavenhalter, weder Hund noch Herr, ja, auch dem Geschlecht nicht unterworfen.

Die Menschenrechte, die Ideale der Französischen Revolution, die Demokratie sind nachweislich Blätter aus diesem Konzept, möglicherweise herausgerissen und vielleicht zur Hälfte gelöscht durch die Trennung von der Quelle, wie Toynbee befürchtete[26]. Aber sie wurden nur im Kontext des jüdisch-christlichen Sprengsatzes denkbar und historisch ausgebildet – ebenso, muss man fortsetzen, wie die »okzidentale Rationalität« mit ihrem Träger, dem *homo faber*, aus demselben grundlegenden Impuls stammt. Selbst der illegitime, antichristliche Spross des 19. Jahrhunderts, der Kommunismus, stellt in dieser Lesart zweifellos ein herausgerissenes und destruktiv gewordenes Blatt aus dem ursprünglichen Entwurf dar.[27]

Diese Entwicklungen verdanken sich einer neuen Denkhaltung: Der Mensch wird im Sinne von Personalität, Selbstsein, Freiheit entworfen. So kommt es zur Ausbildung eines Subjekts, mehr noch zu einer Gemeinschaft von freien und gleichen Subjekten (was unterschieden ist von Clan und Sippe). Anders als in mythischen Religionen wird nicht mehr unentrinnbares Geschick erlitten, sondern Geschichte gestaltet. Im Laufe der Entwicklung kommt es zum Ausbau eines inklusiven Rechts, das alle einschließt, nicht bestimmte Gruppen exklusiv bedient. Spätestens seit der Aufklärung, die trotz ihrer atheistischen Züge dem rationalen Grundmus-

---

25 Gal 3, 28.
26 Toynbee, Arnold J. (^{5}1957), Civilization on Trial, London, S. 236f.
27 Sergej N. Berdjajew, in seiner Jugend selbst Marxist, dann orthodoxer Priester, hat die geistesgeschichtliche Nähe von Christentum und Sozialismus nachhaltig analysiert; vgl. die drei Aufsätze von 1902, 1917 und 1933/34 in: Berdjajew, Sergej. N. (1960), Christentum und Sozialismus, Stuttgart 1960. – Vgl. das Diktum von Simone Weil (1909–1943), Schwerkraft und Gnade, vom Sozialismus als der subtilen Versuchung des Christentums.

ter nach dem Christentum entspringt, setzen sich emanzipatorische Bewegungen durch im Namen allgemein gültiger Menschlichkeit; sie führen zur Abschaffung von Menschenopfern, von Sklaverei, von weiblicher Nachordnung, sogar zur Abschaffung von »Klassen«. Selbst der Feminismus, der dem Christentum (wie den meisten anderen Religionen) Patriarchalismus, wenigstens Züge desselben vorrechnet, verdankt sich ohne Zweifel eben den Anstößen dieser Überlieferung; im außerchristlichen Raum gibt es ihn nur als Import.

Diese Innovation der Anthropologie hängt notwendig mit der sich immer weiter vertiefenden Deutung der Gestalt Jesu zusammen, vor allem mit der nicänischen Dogmatisierung seiner Gott-Menschlichkeit (325).

Nur das Christentum konnte Sätze formulieren im Unterschied zum Resonanzboden der philosophischen Antike, in denen das Fleisch zum Angelpunkt wird: *caro*, anders: *carne carnem liberans* (»Er befreit das Fleisch durch das Fleisch«).[28]

Durch die Inkarnation beginnt eine Anthropozentrik, in welcher auch der Mensch zum Angelpunkt wird: *homo cardo*. Dieses Denken *aus dem irreversiblen Ereignis* verbietet die pure mythisch-zyklische, aber auch die metaphysische Systematisierung der Geschichte und setzt vielmehr ein dramatisches Verständnis von Geschichte, d. h. ein reales Mitwirken des Menschen an ihrem Verlauf, frei.

Dem Verständnis des Christentums nach inkarniert Gott nicht einfach als Es-Macht, als magische Mächtigkeit, als mythische Dynamik, sondern in einem menschlichen Antlitz. *Abstieg* und *Incognito* kennzeichnen dieses Antlitz: »Allmacht und Ohnmacht, Göttlichkeit und Kindheit bilden ein scharf umrissenes Epigramm [...] Christus wurde nicht nur auf dem Niveau der Welt geboren, sondern auf einem tieferen Niveau als die Welt«, denn in der Geburtshöhle, so die zupackende Pointe Chestertons, lag »der Himmel unter der Erde.«[29]

Wie aber kann Christentum ins Gespräch mit anderen Religionen kommen, wenn gerade die Gestalt Christi Anspruch auf Wahrheit erhebt? »Ich bin der Weg, die Wahrheit und das Leben.«[30] Steht damit das Chris-

---

28 Caecilius Sedulius (+ ca. 450) [Was bedeutet das +-Zeichen? Geboren oder gestorben?], Hymnus A solis ortus cardine, in: Andreas Schwerd (1954) (Hg.), Hymnen und Sequenzen, München, S. 38.
29 Chesterton, Gilbert (1930), Der unsterbliche Mensch, Bremen, S. 228; S. 231.
30 Jo 14, 6. Vgl. die phänomenologische Analyse von Henry, Michel (2003), ›Ich bin die Wahrheit.‹ Für eine Philosophie des Christentums, Freiburg.

tentum nicht in einer besonderen Weichenstellung auf Konflikt? Muss es den Anspruch auf Wahrheit aufgeben »um des lieben Friedens willen«?

Zwei Modelle der europäischen Geistesgeschichte: Lessing und Nicolaus Cusanus

Gotthold Ephraim Lessing gab mit der berühmten Ringparabel in *Nathan der Weise* 1779 dem Toleranzgedanken der Aufklärung eine geniale Fassung: Ein echter Ring und zwei davon ununterscheidbare Nachbildungen werden drei Brüdern als Erbe ausgehändigt. Jeder Streit muss unterbleiben, jede eingebildete Sicherheit auch; der wahre Ring wird sich nicht mehr erweisen lassen. Lessing leistet damit zweierlei: Er vermeidet durchaus eine skeptische Position, denn es gibt das Echte, das Wahre, das Einzig-Gültige; andererseits bleibt es dem menschlichen Urteil rundweg entzogen und somit auch jedem Streit und Sonderanspruch. Damit gründet sich Toleranz auf dem Schleier über der Wahrheit, womit Lessing für die Aufklärung den Streit um die Religionen erübrigt hatte.

Diese Haltung ist die späte Frucht einer langen, wenig guten Entwicklung des europäischen Denkens und Streitens. Und als Frucht dieses generationenalten, alles vergiftenden Streitens trägt die Toleranz Lessings doch eine Narbe: die Narbe des Kompromisses. Für den so bitter nötigen Religionsfrieden wird der Begriff der Wahrheit dem Begreifen entzogen, der Vernunft verwehrt. Nimmt man die Parabel wörtlich, so wird Wahrheit sogar gleichgültig. Der Wert des echten Ringes besteht ja nur noch abstrakt.

Lessings Ausweg versteht sich aus der Zeitgeschichte, ist sogar unabdingbar zu würdigen als ein Schritt zu höherer Zivilisation. Seine Lösung hatte notwendig die Toleranz erstrangig gesetzt, also die Spannung zwischen ihr und der Wahrheit gleichsam menschlich verkraftbar gemacht und aus ihrem zerreißenden Widerspruch befreit. Böseste Erfahrungen der seit der Reformation andauernden Religionskriege wurden damit befriedet, denn nachdem die Schlachten im 17. Jahrhundert verstummt waren, tobte ja weiterhin der geistige und geistliche Kampf in Herz und Hirn der getrennten Gläubigen. Lessings Großvater Theophil verteidigte an der Leipziger Universität 1669 eine »politische Disputation« mit dem Titel *De religionum tolerantia* – das brennende ungelöste Thema einer ganzen Epoche.

Und trotzdem ist Lessings noble, späte Lösung nicht die einzig mögliche, die vor dem Forum der Vernunft bestehen kann. Noch vor dem Ausbruch der verzehrenden Glaubenskriege gab es eine Denkbemühung von europäischem Maßstab, die im Vorgriff auf das Kommende das gefährdete Verhältnis von Wahrheit und Toleranz neu bestimmte. Und dies nicht als eine Schreibtischgeburt, sondern aus der Erfahrung einer enormen Bedrohung entworfen, lebendig-politisch ebenso wie lebendig-kirchlich gedacht und der zeitgenössischen Christenheit in aktuellster Stunde gewidmet. Anders als Lessing geht dieser Entwurf vom ersten Rang der Wahrheit aus und kommt in einer hoch überraschenden Wendung von der Wahrheit selbst zur Toleranz. Es handelt sich um die Schrift *De pace fidei/Der Friede im Glauben* des Nicolaus Cusanus von 1454. In dieser Schrift ist ein systematischer Ansatz gelungen, der das Problem bis zum heutigen Tag befruchten könnte.

Welche enorme Bedrohung steht im Hintergrund? Am 29. Mai 1453 war das christliche Konstantinopel an Sultan Mehmed II. gefallen; die Bevölkerung wurde in grauenhafter Weise in einem tagelangen Blutbad umgebracht. Dadurch geriet ganz Europa in äußerste Erregung. Der Krakauer Domherr und Historiker Jan Dlugosz schrieb mit Entsetzen: »Eines der beiden Augen der Christenheit wurde ausgerissen, eine ihrer beiden Hände wurde abgeschlagen.« Die Christenheit empfand sich als in einen Winkel, »angulus orbis«, gedrängt, wie Enea Silvio Piccolomini 1454 klagte, und dieses »Winkel-Syndrom« hielt lange an. Tatsächlich galt ja die Bedrohung durch das osmanische Reich und die Unterwerfung christlicher Nationen für rund 250 Jahre und nötigte zu immer erneuten Rufen nach einer schnellstens zu schaffenden *pax christiana*.

Diese Rufe bildeten ironischerweise die positive Rückseite des tragischen Falls von Konstantinopel: Unter dem Druck des Überlebens traten nunmehr plötzlich eine Fülle von Friedensprogrammen auf den Plan, um die zerstrittenen europäischen Fürsten gegen den gemeinsamen Feind zusammenzuschmieden. Erst der Feind befriedete, was sich aus freien Stücken nicht befrieden konnte. Durch den Donnerschlag von 1453 erwachte ein vielfältiger Handlungswille, der grundsätzliche politische und religiöse Friedensanstöße ernsthaft verwirklichen wollte. Geschichtlich ist freilich zu sagen, dass alle Bemühungen um die politische Einung Europas gegen die Türkengefahr immer wieder bröckelten. Wenig später zerstörten die Reformation und die sich daran entzündenden Konfessionskriege endgültig den Traum einer *pax christiana*. Im Gegenteil: Auf rund 150 Jahre war jede tragfähige, parteiübergreifende religiöse und politische Einigung dahin. Vor diesem gefährlich verdunkelten Hintergrund des Falles von Konstantinopel und der Vision »Türken vor Rom!« entwickelt Nicolaus Cusanus 1454 einen großgedachten, riskanten Ansatz: die Begründung religiöser Toleranz aus der Gewissheit der *einen* Wahrheit. *De pace fidei* ist eine unerhörte, alle Tagesaktualitäten weit überholende Schrift. Sie sucht den beschämenden Fall von Konstantinopel unter dem Maß einer äußersten christlichen Reflexion aufzuarbeiten und für die Zukunft fruchtbar zu machen – eine geistige Umwertung, wie sie Cusanus auch für das spätmittelalterliche Denken durchführte, um es aus seinem »herbstlichen« Niedergang zu lösen. Der »Frieden im Glauben« setzt an beim Aushalten einer Spannung zwischen Toleranz und Wahrheit. Gerade weil es diese Spannung gibt, ist sie nicht ein für allemal »festzumachen«, sondern bedarf immer neu angemessener Balance.

Menschliche Religiosität arbeitet an einer »Ausfaltung« des unendlich einfachen Gottes, seiner »Einfalt«. Nicht nur die Sprache, auch das Verständnis nähert sich dieser Einfalt nur uneigentlich. »Du bist jener, der offenbar und mit den verschiedenen Namen genannt wird, da Du, wie Du bist, für alle unerkannt und unaussprechlich bleibst. Du, der Du die unendliche Kraft bist, bist nicht von dem, was Du geschaffen hast, noch kann das Geschöpf den Gedanken Deiner Unendlichkeit begreifen, da es von Endlichem zu Unendlichem keinen Verhältnisbezug gibt.«[31]

So gleich eingangs die These eines Erzengels, gehört und gesehen in der Vision eines ungenannten Mannes. Die Grausamkeiten bei der Einnahme von Konstantinopel brachten den Protagonisten zu der Frage, ob und wie eine »leichte Konkordanz« und ein »ewiger Friede« unter den Religionen zu erreichen sei.[32] Die Vision, so die Rahmenhandlung, entrückte ihn in »geistige Höhe«, wo der Allmächtige vor dem Konzil der Himmlischen die Klagen über die gegenwärtigen Religionskämpfe (als Ursache der politischen Kriege) anhörte. Der Erzengel, erster Kundschafter und Analysator der Lage, bittet Gott, sein Antlitz zu enthüllen, damit alle »erkennen, daß und wie es nur eine einzige Religion in der Mannigfaltigkeit von Übungen und Gebräuchen gibt. Wohl wird man diese Verschiedenheit von Übungen und Gebräuchen nicht abschaffen können, […] doch sollte es wenigstens – so wie Du nur einer bist – nur eine einzige Religion und ei-

---
31 De pace fidei, in: Nicolai Cusani Opera, lat.-dt., übers. v. Leo Gabriel, Bd. III, S. 711.
32 Ebd., S. 707.

nen einzigen Kult der Gottesverehrung geben.«[33] Gott antwortet, er habe bereits genug getan, indem er den Menschen verschiedene Propheten und schließlich das fleischgewordene Wort gesandt habe.[34] Doch das »Wort« selbst bietet sich an, mit den »erfahrenen Menschen« aller Völker und Sprachen in Jerusalem in einen Disput zu treten, um alle Verschiedenheit der Religionen durch gemeinsame Zustimmung aller Menschen einmütig auf eine einzige, fürder unverletzliche Religion zurückzuführen«.[35]

Nun entspinnt sich ein unerhörter Dialog. Der Grieche, *senior*, bezweifelt, dass man »einen anderen Glauben« annehmen könne; der Italer fragt nach der Aussagbarkeit der Weisheit; der Araber nach der Verwerflichkeit der Vielgötterei; der Inder nach der Möglichkeit, Statuen und Götterbilder zu verehren und ob Trinität nicht drei Götter meine; der Chaldäer, der Jude, der Skythe und der Gallier versuchen, den Begriff der Trinität gedanklich zu fassen. In all dem erweist das »Wort« den Sinn des bisherigen religiösen Gebrauchs: »Ihr werdet nicht einen anderen Glauben, sondern ein und dieselbe einzige Religion allseits vorausgesetzt finden.«[36] Sogar und gerade die Vielgötterei erweist die eine Wahrheit: »Und wer sagte daß es mehrere Götter gibt, sagt auch, daß es den einen Ursprung gibt, der allem vorausgeht.«[37]

Hier ergeben sich zwingende intellektuelle Übereinstimmungen – doch berührt Cusanus über die allgemeine Gotteslehre hinaus nun spezifisch das Ärgernis der neutestamentlichen Offenbarung, die »Menschwerdung«. In einer kühnen theologischen Anstrengung unternimmt es Petrus, das Denkbare und mithin Vereinbare dieses Ärgernisses mit den entlegensten Religionen, vertreten durch Perser, Syrer und Türken, zu erweisen. Auch dort, wo im einzelnen ausdrücklich gegenläufige religiöse Vorschriften geboten sind, wird das Argument auf den inneliegenden Kern zurückgeführt. Der Tartar, ein Monotheist, beanstandet gezielt: »Unter diesen verschiedenen Ausführungen gibt es das Opfer der Christen, bei welchem sie Brot und Wein darbringen und sagen, es sei der Leib und das Blut Christi. Daß sie dieses Opfer nach der Darbringung essen und trinken, scheint am verabscheuungswürdigsten. Sie verschlingen nämlich, was sie verehren. Wie in diesen Fällen, die dazu noch nach Ort und Zeit verschieden sind, eine

---

33 Ebd., S. 711 f.
34 Ebd., S. 713 f.
35 Ebd., S. 717.
36 Ebd., S. 719.
37 Ebd., S. 725.

Einung zustande kommen kann, begreife ich nicht. Solange es sie jedoch nicht gibt, wird die Verfolgung nicht aufhören. Verschiedenheit erzeugt nämlich Trennung und Feindschaft, Haß und Krieg.«[38] Hier entscheidet Paulus im Auftrag des »Wortes« über alle Äußerlichkeiten hinweg nach dem *Glauben,* nicht nach den Werken, nach der Wahrheit des Gemeinten, nicht nach den sinnlichen Zeichen. Abraham, Vater des Glaubens für Christen, Juden und Araber, hat eben dieses Kriterium erfüllt – unabhängig von allen Einzelaktionen. »Wird das zugegeben, dann stören die verschiedenen Arten der Gebräuche nicht, denn sie sind als sinnliche Zeichen der Glaubenswahrheit eingesetzt und verstanden.«[39] In Bezug auf die Sakramente, wenn zum Beispiel das Geheimnis der Eucharistie nicht begriffen oder auch aus Furcht nicht empfangen wird, antwortet Paulus: »Seinen sinnenhaften Zeichen nach ist dieses Sakrament, sofern der Glaube da ist, nicht von solcher Notwendigkeit, daß es ohne es kein Heil gäbe. Es genügt nämlich zum Heil, zu glauben und so diese Speise des Lebens zu essen. Darum gibt es kein notwendiges Gesetz bezüglich seiner Austeilung; ob es, wem es und wie oft es dem Volk gegeben werden soll.« Der Grundsatz lautet: »Eine genaue Gleichförmigkeit in allem zu verlangen, bedeutet eher, den Frieden zu stören.«[40]

Schließlich wird die Eintracht der Religionen »im Himmel der Vernunft« *(in coelo rationis)*[41] beschlossen: Jerusalem wird Mittelpunkt des einen Glaubens und des ewigen Friedens.

Die Vision des Cusanus lässt sich in ihrer reflexiven Tragweite gar nicht hoch genug schätzen. Hier ist eine Toleranz der Riten und religiösen Übungen, bis in scheinbare Widersprüche hinein, grundgelegt, grundgelegt nämlich auf eine klare Katholizität im Wortsinne. Die Unerkennbarkeit, Unaussprechlichkeit Gottes nötigt zu Zeichen aller Art; deren Kriterium liegt einzig – und nur darauf besteht Cusanus – in der Durchsichtigkeit auf das Urbild, im Wissen um die eigene Vorläufigkeit. Verselbständigen und versteinern sich die Bilder stattdessen, sind sie, ihrer eigenen Wahrheit abtrünnig geworden, zu zerstören.[42] Dem Christentum kommt dabei die höchste Aufgabe zu, diese Durchsicht auf das Urbild und die Aufdeckung der Götzen im Bewusstsein zu halten – äußerste Möglichkeit der Religion,

---

38 Ebd., S. 779.
39 Ebd., S. 779.
40 Ebd., S. 795.
41 Ebd., S. 797.
42 Ebd., S. 729.

an den Grundanspruch der (anderen) Religionen zu erinnern, ihn reflexiv zu klären. *Zugleich* erkennt Cusanus die Andersheit der religiösen Zeichen auch als den Wert an, den die Subjektivität grundsätzlich bei ihm hat: den Wert der Vielfalt, welche die Einfalt ihrem eigenen Auftrag gemäß ausfaltet, den Wert des Überflusses, welcher der göttlichen Güte ungezählt entströmt.»Vielleicht wird sogar die Hingabe aufgrund der Unterschiedlichkeit vergrößert, da jede Nation versuchen wird, ihren Ritus mit Eifer und Sorgfalt herrlicher zu gestalten.«[43] Diese »Theodizee der religiösen Formen und Gebräuche«[44] anerkennt das Andere, den Anderen als Ausdruck der einen Wahrheit selbst: eine zutiefst christliche Grundlegung des Friedens. Sie begreift nämlich Frieden nicht als Indifferenz, sondern als Differenz auf dem Boden der umfassenden, einfachen Wahrheit. Cusanus zeigt, dass dieses Paradox tatsächlich christlich gedacht werden kann: Frieden, *weil* Unterschied der Religionen, *weil* Einheit Gottes.

Lessing hatte die Wahrheit dem menschlichen Erkennen entziehen müssen, um Toleranz sinnvoll und einsichtig zu machen. Damit hat sich aber die Deutung und Gewichtung beider Begriffe eigentlich verunklart, ist zumindest nicht auf den Boden wirklicher Begründung vorgestoßen. Letztlich heißt Lessings Lösung: Der Mensch ist nicht wahrheitsfähig, deswegen tolerant.

Cusanus dagegen hatte den Anspruch der Wahrheit behalten, ja ihre Folgen als verbindlich gezeigt. Zwar übersetzt sich die absolute Wahrheit (ähnlich wie bei Lessing) nicht unmittelbar ins hiesig Greifbare, Unvermittelte; aber (anders als bei Lessing) zeigt sie sich in einleuchtenden Spuren, gültigen und dem Denken zugänglichen Merkzeichen, im durchaus verlässlichen Relativen dieser Welt. So heißt hier die Lösung: Der Mensch ist sehr wohl wahrheitsfähig und deswegen tolerant. Denn er trifft auf die Wahrheit auch in ihren Verkleidungen, ja Verdunkelungen und muss deren wahren Kern achten. Achten und gelten lassen muss er alles, was »aus der Wahrheit« stammt.

Erst eine solche Begründung scheint das schwierige Verhältnis richtig aufzubauen. Wer die Wahrheit liebt, hört auf ihre Stimme – auch im Gewand des Fremden, erst recht im Gewand des Eigenen, das die Haltung und Stimme Christi zu wahren sucht. Toleranz gibt es gerade innerhalb, nicht außerhalb der Reichweite des Wahren. Toleranz entspricht der Poly-

---

43 Ebd., S. 797.
44 Cassirer, Ernst (1963), Individuum und Kosmos in der Philosophie der Renaissance, Leipzig/Berlin 1927, Darmstadt, S. 30.

phonie der einen Wahrheit. Hüterin der einen Wahrheit ist die Kirche, daher auch Hüterin der Vielfalt polyphoner Ausdrucksweisen. Konkreter: Sie sucht das Antlitz Christi nicht nur in jedem Menschen, sondern auch in den Heiligen Schriften und Ritualen anderer Religionen zu achten. Eben dies scheint das II. Vatikanische Konzil mit seiner Hochschätzung der anderen Religionen formuliert zu haben – und dies keineswegs als Neuheit. Seit der Patristik ist es Konsens, dass die *spermata tou logou*, die *semina veritatis*, anzuerkennen und in das »Eigene« aufzunehmen seien. Athen hat auch mit Jerusalem zu tun, wie es Augustinus gegen Tertullian entschied – selbst wenn Abgrenzungen gegen »Athen« zur Wahrung der unvergleichlichen Kontur »Jerusalems« immer wieder in der Theologiegeschichte notwendig wurden.[45]

Intellektuelle Wende: Christentum und Versöhnung, postmodern beleuchtet

Gerade in jüngsten Wortmeldungen namhafter Philosophen wird deutlich, dass das Sinnpotential von Religion, *a fortiori* aber der jüdisch-christlichen Herkunft und ihres großen Thesaurus, offenbar nicht einfach ablösbar ist durch die aufgeklärte Vernunft und ihre Zwecksetzungen, auch nicht ablösbar durch virtuelle Spiele, auch nicht ablösbar durch Psychohygiene.

Tatsächlich scheint sich eine Wende anzubahnen: die unerwartete Wende der Intellektuellen zu Fragen eines neuen (und alten) Sinnentwurfs. Die Suche nach einer Anthropologie »jenseits des Nihilismus« und »jenseits der virtuellen Konstruktion« hat schon begonnen – und dies offenbar im Horizont des Christentums oder grundsätzlich der Bibel. Die Rede ist zum Beispiel von der Notwendigkeit einer universalen Gerechtigkeit (für die Opfer) – »Auferstehung« *wäre* die Sinnantwort auf irdisch nicht gutzumachende Leiden, auf die Gewalt: »Erst recht beunruhigt uns die Irreversibilität vergangenen Leidens – jenes Unrecht an den unschuldig Mißhandelten, Entwürdigten und Ermordeten, das über jedes Maß menschlicher Wiedergutmachung hinausgeht. Die verlorene *Hoffnung auf Resurrektion* hin-

---

45 Vgl. die von Tertullian übernommene Polemik bei Leo Schestow (1938), Athen und Jerusalem, Graz (ursprünglich auf deutsch erschienen).

terläßt eine spürbare Leere«, so – erstaunlicherweise – Habermas.⁴⁶ Mit anderen Worten: Im Sinngefüge bedarf es einer Antwort auf das menschlich nicht zu Lösende; »Auferstehung« ist mehr als ein »Anliegen« in theologischer Metasprache, sie hat eine »Systemstelle« im menschlichen Verlangen nach Gerechtigkeit.

Eine zweite, tiefgehende Forderung spricht von einer Antwort für die Gewalttäter, ja, für die Mörder. Sie wird wiederum philosophisch ausgesprochen, sogar von einem Agnostiker – um so verblüffender, als der kirchliche Usus auf diesem Gebiet immer mehr ausdünnt. Die Rede ist von der notwendigen Absolution von Schuld, und zwar auch von der Verzeihung für die Täter – und sie müsste bis zur Verzeihung des Unverzeihlichen gehen, so Jacques Derrida (1930–2004) in einem Interview: »Man muß von der Tatsache ausgehen, daß es, nun ja, Unverzeihbares gibt. Ist es nicht eigentlich das Einzige, was es zu verzeihen gibt? Das einzige, was nach Verzeihung *ruft*? Wenn man nur bereit wäre zu verzeihen, was verzeihbar scheint, was die Kirche ›läßliche Sünde‹ nennt, dann würde sich die Idee der Vergebung verflüchtigen. Wenn es etwas zu verzeihen gibt, dann wäre es das, was in der religiösen Sprache ›Todsünde‹ heißt, das Schlimmste, das unverzeihbare Verbrechen oder Unrecht. Daher die Aporie, die man in ihrer trockenen und unerbittlichen, gnadenlosen Formalität folgendermaßen formulieren kann: Das Vergeben verzeiht nur das Unverzeihbare. Man kann oder sollte nur dort vergeben, es gibt nur Vergebung – wenn es sie denn gibt –, wo es Unverzeihbares gibt. Was soviel bedeutet, daß das Vergeben sich als gerade Unmögliches ankündigen muß. Es kann nur möglich werden, wenn es das Un-Mögliche tut. […] Was wäre das für eine Verzeihung, die nur dem Verzeihbaren verziehe?«⁴⁷

Nicht minder provokativ gerät die These des italienischen Philosophen Gianni Vattimo (*1936) vom heute notwendigen *pensiero debole*, dem *schwachen Denken*. Vattimo bezieht sich damit auf den von Nietzsche eingeläuteten Abschied von den »starken« Sätzen einer herkömmlichen Metaphysik. Unvermutet – auch für ihn selbst – gelingt aber gerade a-metaphysisch der Anschluss an ein Zentralthema des Christentums: an die Christologie. Liest man sie nämlich wieder unter den Vorgaben von Nietzsches Dictum vom

---

46 Habermas, Jürgen (2001), Glauben und Wissen. Die Rede des diesjährigen Friedenspreisträgers des deutschen Buchhandels, in: FAZ Nr. 239 vom 14. Oktober 2001, S. 9.
47 Derrida, J./Wieviorka, M. (2000), Jahrhundert der Vergebung, in: Lettre international 48, S. 10–18, hier S. 11f. Zitiert nach Jan-Heiner Tück, Versuch über Auferstehung, in: IKZ Communio 3 (2002), S. 274–279.

»Tod Gottes«, so erscheine gerade in der Leidensfähigkeit Jesu, in seiner »Schwäche« – nicht in seiner Allmacht –, in seinem Sterben jene Theologie, die anschlussfähig werde für heutiges Philosophieren.[48] Zugleich enthalte sie gerade keine weltenthobene, geschichtsferne Metaphysik, gerade kein griechisch-ontologisches Gottesbild. Die Inkarnation Jesu, die die Freuden und die Vergänglichkeit des Fleisches einschließt, eröffnet so nach Vattimo ein neues Denken, das keineswegs den Exitus des Christentums voraussetzt, es vielmehr neu-ursprünglich begreifen lässt. Die Frage »Was ist der Mensch?« lasse sich auf diese Weise postmodern am Gott-Menschen buchstabieren.[49]

Gewalt in der christlichen Geschichte

Vattimos Lesart zeigt einen starken-schwachen Gott, eine letzte Fixierung des Glaubens am *crucifixus*. Hier setzen die Abschwächungsmanöver der christlichen Geschichte an. Um der Festlegung durch den Gekreuzigten auszuweichen, ließen die Iren ihre Kinder nicht ganz taufen, hielten den rechten Arm über Wasser, damit er das Schwert führen und die Mädchen umarmen könne, wie Kierkegaard notiert[50]. Dieses Nicht-ganz-Getauftsein und Sich-nicht-taufen-lassen-Wollen ist die Signatur langer Strecken der christlichen Geschichte. Allerdings auch: Sie ist – gemessen an der Höhe der Bergpredigt – die Geschichte einer Überforderung, die Geschichte einer »Last Gottes«.[51]

»Wie der Fischer, wenn er das Garn gelegt hat, im Wasser Lärm macht, um die Fische seinen Weg zu jagen und desto mehr zu fangen; wie der

---

48 Vattimo, Gianni (2000), Philosophieren – Glauben, Stuttgart.
49 Ein weiteres hervorragendes Beispiel intellektueller Wende zum Christentum, diesmal aus der Literatur, ließe sich an Strauß, Botho (1999), Aufstand gegen die sekundäre Welt, München, zeigen; Strauß greift seinerseits auf Steiner, Georg (1990), Von realer Gegenwart, München, zurück. Anhand der Eucharistie (!) entwirft Strauß eine »sakrale Poetik« gegen den Dekonstruktivismus. Vgl. dazu ausführlich: Gerl-Falkovitz, Hanna-Barbara (2002), Sinn – eine knapp werdende Ressource?, in: Heinrich Schmidinger (Hg.), Wovon wir leben werden. Die Ressourcen der Zukunft. Salzburger Hochschulwochen 2002, Innsbruck/Wien, S. 174–211.
50 Zitiert nach: Theodor Haecker (1927), Prolog, in: Ders., Christentum und Kultur, München/Kempten, S. 64.
51 Coudenhove, Ida Friederike (1936), Von der Last Gottes. Ein Gespräch über den Menschen und den Christen, Freiburg.

Jäger mit der Schar der Treiber das ganze Terrain umspannt und das Wild in der Menge aufscheucht zu der Stelle hin, wo es geschossen werden soll: so jagt Gott, der geliebt werden will, mit Hilfe von *Unruhe* nach dem Menschen. Das Christentum ist die intensivst-stärkste, die größtmögliche Unruhe, es läßt sich keine größere denken, es will (so wirkte ja Christi Leben) das Menschendasein beunruhigen vom tiefsten Grund aus, alles sprengen, alles brechen. [...] Wo einer Christ werden soll, da muß Unruhe sein; und wo einer Christ geworden ist, da wird Unruhe.«[52] »Man hat das Christentum viel zu sehr zu einem Trost umgearbeitet, vergessen, daß es eine Forderung ist.«[53]

In der Folge steht das Christentum auch unter einem harten Gericht, wie es der Erste Petrusbrief ankündigt. »Denn es ist Zeit, daß das Gericht am Hause Gottes anfange. Fängt es aber zuerst bei uns an, was wird es für ein Ende mit denen nehmen, welche dem Evangelium Gottes nicht glauben?«[54] Das Gericht wird nämlich nicht nur über die Fremden und Uneingeweihten ergehen, sondern in voller Strenge über die eigenen Hausgenossen Gottes, die seine Pläne kannten und halbherzig durchzogen. In diesem Horizont steht die Vergebungsbitte des Papstes vom 1. Fastensonntag 2000 »für die Sünden und Fehler, wodurch Christen in den vergangenen zwei Jahrtausenden die Sendung der Kirche verdunkelt haben«, was »die Gläubigen von heute im Lichte einer genauen historischen und theologischen Prüfung antreibt, zusammen mit den eigenen Verfehlungen auch die der Christen von gestern einzugestehen.«[55] Zu den raschesten Assoziationen auf diesem Feld gehören Kreuzzüge, Ketzerverbrennungen und Hexenprozesse, aber auch psychische (Ver-)Formungen, so die angebliche Sexualfeindschaft der Kirche. »Meist ist es mehr die melodramatische Regie der Hollywoodfilme als gründliches Quellenstudium, die das Bewußtsein der Massen bilden.«[56] Um dieses gründliche Studium zu gewährleisten, hat Papst Johannes Paul II. 1998 (teils schon 1996) die Archive der Römischen Glaubenskongregation auch für die historische Forschung an der Inquisition öffnen lassen (übrigens auf Anraten von Kardinal Ratzinger).

---

52 Kierkegaard, Sören, Tagebücher 1834 bis 1855, ausgewählt und übertragen von Th. Haecker (1949), München.
53 Kierkegaard, o. Nachweis. [Nachweis einfügen oder streichen]
54 1 Petr 4, 17.
55 Müller, Gerhard Ludwig (2000) (Hg.), Erinnern und Versöhnen. Die Kirche und ihre Verfehlungen in ihrer Vergangenheit, Freiburg, S. 115.
56 Ders. (2000), Die Vergebungsbitte der Kirche im Heiligen Jahr der Versöhnung, in: IKZ Communio 5, S. 406–423; hier S. 407.

Die ersten Früchte sind bereits erkennbar und lassen nicht unerhebliche Konstrukte des 19. Jahrhunderts erkennen, das die Inquisition in Malerei und Literatur zu einer ahistorischen *legenda nera* verfestigte, wie der Schweizer Historiker Victor Conzemius nachwies.[57] Die neue Veröffentlichung zum Thema von Rainer Decker, Historiker aus Paderborn, mit dem etwas reißerischen Titel *Die Päpste und die Hexen. Aus den geheimen Akten der Inquisition*[58] weist ebenfalls darauf hin, dass in der Regel »andere Institutionen die Scharfmacher waren: lokale geistliche, noch mehr aber weltliche Richter, ganz abgesehen von der Masse der Bevölkerung, die Sündenböcke suchte«[59]. Man darf ergänzen, dass bei Hexenprozessen im Sinne der »Rationalisierung« auch nicht selten Gutachten der juristischen Fakultäten eingefordert und positiv erstellt wurden, so zum Beispiel von den Universitäten Tübingen, Heidelberg und Leipzig. (Gibt es Entschuldigungsbitten »der Universität«?) Dahinter stecken durchaus heidnische Wurzeln des Hexenglaubens, der im übrigen in Südeuropa, auch im Kirchenstaat, weit weniger Opfer fand als nördlich der Alpen, in den Territorien des Heiligen Römischen Reiches Deutscher Nation. Während im ersten Drittel des 16. Jahrhunderts dort Tausende von Opfern in einer Kriminalitätspsychose untergingen, starben im 16. und 17. Jahrhundert zusammengenommen – nach den Forschungen von Decker – weit unter 100 durch die römische Inquisition. Die Inhumanität des Verfahrens wird dadurch keineswegs abgeschwächt; aber die Empirie dieser Zahlen, keineswegs zynisch gemeint, dient doch dazu, »die Proportionen des historischen Bildes zurechtzurücken und dieses Bild insgesamt zu präzisieren«[60].

In die Vergebungsbitte des Milleniums einbezogen war auch der christliche Antijudaismus, der sich schwerlich leugnen lässt und der durch den Genozid an den europäischen Juden auf der Basis des Antisemitismus nicht mehr nur ins Theoretische abgeschoben werden kann. Wie weit diese letzte Tragödie tatsächlich bis zum christlichen Antijudaismus zurückverfolgt werden kann und ob sie nicht vielmehr eine Frucht der Rassenideologie des 19. und 20. Jahrhunderts ist, bleibt umstritten; zu erinnern wäre in diesem Zusammenhang an das berühmte Wort von Pius XI.: »Geistig sind

---

57 Conzemius, Victor (1999), Die Inquisition als Chiffre für das Böse in der Kirche, in: Stimmen der Zeit 217, S. 651–668.
58 Darmstad (2003), S. 184. Vgl. die Rezension von Brechenmacher, Thomas (2003), Die letzte Verbrennung fand 1572 statt, in: Die Tagespost vom 14.10.2003, S. 6.
59 Ebd., Klappentext.
60 Brechenmacher, a.a.O.

wir [Christen] alle Semiten.« Dennoch ist ein diffamierender Umgang und eine ahistorische Schuldzuweisung von Christen an Juden einzugestehen – der »Schlag ins Antlitz der Mutter Jesu«, wie es Johannes XXIII. augenöffnend formulierte.

Festzuhalten ist, dass das Neue Testament keinen Aufruf zur Gewalt im menschlichen Bereich kennt; diese gehört vielmehr zu den Kennzeichen des gefallenen Äons und hat dem Gottesreich und seiner bereits einsetzenden Umformung des Menschen zu weichen. Im Gottesreich steht alle neu verfasste Gewalt bei Gott und seinem Sohn; Jesu Christi künftiges Gericht wird, so die apokalyptische Erwartung, eine alles menschliche Urteil übersteigende Rechtsprechung wahrnehmen, und diese wird sich gerade am Umgang mit dem Nächsten orientieren, am überschießenden Zuwenden dessen, was ihm guttut.

Letztlich ist die Bibel ein differenziertes Lesebuch über den Menschen: auch über sein Versagen gegenüber dem Heiligen. Solches Versagen lässt sich schon am ersten Hüter der Kirche, Petrus, ausfindig machen, der das Versprechen nie endender Freundschaft und gemeinsamen Kampfes noch in derselben Nacht widerrief und, als er später gekreuzigt wurde, auf eigenen Wunsch zur Buße mit dem Kopf nach unten hing. Ein Urbild des Gottesfreundes, seines Versagens und seiner unfreiwilligen Komik in der Stunde der Wahrheit. Ein anderes Urbild: Drei Frauen mit Salbgefäßen, die vor einer leeren Grabhöhle stehen und nichts begreifen. Als der inständig Gesuchte aber wider alles Erwarten kommt, wird er mit dem Gärtner verwechselt. Diese Szenen sind der ständige Vordergrund für das vieltausendjährige Schauspiel, das sich Begegnung von Gott und Mensch nennt.

Hierin liegt etwas, das immer wieder bestürzt: das Porträt eines großen Ungenügens Gott gegenüber. Hier liegt wahre generationenalte Erfahrung von Schuld, Unfähigkeit, dem Geliebtesten gerecht zu werden, ja das Eingeständnis, nie wirklich geliebt zu haben. Aber hier scheiden sich auch die Wege der Schuldigen: auf Dauer in der Kälte (des Verrats) zu bleiben oder in das Drama der Reue einzutreten: »Und ging hinaus und weinte bitterlich.« In der Reue des Petrus und der Magdalena lässt sich begreifen, in welcher Tiefe Mensch und Gott aufeinandertreffen.

So paradox es klingt: Wenig erscheint beim Studium des Menschen, der Gott sucht, tröstlicher als die Wanderungen, Wendungen, Ausweichmanöver der gemeinsamen Väter und Mütter in der Bibel, ihre unendlich langsam wachsenden Kenntnisse vom wahren Weg – von den Patriarchen und ihren Frauen, den ersten Fischern, den ersten Jüngerinnen an bis zu den heutigen Spätlingen. Nicht Heldengeschichte, sondern biblische Geschichte, bis ins Detail Drama und Kabarett des Menschlichen, *umana commedia* (wenn man im Wort Komödie den Anteil Traurigkeit mithört). Trost im eigenen Hinken, sozusagen, an den anderen Hinkenden, die mit Gott zu tun hatten, von Jakob-Israel angefangen bis zu den heutigen Trägern und Repräsentanten der Unvollkommenheit. Das entschuldigt nichts an der Unvollkommenheit, es lässt sie nur sein, was sie ist: die menschlich-beschränkte Weise zu leben, Wand an Wand mit dem Göttlichen.

Bibel und Kirche lassen die Gläubigen sehen nicht nur im Vor-Denken, Vor-Arbeiten, Wachsenlassen großer Einsichten, sondern auch im Stolpern. Aus der Realität des menschlichen Ausgleitens wächst die Demut, die Wehrlosigkeit derer, die wirklich mit Gott zu tun haben, ihr Ausziehen aus dem selbstgebauten Haus. Dieses Weggehen von sich ist allerdings schwere Arbeit. Es bedeutet auch das Weggehen aus modischen Ideologien, aus Rechthaberei, aus Kampfstimmung gegen die Kirche ebenso wie aus Apologetik um jeden Preis. Vielmehr bleibt die redliche Wahrheitssuche, gepaart mit Intelligenz, die das Christentum in seiner besten Überlieferung kennzeichnet. Die Nachfolger Christi sollten sich mitten im Getümmel der Parolen verstehen können, um es mit Euclides da Cunha auszudrücken, »schön wie ein Ja in einem Saal voller Nein«.

Aggression durch den Glauben? Eine christliche Sicht zum Thema »Religion und Gewalt« unter besonderer Berücksichtigung des Toleranzbegriffes

Dietmar Mieth[1]

Das Christentum betrachtet sich seit seiner Entstehung als Religion der Liebe. Die erste Enzyklika Benedikts XVI. nimmt darauf Bezug (»Deus Caritas est«, 2006). Der Tod Jesu am Kreuz gilt als Überwindung von Hass und Tod durch Liebe. Von diesem Ereignis her entwickelt sich der »radikale Gewaltverzicht des frühen Christentums«.[2] Jesu Botschaft zeichnet sich durch »rückhaltlose Feindesliebe«, den »Verzicht auf Wiedervergeltung« und durch seine absolute »Bereitschaft, auf Böses mit Gutem zu antworten«, aus (ebd. 147). In Konsequenz dessen lebt die frühchristliche Gemeinde den Grundsatz der Gewaltlosigkeit. Sie lehnt Waffengewalt ab, und unter keinen Umständen »darf ein Christ in den Soldatenstand eintreten« (ebd. 148). Dies ändert sich später: Bereits im vierten Jahrhundert beginnt Kaiser Konstantin, Waffengewalt im Kampf gegen die Donatisten einzusetzen, und immer mehr wird auch in anderen Bereichen der Grundsatz des Gewaltverzichts gebrochen. Ab dem 12. Jahrhundert kommt es zur systematischen Ketzerverfolgung, Tausende von Menschen fallen der Inquisition zum Opfer. Als Höhepunkt dieser Gewaltspirale gelten die Kreuzzüge.

Christliche Gewalt – ein Widerspruch in sich?

Die Unvereinbarkeit des christlichen Grundsatzes der Gewaltlosigkeit auf der einen Seite und der Anwendung von unterschiedlichsten Formen von Gewalt auf der anderen Seite liegt auf der Hand. In der Geschichte des

---

1 Für wichtige Beiträge danke ich den Teilnehmerinnen am Seminar im WS 06/07 Religion und Gewalt, Frau Babara Bischof und Frau Eva Kurtenbach.
2 Baudler, Georg (2005), Gewalt in den Weltreligionen, Darmstadt, S. 147.

Christentums scheint dennoch die Beziehung zwischen Religion und Gewalt sehr eng zu sein. Liegt dies am Christentum, an seiner idealen Welt, die mit der Wirklichkeit den Kontakt so sehr verliert, dass eine Umkehrung erfolgt: Die Realität normiert das Christentum? Oder liegt es schlicht daran, dass das Christentum eine »Religion« ist? Inwiefern trägt Religion an sich, als letzte existentielle Verbindlichkeit mit Wahrheitsanspruch, bereits gewaltfördernde Elemente in sich?

»Schematischer Dualismus« als gewaltförderndes Muster

Jean-Pierre Wils stellt in seinem Aufsatz *Sakrale Gewalt – Elemente einer Urgeschichte der Transzendenz* die These auf, dass jeder Religion Gewalt schon von Beginn an innewohne. Dies ist seiner Meinung nach unter anderem durch den »schematischen Dualismus« zu erklären, auf dem ein Großteil der Religionen basiert.[3] Die Einteilung der Welt in »gut« und »böse« und die grundlegende Idee eines ständigen Kampfes zwischen diesen beiden Parteien kann als ein an sich gewalttätiges und gewaltförderndes Muster betrachtet werden.

Eine solche Weltsicht hat unmittelbare Auswirkungen auf das religiöse Individuum. Will man das Böse verhindern, so muss man sich an bestimmte Gebote und Verbote halten, welche sich in Riten und Glaubenspraktiken manifestieren. Bei der Durchführung der Riten und dem Einhalten der Gebote und Verbote treten in den verschiedenen Religionen unterschiedlichste Formen von Gewalt auf. In archaischen Religionen zum Beispiel werden Opferriten durchgeführt, um den jeweiligen Gott zu besänftigen, was allein schon in seiner Symbolik einen Akt der Gewalt darstellt. Aus dem Christentum kennt man in diesem Zusammenhang vor allem Gewalt gegen Sünder in unterschiedlichsten Formen von Buße wie auch Gewalt, die der Gläubige gegen sich selbst richtet, wie zum Beispiel Praktiken der Askese und der Selbstkasteiung.

---

3 Wils, Jean-Pierre (2004), Sakrale Gewalt, in: Ders. (Hg.), Die Macht der Religion, Paderborn, S.26.

Die Besonderheit der monotheistischen Religionen in Bezug auf Gewalt

Für Wils zeichnen sich besonders die monotheistischen Religionen durch ein spezielles Gewaltpotenzial aus. Bereits durch ihre Entstehungsgeschichte als neue, bessere Religion im Gegensatz zu der vorherigen ist eine Verneinung der anderen ein wesentliches Unterscheidungsmerkmal für sie. Durch das Betonen ihrer Abgrenzung zu älteren Religionen schaffen sie »eine theologische Unterscheidung zwischen Wahrheit und Unwahrheit, zwischen Gott und Götzen« und wenden diese Unterscheidung »im Sinne von Freund und Feind« an.[4] Das Abgrenzen der eigenen Religion gegenüber der anderen stellt in diesem Falle eine Abwertung der anderen Religion dar und kann daher schon als gewaltlegitimierendes Element betrachtet werden.

Dieses Phänomen ist von Anfang an auch im Christentum erkennbar. Bereits im Lukasevangelium wird mit der Unterscheidung zwischen den »Kindern des Lichts« und »Kindern dieser Welt« gearbeitet. Gottes Gnade ist hier den »Kindern des Lichts« vorbehalten, Andersgläubige werden ausgeschlossen und auf die Seite der Dunkelheit, des Bösen gestellt. (Lk 16,8) An anderen Stellen des Evangeliums wird konkret gegen Nichtchristen polemisiert, abermals basierend auf einer dualistischen Weltsicht. Gruppen von Juden werden als »Kinder des Teufels« bezeichnet, oder es wird über das unzüchtige Leben der Heiden berichtet, immer im Gegensatz zum eigenen, richtigen Weg. (1 Joh 3,10; 1 Kor 5,1) In diesem Versuch der Definition des eigenen Glaubens durch Abgrenzung des anderen sind Diskriminierung und Intoleranz bereits integriert. Laut Baudler ist »in dieser dualistischen Aufgliederung der Menschen [...] die Tür zu Aggression und Gewalt geöffnet.«[5] Man kann auch sagen: Wer teilt, will herrschen (»divide et impera«), d.h. Dualismen sind dazu da, Überlegenheiten zu sichern.

Diese Abwertung einer anderen Religion oder Glaubensgemeinschaft ist Ursache vieler religiöser Konflikte. Denn hier folgt der Anspruch, die eigene Religion sei die einzig wahre und richtige. Ein solcher Anspruch ist an sich folgerichtig für den religiös überzeugten Menschen. Ein von dieser

---

4 Wils (2004), S. 15.
5 Baudler (2005), S. 150.

Grundlage ausgehender Glaube würde jedoch »konsequent die Existenzberechtigung anderer Religionen leugnen.«[6] Bezogen auf das Leben in der heutigen Welt ist dieses Verhalten fatal. Allein innerhalb deutscher Staatsgrenzen leben Anhänger verschiedenster Religionen und bilden Gemeinschaften außerhalb ihrer religiösen Gemeinschaft in Schule, Arbeit, Vereinen und anderen Aktivitäten. Ein »Überlegenheitsgefühl« einzelner Religionen ist in einer solchen Situation zum einen nicht angebracht und erweist sich zum anderen »als eines der größten Hindernisse für das menschliche Zusammenwohnen verschiedener Religionen«.[7] In einer multikulturellen Gesellschaft wie dieser wäre eine Negation des Wahrheitsanspruchs der jeweils anderen Religion »schon eine virtuelle Kriegserklärung und somit Gewalt.«

Schillebeeckx schließt hier das Christentum nicht aus. Er weist auf den »christlichen Anspruch auf absolute Wahrheit« hin, der sich »im Lauf der Zeit in einem Netz von imperialistischen Zügen […] verdichtet hat.« Jedoch sieht er auch die Schwierigkeit im Umgang mit dieser Problematik. Denn um dem eigenen Glauben gerecht zu werden und gleichzeitig den Glauben des jeweils anderen zu würdigen, muss eine Haltung entstehen, die »keine Diskriminierung anderer Religionen enthält« und auch kein »eigenes Überlegenheitsgefühl widerspiegelt.«[8] Zu einer solchen Haltung zu gelangen ist zwar notwendig, kann aber für den Glaubenden und vor allem für eine gesamte Glaubensgemeinschaft ein hochkomplexer und schwieriger Weg sein. Die eigene Religion als die richtige zu würdigen und zu vertreten, ohne dabei weder in die Richtung des Absolutismus noch in die des Relativismus abzudriften, scheint ein Balanceakt zu sein und bedarf nachhaltiger Reflexion im Umgang mit dem eigenen und dem anderen Glauben. Können Anhänger einer Glaubensgemeinschaft diesen Umgang nicht einüben, stellt ihre Religion tatsächlich ein Gewaltpotenzial dar. Dies gilt auch für das Christentum. Im Nebeneinander und Miteinander mit anderen Religionen bedroht »jedes Superioritätsgefühl […] eine menschenwürdige Kultur.«[9] Im Glauben, ihre Religion sei die einzig wahre und als diese zu verteidigen, wurde über die Geschichte des Christentums hindurch Gewalt angewendet. Hier stellt sich die Frage, ob die Religion wirklich als Ursache für Intoleranz und Gewalt gelten kann oder ob es sich hierbei nur

---

6 Vgl. Edward Schillebeeckx (2001), S. 12.
7 Ebd., S. 10.
8 Ebd., S. 16.
9 Ebd., S. 10.

um ein falsches Verständnis von Religion und Glaube handelt. Dieser Frage geht Jean Pierre Wils nach.

Wils' Argumentation geht davon aus, dass Gewalt von Beginn an ein fester Bestandteil von Religion ist. Dagegen betont Edward Schillebeeckx, Religionen wären zwar nicht per se gewalttätig oder gewaltfördernd, dennoch ließe sich eine »tatsächliche Beziehung zwischen Religion und Gewalt« nicht abstreiten. Diese Beziehung untersucht er zunächst nicht vom Ursprung der Religion her kommend, sondern nimmt die religiös lebenden Menschen in den Blickwinkel. Der Mensch als Subjekt des Glaubens spielt hier eine ambivalente Rolle. Er kann nie als rein religiöses Wesen in einem isolierten Raum betrachtet werden, denn alle »menschlichen Subjekte sind auch Kulturwesen.« Religion entsteht daher nie als rein spirituelles Konstrukt, sondern wird auch in die jeweiligen Lebensumstände eingepasst. Religion und Kultur haben somit eine wechselseitige Beziehung, sie prägen und beeinflussen sich gegenseitig. Religion wird vom Menschen in der jeweiligen Kultur gelebt, gepflegt und weitergegeben, was sich in Glaubensausübung und Glaubenstradition äußert. Schillebeeckx betont, dass diese »sozio-kulturelle Vermittlung der Religion« auch zur Folge haben kann, dass »sich die Religion mit Gewalt-Aspekten der gegebenen Kultur verbindet.« Damit wäre die Religion immer auch ein Spiegel der jeweiligen gesellschaftlichen Umstände. Sie ist dabei zwar nicht primär selbst gewalttätig, kann aber sekundär Projektionsflächen zur Ausübung für Gewalt liefern.

Die Lehre des Christentums bietet andererseits ein »unerschöpfliches Kräftefeld für kulturelles ethisches Handeln des Menschen«, und dieses gilt es zu nutzen.[10] Dies geht nicht ohne Rückbesinnung auf die Grundbotschaft, die das Christentum als Religion der Überwindung der Gewalt durch Liebe zusammenhält. Es ist Jesu Doppelgebot der Liebe, das es zu befolgen und zu leben gilt. Dies betont auch Papst Benedikt XVI. in seiner ersten Enzyklika *Deus caritas est* von 2005. Besonderen Wert legt er hierbei auf die zahlreichen Möglichkeiten der Verwirklichung einer »kirchlichen Liebestätigkeit«, die sich den Gläubigen im Großen wie im Kleinen bieten. Um diese allerdings zu ermöglichen, ist der Staat gefragt. Laut Benedikt müsse dieser die »Freiheit und den Frieden der Bekenner verschiedener Religionen untereinander gewährleisten«. Die Kirche wird ihrer Rolle als Dienerin des Friedens und Verkünderin der Botschaft der Liebe also am

---

10 Ebd., S. 23ff.

ehesten gerecht, wenn sie sich in Autonomie vom weltlichen Bereich befindet. Der Zusammenhang von Religion und Gewalt wird nur positiv zu lösen sein, wenn für alle Gläubigen die »Nächstenliebe [...] nicht mehr ein sozusagen von aussen auferlegtes Gebot ist, sondern Folge ihres Glaubens, der in der Liebe wirksam wird.«

Aus den vorstehenden Überlegungen folgt als erste These:

Gewalt als Phänomen steht bereits mit Ethik und Religion in Verbindung

Die expressive und menschenverletzende oder -vernichtende Form von Gewalt ist dabei bekanntlich die Spitze eines Eisberges, dessen Masse oft zu wenig wahrgenommen wird. Die Anfälligkeiten für Gewalt verdichten sich auch nicht nur in aktiven Personengruppen bestimmter Herkunft, auch wenn sie in diesen sichtbar und intensiv zum Ausdruck kommen können. Man würde sonst die Interessenstäter, die Gewalt nicht zu wollen vorgeben, aber sie jederzeit in Kauf nehmen, die ideologischen Antreiber, die intellektuellen Legitimierer und die Defätisten vergessen. Vor allem aber diejenigen, die manifeste Gewaltformen dazu benutzen, sich durch diese zu Rechtfertigung oder Toleranz der Inszenierung eigener Gewalttätigkeit bewegen zu lassen. Diese Art von Reaktion in der Form der »bestimmten Negation« (Hegel) ist heute intensiv zu beobachten, zum Beispiel an den tolerierten Auswüchsen des Irakkrieges oder an der Inhaftierung auf Kuba, um sich nicht an US-Gesetze halten zu müssen. »Bestimmte Negation« heißt, dass man sich durch das, was man negiert, in seinen Reaktionen anstecken und gleichschalten lässt. Bei der Spirale der Gewalt, insbesondere bei der massiven Antwort auf den Terrorismus als chaotische Gewalt, wird die Neigung kultiviert, sich jeweils durch das Handeln des anderen zu rechtfertigen und zu motivieren. Damit verliert auch die eigene Rechtsposition, die zu verteidigen hofft, an Glaubwürdigkeit.

Die Unterscheidung von Macht und Gewalt

Ein zentrales begriffliches Problem ist auch für die Religionen die Unterscheidung von Macht und Gewalt. Religionen haben es mit Macht zu tun, mit der Macht Gottes und mit der Vollmacht seiner Gesandten. Man könnte Macht durch die Fähigkeit, Einfluss in dichter Form auszuüben, definieren und Gewalt als die Form ausgeübter Macht bezeichnen, die Wille und Freiheit der Betroffenen einschränkt. Freilich sind hier die Grenzen zwischen Beeinflussung und Eingriff nicht scharf zu bestimmen, auch wenn man ausgeübte Gewalt als Verletzung des integrativen Raums einer Person ansieht. Indem Macht Gewaltpotential enthält, ist sie noch nicht identisch mit der Ausübung von Gewalt, weil es immer noch eine Entscheidung der Macht ist – im Rechtsstaat nach rechtlichen Kriterien –, Gewalt anzuwenden beziehungsweise den Grad dieser Anwendung zu bestimmen.

Für die Frage nach der Verbindung von Ethik, Religion und Gewalt können Judith Butlers Adorno-Vorlesungen »Kritik der ethischen Gewalt«[11] als aktuelle Exposition eines zweiseitigen Problems betrachtet werden: Einerseits kann Ethik als Ausdruck einer normativen Kultur mit Gewalt verbunden sein; andererseits versucht Ethik, Gewalt zu bekämpfen beziehungsweise zu minimieren. Dies gilt auch analog für die Religion und ihre bindenden Kräfte. Dies hat insbesondere Jean-Pierre Wils darzustellen versucht.[12] Für ihn ist Religion insofern mit Gewalt verbunden, als sie ein Beziehungsgefüge höchster Legitimation mit Ausgrenzungsphänomen durch Reduktion von Komplexität schafft. Auch in der Religion könnte man mutatis mutandis Butlers Hypothese zur Ethik folgen: Normen treffen nicht auf ein fertiges Subjekt, sondern Subjektivität entsteht erst durch die Einfügung in Normen (Dogmen) und Gesetze. Dieser Prozess des Werdens ist, da er für den einzelnen Menschen nur in der Intersubjektivität und in der Genese unter asymmetrischen Strukturen abläuft, notwendig von Gewalt im Sinne von ausgeübter Macht bestimmt. Diese Gewalt ist über die individuelle Genese hinaus auch in die allgemeine Genealogie der Moral, und damit in die Normen eingegangen, die andererseits zur Gewaltminimierung motivieren sollen. Damit ist Ethik in einen Gewaltzusammenhang eingelassen, den sie reflektierend über ihre eigenen Entstehungs-

---

11 Judith Butler (2003), Kritik der ethischen Gewalt, Frankfurt am Main.
12 Vgl. Wils, Jean-Pierre (2004), Sakrale Gewalt, Elemente einer Urgeschichte der Transzendenz, hier S. 43 ff.

bedingungen und Begründungen erkenntniskritisch einzuholen versucht. Zugleich sollen Ethik beziehungsweise Religion diesen Zusammenhang aufbrechen, indem sie universelle Normen gegen eine menschenverletzende Gewaltanwendung reflektieren und begründen. Ein religiöses wie ein moralisches Subjekt ist also durch Normen im weitesten Sinn ermöglicht und entstanden, in Situationen der Freiheit nimmt es diese Normen bewusst an, akzeptiert sie als handlungsleitend oder weist sie zurück. (Freilich ist Butlers Erkenntnisinteresse dabei sehr spezifisch: Die Entstehung des moralischen Subjekts führt in eine »unbehagliche« Struktur, die einerseits durch Ausgeliefertsein und andererseits durch hilfreiches Verbundensein mit dem Anderen gekennzeichnet ist.)[13]

Angst, auch religiöse Angst, fördert Gewalt

Angesichts des Potentials der Religion, das sich allgemein nicht nur auf das »fascinosum«, auch auf das »tremendum«, also auf Angst und Furcht vor dem Göttlichen bezieht, ist zu fragen: können positive Ängste, die zu mehr Verantwortungsübernahme für Andere und für Situationen führen, von den Ängsten, die zu Verdrängung – innere Gewalt und Aggression – oder zum Ausagieren von Gewalt und Aggression führen, unterschieden werden und über die Entstehung des moralischen Subjekts Aufschluss geben?

Die Spirale von Angst und Gewalt geht dabei oft von der Gewalt derjenigen aus, die Menschen als nichtdazugehörende Andere markieren und ausschließen, beziehungsweise sie einem »Vergessen« überantworten. Sie wird weitergeführt von denen, die darauf reagieren und sich selbst ermächtigen, aus der angsterzeugenden Situation des Ausgeschlossenen, Nicht-Dazugehörenden herauszugelangen. Diese Spirale kann in ihrer problematischen Legitimierung der handelnden moralischen Subjekte, der politischen Entscheidungsträger, ja auch der kirchlichen Bekämpfung von Häresien analysiert werden.

---

[13] In dieser spezifischen Annäherung ist der Gewaltbegriff sehr weit angelegt, etwa als durch die Freiheit unhintergehbarer Anteil der Interaktion.

(1) Der bereits zitierte Theologe E. Schillebeeckx[14], Erasmus-Preisträger in den Niederlanden, geht der Frage nach, ob die behauptete Beziehung zum Absoluten, zum Transzendenten oder zum »Mysterium« menschenbefreiend oder menschenbedrohend ist. Wird die Beziehung zum Absoluten in dem Sinne als universal heilsbindend so verstanden, kann Gewalt damit gerechtfertigt werden, dass entweder der Anspruch der Religion erhalten oder ausgebreitet werden soll. Denn der- oder diejenige gilt als unrettbar verloren, wenn er oder sie nicht bekehrt wird, so dass der Tod derer, die nicht am religiösen Heil teilnehmen, so oder so eintritt. Damit ist naturgemäß auch die Ablehnung des interreligiösen Dialogs auf der Basis von Gleichberechtigung verbunden. In diesem Fall wird man konsequent die Gleichberechtigung anderer Religionen leugnen. .Eine solche Negation ist gewaltfördernd und mit menschenrechtlichen Grundsätzen sowie mit demokratischem Pluralismus unvereinbar. Es ist aber denkbar, dass eine universale Heilsbindung unter der absoluten Bedingung der Gewaltlosigkeit steht, wie dies im Christentum und im Buddhismus als Stifterwille betrachtet werden kann.

(2) Auch wenn die eigene Religion nicht als einzig wahre angesehen wird, hat ein zweiter, anderer religiöser Anspruch zur Folge, dass Religion faktisch gewalttätig wird. Diese zweite Grundlage für religiöse Gewalt ist die Überzeugung mancher religiös gestimmten Menschen, dass die eigene Religion die Verankerung gesellschaftlicher Werte garantiert. Aufgrund ihres Anspruchs, dass der eigene Gott und damit die eigene Kultur (etwa »amercian values«: »in god we trust«) die direkte Garantie für das Wohl der menschlichen Gesellschaft im Ganzen sei, entsteht, trotz religiöser Binnentoleranz, eine »civil religion« mit unter Umständen gewalttätigen Folgen.

Eine solche Auffassung, auch wenn sie für die eigene Religion keinen Anspruch auf Absolutheit erhebt, führt ebenfalls zu religiös motivierter Gewalt. Selbst wenn sich eine Religion als eine neben vielen Religionen erkennt, kann sie wegen allerlei verborgenen oder offenen Allianzen oder Voraussetzungen, die faktisch damit verbunden sind, und somit wegen eines entstellten Gottesbildes doch zu Gewalttätigkeit antreiben.

---

14 Leitartikel in: Mieth, Dietmar (1998) (Hg.), Religion zwischen Gewalt und Beliebigkeit, Tübingen. Schillebeeckx denkt über die Frage des Absolutheitsanspruches der Religionen nach (Zulassen der »Fremdprophetie«, Bekämpfung der Gewalt, Rücknahme des Absolutheitsanspruches).

Die christlich-theologische Kernfrage ist, ob das neutestamentliche und allgemeinchristliche Grundbekenntnis nicht schon diskriminierend gegenüber anderen Religionen ist, die dadurch in ihrem eigenen Wert herabgesetzt und somit in ihrem Selbstverständnis verkannt werden, oder ob es eine alle Menschen befreiende Botschaft in sich trägt. Darüber hinaus stellt sich die Frage, inwiefern und inwieweit eine religiöse Ethik Angst und Gewalt implizieren darf. Muss sie diese nicht transzendieren, balancieren oder minimieren? Das ist eine fundamental ethische Frage. Diese Frage stellt sich nicht nur im und an das Christentum. Sie spielt eine große Rolle in den Buchreligionen Christentum, Judentum, Islam.

Dabei sind spezifische Anfragen zu verfolgen:

- Die Rolle der Angst in der Religion und ihre gewaltverstärkenden beziehungsweise gewaltmindernden Auswirkungen.
- Das Verhältnis von verbindlicher Lehre und abweichender Praxis. Es liegt zum Beispiel auf der Hand, dass die christliche Lehre vom »gerechten Krieg« oder die muslimische Lehre vom »djihad«, wenn auch auf unterschiedliche Weise, historisch und aktuell zwischen verbindlicher Lehre und abweichender Praxis schwanken.
- Die Rolle der Frauen in diesem Zusammenhang der religiös motivierten Gewalt: Inwieweit sind sie Opfer (Steinigungen in Afrika), inwieweit sind sie indirekte Täter (Erziehung, große Anzahl von christlichen und muslimischen »Katechetinnen«).
- Die Entstehung von Religion einlösendem oder von ihr abweichendem Fanatismus, Extremismus, Integralismus. Sind Religionen für solche geschlossenen Ideologien verantwortlich – und wenn ja, inwiefern, inwieweit – oder spielen andere Faktoren die tragende Rolle?[15]

Die Antwort der Toleranz: »Ich mag verdammen, was du sagst, aber ich werde mein Leben dafür einsetzen, dass du es sagen darfst.« (irrtümlicherweise Voltaire zugeschrieben)

---

15 Beispiel aus »Der Spiegel« vom 3.5.2004: Kann man den Islam oder das Christentum für die historischen Sklavenfahrten verantwortlich machen?

Ursprünge des Begriffes Toleranz

Der Begriff der Toleranz stammt vom lateinischen Wort »tolerantia« ab, dem das Verb »tolerare« zugrunde liegt. Tolerare kann in einer ersten Bedeutung mit »ertragen, aushalten, erdulden« übersetzt werden. Eine weitere Bedeutung ist »etwas mühsam erhalten, notdürftig ernähren«. »Tolerantia« wird dementsprechend mit »geduldiges Ertragen, Erdulden« auch mit »Geduld« übersetzt. Diese letzte Übersetzung erscheint auch im Adjektiv »tolerans« wieder »ertragend, duldend, geduldig«.

In der heutigen Form von Gesellschaft, die in vielen Ländern durch ein hohes Maß an Pluralismus gekennzeichnet ist, wird »Toleranz« als unumgänglich angesehen und dementsprechend heftig gefordert. Dabei scheint aber die Bedeutung des Begriffs oft sehr unscharf oder sogar unklar zu sein:

Geht es um ein bloßes Erdulden, ein Ertragen von unausweichlichem Übel? Um ein »leben lassen« dessen, der andere Einstellungen, religiöse und kulturelle Weltanschauungen, andere Überzeugungen hat? Oder sollte der Begriff der Toleranz vielmehr eine Haltung des Respekts ausdrücken, eine Haltung, die Kenntnis und Wissen der zu tolerierenden Überzeugungen und Anschauungen beinhaltet? In der die Mühe nicht nur dem Ertragen gilt, sondern als Mühe um Verständnis begriffen wird, in der die Geduld nicht nur dem anderen gegenüber eine lästige Notwendigkeit ist, sondern auch für die eigene Unfähigkeit im Verstehen und im Umgang mit Fremdem aufgebracht werden muss?[16]

Gerhard Ebeling sieht die Ursprünge des Begriffs tolerantia in der Bedeutung Ertragen, Erdulden von Übeln und Unrecht, nicht durch einen willenlos oder widerwillig Leidenden, sondern in der Bejahung und im

---

16 Neben den genannten Literaturangaben sind folgende Texte zu beachten: Kampling, Rainer, Intoleranz in der Bibel – Toleranz aus der Bibel. Zur biblischen Begründung der Toleranzpraxis – ein Versuch, in: Schwöbel, C.; Tippelskirch, D. (2002)(Hg.), Die religiösen Wurzeln der Toleranz, Freiburg im Breisgau, S. 212–222. Stenacker, Peter (2006), Toleranz durch positionellen Pluralismus, in: Ders., Absolutheitsanspruch und Toleranz. Systematisch-theologische Beiträge zur Begegnung der Religionen, Frankfurt am Main, S. 32–37. Von Tippelskirch, Dorothee (2002), Von göttlicher Geduld und gebotener Toleranz, in: Dies.; Schwöbel, C. (Hg.), Die religiösen Wurzeln der Toleranz, Freiburg im Breisgau, S. 223–237. Odilo Noti, Religion und Gewalt. Eine theologisch interessierte Erinnerung an Immanuel Kant, in: D. Mieth, R. Pahud de Mortanges (2001) (Hg.), Recht–Ethik–Religion, Luzern.

willentlichen Tragen des Leidens und dies aus der Kraft eines virtus, einer Tugend. Dieses Verständnis von tolerantia berührt sich, so Ebeling weiter, mit patientia. Der erst im 17. Jahrhundert aufgekommene Gebrauch des Wortes Toleranz als Fachbegriff des Staatskirchenrechts stellt demgegenüber wohl eine neue zweite Bedeutung dar.

Den Bedeutungsübergang von Geduld zu Duldung verortet Ebeling ins Mittelalter und verstärkt in die Zeit der Reformation, dort in Verbindung mit dem Aspekt der Rücksicht auf die Schwachen. Dieses Verständnis von Toleranz zwischen Glaubenswahrheit und Liebespflicht meint ein Ertragen von etwas, was eigentlich nicht sein soll und auch die spätere Rechtsbedeutung verbindet damit diese Duldung. Mit dem Verschwinden der Wahrheitsfrage verschwindet auch der Charakter der Duldung, da dann kein Anlass zum Erdulden besteht. »Das nun einmal üblich gewordene Wort Toleranz nimmt jetzt den Sinn der aufgeklärten Tugend indifferenter Weitherzigkeit an.«[17]

So zeichnet also Ebeling die Entwicklung des Toleranzbegriffes nach. Interessant ist die Verbindung zur Geduld, die sich in der Übersetzung des lateinischen Begriffs findet, heute aber stark in den Hintergrund getreten ist.

Rainer Forst versucht eine Begriffsbestimmung, indem er die Konturen des Begriffs »Toleranz« aus sechs Charakteristika bestimmt:

1. Kontext der Toleranz: Je nach Kontext wandeln sich die Gründe für oder gegen Toleranz.
2. »Ablehnungs-Komponente«: Es ist wesentlich für den Begriff der Toleranz, dass die tolerierten Überzeugungen oder Praktiken in einem normativen Sinne als falsch oder schlecht verurteilt werden. Dies nennt Forst mit King die »Ablehnungs-Komponente«, die unbedingt enthalten sein muss.
3. Der Ablehnungs-Komponente muss eine positive »Akzeptanz-Komponente« gegenüberstehen – die Gründe, warum das eigentlich Verurteilte dennoch zu tolerieren sei.

---

17 Ebeling, Gerhard (1982), Die Toleranz Gottes und die Toleranz der Vernunft, in: Reudtorff, Trutz (Hg.), Glaube und Toleranz. Das theologische Erbe der Aufklärung, Gütersloh, S. 57.

4. Markierung der Grenze: Notwendig für den Begriff der Toleranz ist die Markierung seiner Grenze – dort, wo die Gründe für eine Zurückweisung stärker werden, als für eine Akzeptanz.
5. Freiwilligkeit: Es kann nur dort von Toleranz die Rede sein, wo ihre Ausübung freiwillig geschieht.
6. Zweifache Wortbedeutung: Mit dem Begriff der Toleranz werden zum einen rechtlich-politische Praktiken bezeichnet und zum anderen individuelle Haltungen und Tugenden.

Vor dem Hintergrund dieser sechs Merkmale entwirft Forst nun vier Konzeptionen der Toleranz. Diese sind auf den Kontext eines Staats und der Toleranz unter den verschiedenen Bürgern bezogen, die tiefgreifende kulturelle und religiöse Differenzen aufweisen. Im Folgenden möchte ich diese vier Konzeptionen nach Forst kurz skizzieren, um sie dann auf unser Interesse hin befragen zu können.[18]

Forst unterscheidet also vier Konzeptionen: Die Erlaubnis-Konzeption, die Koexistenz-Konzeption, die Respekt-Konzeption und die Wertschätzungs-Konzeption.

Die ersten beiden Konzeptionen können zusammengefasst werden darin, dass bei beiden pragmatische Gründe vorherrschen und beide nicht über das Erdulden der zu tolerierenden anderen Gruppe hinausgehen.

Der Unterschied liegt hauptsächlich in der Anzahl der Gruppenmitglieder. Stehen sich bei der Koexistenz-Konzeption zwei gleich große Gruppen gegenüber, die sich aus der Einsicht praktischer Notwendigkeit im Sinne eines wechselseitigen Kompromisses, unter Umständen. auch aus strategischem Kalkül, gegenseitig ertragen, ist die Erlaubnis-Konzeption von einer Mehrheit und einer Minderheit charakterisiert. Hierbei »erlaubt« die stärkere Gruppe – die Mehrheit – der schwächeren Gruppe – der Minderheit – ihren Überzeugungen gemäß zu leben unter der Voraussetzung, dass diese die Vorrangstellung der Mehrheitsgruppe nicht antastet. Die Differenz wird ebenfalls geduldet, sei es aus pragmatischen (beispielsweise des »kleineren Übels«) oder aus prinzipiell normativen Gründen.

Dabei wird die andere Überzeugung weder als wertvoll, noch als gleichberechtigt angesehen, sondern lediglich als nicht die »Grenzen des Erträglichen« überschreitend geduldet.

---

18 Dazu: Forst, Rainer, Grenzen der Toleranz, in: Brugger, W.; Haverkate, G. (Hg.), Grenzen als Thema der Rechts- und Sozialphilosophie. Forst, Rainer (2003), Toleranz im Konflikt. Geschichte, Gehalt und Gegenwart eines umstrittenen Begriffs, Frankfurt am Main, S. 42–48.

Die Toleranz-Konzeptionen des Respekts und der Wertschätzung

Die Respekt-Konzeption geht von einer wechselseitigen Achtung und Anerkennung der sich tolerierenden Gruppen oder Individuen aus. Wichtige Grundlage dieser Konzeption ist der Respekt der moralischen Autonomie des Einzelnen.

Hier wird zwischen zwei Ebenen unterschieden: Auf einer Ebene des gemeinsamen politisch-sozialen Lebens erkennen sich die verschiedenen Gruppen und Individuen als moralisch und rechtlich Gleiche an, da der gemeinsamen Grundstruktur Normen zugrunde liegen, die alle gleichermaßen akzeptieren können und die keine »ethische Gemeinschaft« bevorteilt. Die sich stark unterscheidenden Überzeugungen und Handlungen auf der Ebene persönlicher ethischer Fragen dagegen werden aufgrund der oben genannten Grundlage der moralischen Autonomie des Einzelnen toleriert – soweit sie autonom gewählt und nicht unmoralisch oder ungerecht sind. Anerkannt wird also die Person des anderen (und nicht die Überzeugungen und Handlungen), toleriert werden ihre Überzeugungen und Handlungen.

Die Wertschätzungs-Konzeption geht hier noch einen Schritt weiter, indem sie Toleranz nicht nur als Anerkennung auf der Ebene der rechtlich-politischen Gleichheit des anderen versteht, sondern auch dessen Überzeugungen und Handlungen als ethisch wertvoll zu schätzen fordert. Um die Ablehnungs-Komponente zu erhalten (und damit auch die Toleranz), muss die Wertschätzung eine »beschränkte« sein.

Das Verständnis von Toleranz bei Forst

Die ersten beiden Konzeptionen gehen über Toleranz im Sinne von Erdulden eindeutig nicht hinaus. Die Respekt-Konzeption scheint den Begriff etwas weiterzuführen, doch bei genauer Lektüre steht die Anerkennung der Toleranz gegenüber: Anerkannt wird die Person, toleriert werden ihre Überzeugungen und Handlungen. Die Wertschätzungs-Konzeption geht nun tatsächlich über das bloße Duldungs-Verständnis hinaus. Hier ist jedoch zu fragen, was unter einer »beschränkten« Wertschätzung zu verstehen ist. Einiges wird toleriert, anderes abgelehnt – es liegt der Verdacht nahe, das Eigene im Anderen zu bejahen und das eigentlich Fremde abzulehnen, was dann wiederum mit Toleranz im Sinne von Anerkennung und Respekt nichts zu tun hat.

Forst legt seinen letzten Konzeptionen die Autonomie des Einzelnen zugrunde.

So hat auch Adam B. Seligman bei der Entlarvung einer nur scheinbaren Toleranz in modernen Gesellschaften, die in Wirklichkeit als Indifferenz zu bezeichnen seien, in der Autonomie des Individuums eine entscheidende Grundlage für die Toleranz gesehen.

Die Behauptung Seligmans lautet: Was heute in modernen Gesellschaften für Toleranz gehalten wird, hat des Öfteren mit Toleranz nichts mehr zu tun, sondern mehr mit einer »Mischung aus Indifferenz, Realpolitik und einer Leugnung von Unterschieden«[19].

Die Formen dieser Leugnung bezeichnet er erstens mit »Ästhetisierung der Differenz«, was kurz wohl mit »Unterschiede sind eine Angelegenheit des Geschmacks« zu erklären wäre. Hier kann keine Toleranz eingefordert werden, sondern wohl angemessener die Freiheit jedes Menschen auf seine eigene Meinung.

Eine zweite Form nennt er »Trivialisierung der Unterschiede«, wobei die Bedeutung so heruntergespielt wird, dass die Unterschiede zu unwichtig erscheinen, um dafür die Frage nach Toleranz zu bemühen.

Eigentlich sind beide Formen jedoch Möglichkeiten, einer Beschäftigung mit Differenz und damit der Mühe um Dialog und Toleranz aus dem Weg zu gehen.

Seligman sieht in dieser Indifferenz einen grundlegenden Aspekt der gesetzlichen und gesellschaftlichen Trennung in einen öffentlichen und einen privaten Raum.

Dies ist eine weitere Möglichkeit, dem Thema der Toleranz zu entgehen, denn so können nicht wenige Unterschiede in Überzeugung oder beispielsweise kulturellem und religiösem Handeln als »Privatsache« bestimmt und damit der eigenen Meinung, dem persönlichen Zuständigkeitsbereich und damit auch dem Bereich der Toleranz entzogen werden.

Für Seligman zeichnet sich der Liberalismus so nicht durch eine spezielle Haltung von Indifferenz aus, sondern durch eine Haltung prinzipieller Indifferenz. Stellt sich die Frage, ob die gerühmte enge Verbindung von

---

19 Seligman, Adam B. (2002), Toleranz und religiöse Tradition, in: Schwöbel, Christoph; Tippelskirch, Dorothee (Hg.), Die religiösen Wurzeln der Toleranz, Freiburg im Breisgau, S. 39.

Toleranz und Liberalismus tatsächlich gerechtfertigt ist:»Grundsätzliche Indifferenz ist nicht das Gleiche wie Toleranz.«[20] Der Liberalismus bietet also als Begründung für Toleranz entweder Indifferenz oder führt zu Widersprüchlichkeiten, da die Praxis einer Toleranz, die mehr auf Rechten als auf Gütern basiert, als grundlegendes Prinzip im Widerspruch steht zur Autonomie des Individuums, das ein Gut darstellt.

Seligman fordert daher eine andere Begründung der Toleranz und glaubt, diese in der Rückbindung der Toleranz an seinen ursprünglichen historischen Kontext, nämlich den des religiösen Glaubens und dessen Praxis, zu finden. Eine Position, die zeitweise zur liberalen Begründung der Autonomie gehörte, ist Toleranz auf der Grundlage der Skepsis. Mit dieser Debatte befinden wir uns in der Zeit der Reformation und der Religionskriege. Das Unvermögen, den Glauben mit Wissensargumenten zu rechtfertigen, führte einerseits zur Position des Fideismus, andererseits zu einer Position des Glaubens nach pyrrhonistischen Prinzipien. Historisch wurde im Westen die Herausbildung der Toleranz auf der Grundlage der Skepsis von zwei Entwicklungen überholt: von der liberalen Begründung der Toleranz auf Autonomie und vom Prozess der Säkularisierung, der die Notwendigkeit für religiöse Toleranz überflüssig machte. Seligman wirbt für die Herausbildung einer Toleranz, die auf Skepsis gegenüber den eigenen Glaubensprinzipien gründet.

Toleranz in christlich-theologischer Sicht

Für Christoph Schwöbel stellt sich die Frage der Toleranz als »[d]ie Frage, ob Überzeugungen und Handlungen, die mit guten Gründen abgelehnt werden, dennoch ertragen werden können und den Personen, die sie vertreten und ausführen, Anerkennung entgegengebracht werden kann, die ihnen zugesteht, ihre Überzeugungen zu vertreten und ihnen entsprechend zu handeln«.[21]

Als zentralen Punkt betont Schwöbel die Dialektik von Identität und Toleranz. Nur dort, wo die eigene Identität bewusst und gefestigt ist, ist

---

20 Ebd., S. 41.
21 Schwöbel, Christoph (2002), Toleranz aus Glauben, in: Schwöbel, Christoph; Tippelskirch, Dorothee (Hg.), Die religiösen Wurzeln der Toleranz, Freiburg im Breisgau, S. 11.

Toleranz möglich. Die Beantwortung der Frage der Toleranz entscheidet sich dann auch daran, ob die Differenz zwischen dem Eigenen und dem Fremden ausgehalten werden kann. Im Idealfall geschieht dies ohne einerseits die eigene Identität und Überzeugung anzugreifen und andererseits ohne die Identität des Anderen zu verneinen und die fremden Überzeugungen ihres Wahrheitsanspruches zu berauben.

Im Kontext des religiösen und weltanschaulichen Pluralismus ist das Thema der Toleranz heute brisant, da notwendig und äußerst schwierig zugleich.

Der Zusammenhang von Pluralismus und dem sich dadurch verstärkenden Bedürfnis nach Identität zeigt sich auch am Beispiel der Migration: Die Migrationsbewegungen verstärkten den religiös-weltanschaulichen Pluralismus, da die Rückbesinnung auf die eigenen religiösen und kulturellen Wurzeln für die Menschen in der Fremde eine wichtige Identitätsbewahrung darstellte.

So machten äußere und innere Faktoren der Pluralisierung die Frage der Gewinnung und Bewahrung von Identität und die Frage der Toleranz auf persönlicher und gesellschaftlicher Ebene zu einem zentralen Thema pluralistischer Gesellschaften.

Da andere religiöse Überzeugungen die eigene Identität auf besonders radikale Weise in Frage stellen, ist die Geschichte der Toleranz eng mit der Geschichte der Religionsfreiheit verbunden. Die radikalste Herausforderung der eigenen Identität ist die Konfrontation mit fremden Glaubensüberzeugungen, die die Grundlagen der eigenen Identität in Frage stellen. Und auch hier zeigt sich die Dialektik von Identität und Toleranz, die Schwöbel als Aufgabe der pluralistischen Gesellschaft dahingehend formuliert, dass die Bildung zur Identität die Bildung der Toleranz bedinge und so die Möglichkeiten zu Identitätsbildung geschaffen werden müssen.

Hierbei kommt den Kirchen und Religionsgemeinschaften eine besondere Verantwortung zu.

Als weiteren zentralen Aspekt benennt Schwöbel den Dialog von Religionen und Weltanschauungen. Nur das bekannte Fremde kann toleriert werden. Unbekanntes Fremdes bleibt bedrohlich und dunkel. Schwöbel schreibt dazu: »Der Dialog ist sowohl eine Vorbedingung der Toleranz als auch ihre wichtigste Vollzugsform.«[22]

---

22 Ebd., S. 15.

Vielleicht könnte ein fehlender oder ungleicher Dialog auch als Vorbedingung des Fundamentalismus gesehen werden. Schwöbel versteht Fundamentalismus als Reaktion auf eine befürchtete Identitätsbedrohung, was wiederum auf die oben genannte Dialektik hinweist.

Das Problem der Toleranz im religiösen Kontext liegt darin, dass die Forderung zur Toleranz eine Relativierung des persönlichen Glaubens, besonders des Wahrheitsanspruches der eigenen Religion, beinhaltet. Diese aber führt zu einer Schwächung religiöser Identität, worauf meist mit heftiger Abgrenzung und Intoleranz reagiert wird.

Macht Wahrheit intolerant? Bernhard Häring antwortet auf diese Frage: »Die Wahrheit als Glanz des Geheimnisses kann uns nicht intolerant machen, denn sie weckt in uns den Sinn für das Faszinierende und Wunderbare. Hingegen macht der Dogmatismus intolerant: Wer glaubt, die Wahrheit zu besitzen, verfälscht das Geheimnis und wird automatisch intolerant, geblendet vom Hochmut.«[23] Es gilt hingegen die Wahrheit zu suchen, um die Erkenntnis zu gewinnen, die jeder Mensch von ihr besitzt.

Warum sollte aus religiösen Gründen überhaupt Toleranz geübt werden? So könnte man fragen. Wenn es nicht allein um pragmatische Gründe gehen soll, nicht weil sie unwichtig wären, sondern weil sie als Begründung in ethischem Sinne zu kurz greifen, wie beispielsweise das Bestreben nach Frieden, die Notwendigkeit zu Toleranz in pluralistischen Gesellschaften, ohne die Leben nicht möglich ist – wenn diese Gründe nicht allein ausschlaggebend sein sollen, worin also könnte Toleranz in religiöser Hinsicht gründen? Neben dem Argumentationsgang Schwöbels, der versucht, Toleranz aus der Religion selbst, aus dem Glauben zu begründen, scheint mir die Einsicht in die Irrtumsfähigkeit des Menschen, die Einsicht in die eigene Endlichkeit und damit die immer nur begrenzten Möglichkeiten des Verständnisses und eben auch des Glaubens ein wichtiger Grund zu sein. Das Unendliche kann von Endlichem, von endlichen Geschöpfen, unmöglich vollkommen erfasst werden. Bereits dieses Bewusstsein muss zumindest die Möglichkeit gelten lassen, dass sich die unendliche Wahrheit Gottes in vielfältigster Weise zeigen kann.

---

23 Häring, Bernhard (1998), Die Toleranz und ihre Herausforderungen, in: Ders.; Salvoldi, Valentino (Hg.), Toleranz: Eine tägliche Herausforderung, Graz, Wien, Köln, S. 71.

Ulrich H.J. Körtner nennt dies die »Verborgenheit Gottes«.[24] Seiner Ansicht nach basiert eine Theologie der Religionen gerade nicht auf der Relativierung konkurrierender Wahrheitsansprüche, sondern auf der Anerkennung ihrer Widersprüchlichkeit. Dieser Widerspruch muss als Infragestellung und vielleicht sogar als Negation des eigenen Glaubens stehen bleiben – denn es muss nicht zugestimmt, sondern ertragen werden, was ja auch wörtliche Übersetzung von tolerantia ist.

Wie mir selbst ist jedem die bedingungslose Anerkennung Gottes zugesprochen. In der Verborgenheit Gottes liegt die Möglichkeit, dass hinter den verschiedenen Religionen und unterschiedlichen Offenbarungen des Göttlichen ein und derselbe Gott steht. Fremde Gotteserfahrungen sind mir nicht zugänglich, doch diese Verborgenheit Gottes ist als Anfechtung der eigenen Glaubenssicherheit zu ertragen und ihr in Zuversicht des christlichen Glaubens an den universalen Heilswillen Gottes zu begegnen.

Schwöbel meint den Ausweg aus dem oben genannten Dilemma von Angst vor Relativierung und Forderung nach Toleranz in der Begründung der Toleranz aus dem Glauben, aus der eigenen Religion selbst zu finden. Seine wichtigsten Argumente sind folgende:

1. Glaube ist keine menschliche Leistung, sondern eine geschenkte Gewissheit über die Wahrheit der Christusbotschaft. Der christliche Glaube ist an das Evangelium gebunden.
2. Gott selbst bewirkt durch seinen Geist im Gläubigen eine Bestätigung der verkündeten Botschaft vom Heil der Welt durch Jesus Christus.
3. Glaube wird also geschenkt, nicht gemacht.

Die Einsicht in die Beschaffenheit des eigenen Glaubens, der eigenen Gewissheit, die Einsicht in die Freiheit des Gewissens aufgrund der Unverfügbarkeit der Gewissensbildung – dies ist aus christlicher Perspektive nach Schwöbel die Grundlage der Toleranz gegenüber anderen religiösen Überzeugungen.

---

24 Körtner, Ulrich H. J. (2006), Christliche Toleranz, in: Ders., Wiederkehr der Religion? Das Christentum zwischen neuer Spiritualität und Gottvergessenheit, Gütersloh, S. 169–173.

Die Spannweite des Toleranzbegriffes

Die Spanne reicht von Geduld über Duldung bis zum Sinn einer »aufgeklärten Tugend indifferenter Weitherzigkeit«. Toleranz, richtig verstanden, setzt eine Kenntnis der zu tolerierenden Sache voraus und sollte nicht der Gefahr eines repressiven Verständnisses unterliegen, bei der jede Einschränkung zum Problem wird.

Toleranz als Synonym für Anerkennung und Respekt zu gebrauchen, ist wohl wie mir nun scheint, zu weit gegriffen. Respekt und Anerkennung zielen auf die Person des Anderen, Toleranz auf seine mir fremden und vielleicht unverständlichen Ansichten. Ich betone in diesem Zusammenhang, dass dieses Tolerieren mit Kriterien begründet werden muss. Toleranz ist mit Kriterien einzufordern, nicht ohne diese. Denn ohne diese Kriterien ist Toleranz bloßes »Laissez faire«. Die Grenzen der Toleranz müssen bestehen bleiben. Dass diese wiederum unterschiedlichen Auffassungen unterliegen, muss ebenfalls »toleriert« werden.

In Glaubensdingen besteht, so würde ich behaupten, ein kleiner Unterschied. Natürlich bleibt auch hier die Grenze zwischen meinem und dem fremden Glauben. Doch wie bereits beschrieben, könnte der Verborgenheit Gottes, diesem unendlichen Geheimnis, ein Verständnis von Toleranz, das über Duldung hinausgeht, angemessen sein.

Wollen wir nun zum Schluss die öffentliche Verlautbarung des Zweiten Vatikanischen Konzils zu Wort kommen lassen, die in »Nostra aetate«, der »Erklärung über die Haltung der Kirche zu den nicht-christlichen Religionen« den Pluralismus anspricht und in diesem Zusammenhang Aussagen auch zum Thema der Toleranz macht:

> »In unserer Zeit, da sich das Menschengeschlecht von Tag zu Tag enger zusammenschließt und die Beziehungen unter den verschiedenen Völkern sich mehren, erwägt die Kirche mit um so größerer Aufmerksamkeit, in welchem Verhältnis sie zu den nichtchristlichen Religionen steht. Gemäß ihrer Aufgabe, Einheit und Liebe unter den Menschen und damit auch unter den Völkern zu fördern, faßt sie vor allem das ins Auge, *was den Menschen gemeinsam* ist und sie zur Gemeinschaft untereinander führt.
>
> Alle Völker sind ja eine einzige Gemeinschaft, sie haben *denselben Ursprung*, da Gott das ganze Menschengeschlecht auf dem gesamten Erdkreis wohnen ließ; auch haben sie Gott als ein und dasselbe letzte Ziel. Seine Vorsehung, die Bezeugung seiner Güte und seine Heilsratschlüsse erstrecken sich auf alle Menschen, bis die Erwählten vereint sein werden in der Heiligen Stadt, deren Licht die Herrlichkeit Gottes sein wird; werden doch alle Völker in seinem Lichte wandeln.

Die Menschen erwarten von den verschiedenen Religionen Antwort auf die ungelösten Rätsel des menschlichen Daseins, die heute wie von je die Herzen der Menschen im tiefsten bewegen: Was ist der Mensch? Was ist Sinn und Ziel unseres Lebens? Was ist das Gute, was die Sünde? Woher kommt das Leid, und welchen Sinn hat es? Was ist der Weg zum wahren Glück? Was ist der Tod, das Gericht und die Vergeltung nach dem Tode? Und schließlich: Was ist jenes letzte und *unsagbare Geheimnis* unserer Existenz, aus dem wir kommen und wohin wir gehen?« (Nostra aetate 1)

»Wir können aber Gott, *den Vater aller*, nicht anrufen, wenn wir irgendwelchen Menschen, die ja nach dem *Ebenbild Gottes* geschaffen sind, die brüderliche Haltung verweigern. Das Verhalten des Menschen zu Gott dem Vater und sein Verhalten zu den Menschenbrüdern stehen in so engem Zusammenhang, daß die Schrift sagt: »Wer nicht liebt, kennt Gott nicht« (1Jo 4,8) [...] Deshalb verwirft die Kirche jede Diskriminierung eines Menschen oder jeden Gewaltakt gegen ihn um seiner Rasse oder Farbe, seines Standes oder seiner Religion willen, weil dies dem Geist Christi widerspricht.« (Nostra aetate 5)

Wie mir scheint, zeigt sich auch hier: Das Eigene muss man auch im Fremden suchen, alle Menschen achten und respektieren um Christi Willen und aufgrund ihrer Ebenbildlichkeit – sind sie doch Geschöpfe Gottes. Dies ist jedoch nicht gleichzusetzen mit Toleranz – sie gilt den fremden, nicht-eigenen Ansichten und diese müssen »ertragen« werden, wenn auch nach besten Kräften mit angemessener Haltung und Respekt. Dazu Johann Wolfgang von Goethe: »Toleranz sollte nicht nur eine vorübergehende Gesinnung sein: sie muss zur Anerkennung führen. Dulden heisst beleidigen.«

Es könnte alles ganz anders sein. Versuch einer Antwort aus genuin theologischer Perspektive

Gewalt ist also, so sahen wir, aus der konkreten Geschichte der Religion, auch aus der christlichen Religion, nicht wegzudenken. Zwar wird hier gern der Ausdruck »Macht« benutzt und dieser in seiner analogischen Form, das heißt in je größerer Unähnlichkeit zur ähnlichen säkularen Form der Machtausübung beansprucht, aber dann sollte diese Unähnlichkeit auch nicht nur unhinterfragbarer Transzendenzbezug, sondern auch in ihren kategorialen Auswirkungen erfassbar gemacht werden. Denn nur dann kann eine solche Beanspruchung von Macht mit entsprechenden Auswirkungen auf den Umgang mit Gewalt ihre Differenz veranschaulichen und dem Anspruch genügen, dass sich, um Hölderlins berühmten Spruch zu variieren, das »Rettende« naht, wo die »Gefahr« am größten ist. Mit diesem Anspruch erweist sich das jesuanische Motiv des Umgangs mit Gewalt und Gegengewalt sowie mit der Angst-Gewalt-Spirale als erkenntnisleitendes Interesse für den theologisch-ethischen Umgang mit den skizzierten Fragestellungen.

Der aus Gott wirkende Mensch und der aus einem als »Gott« verkannten selbstbezogenen Motiv heraus, gleichsam an Gottes Stelle, seine Taten setzende Mensch beanspruchen jeweils Macht. Aber nur der erste verkörpert in sich und aus sich heraus das, was Jesus »Reich« oder »Herrschaft Gottes« nennt. Der zweite verfolgt nur seinen Gotteskomplex. »Playing God« ist ein gutes Bild, weil es so etwas wie einen bloßen Schein dieses Gottesanspruches aufdeckt. Dabei wird Gott auf die falsche Weise »erweckt« und ins Spiel gebracht: als der alles zerstörende Gott, den wir uns, von biblischen Texten erinnert, als einen apokalyptischen Schrecken vorstellen. Dieser erschreckende Gott ist gleichsam die Schattenseite unseres Verfehlens Gottes. Wir bringen diesen Gottes-Schrecken mit hervor, indem wir unseren eigenen Griff aus eigener Vollmacht und ohne den Vorbehalt der Endlichkeit und Geschöpflichkeit auf die »Natur« und die Geschichte richten.

Schauen wir zunächst auf die Gewalt der »Natur«: Die gestörte, von uns dem Chaos überantwortete »Natur« antwortet mit der Apokalypse von Hiroshima, von Tschernobyl, von New Orleans. In der Apokalypse des von uns mit erwirkten Schreckens »erscheint« Gott, den wir verfehlt haben. Denn Gottes Erscheinen wird nicht nur im Guten »freigesetzt«, sondern auch im Bösen: Wir zerbrechen gleichsam die Ohnmacht und Gewaltlosigkeit, mit der er in unsere Herzen einzieht. Denn Vertrauen auf die eigene, herausgenommene und unverdankte Macht bewirkt die Unterdrückung des sanft wirkenden Gottes in uns, und Unterdrückung verträgt Gott nicht, sie verändert ihn: Er zerbricht sie und erscheint im Zerrbild unserer eigenen Schrecklichkeit oder der zerstörerischen Kraft der zerstörten »Natur«.

Aber, so wird man mit Recht einwenden, geht denn Gottes Wirken nur durch den Menschen hindurch und bricht aus ihm hervor? Haben wir nicht genügend Gegenbeispiele: menschenmordende Vulkanausbrüche, Tsunamis, Hurricanes, Sintfluten? Ist nicht gerade in letzter Zeit darüber nachgedacht worden, was die Natur anrichtet und wie sich dies zu Gottes Schöpfungswillen verhält? Man kann auf diesen Einwand damit antworten, dass Gottes Schöpfung nur im Ansatz »gut« ist, dass aber gerade der Mensch den Auftrag hat – eine unerschöpfliche Aufgabe – die Verantwortung für diese Gutheißung nicht nur als Ursprung, sondern auch als Ziel zu übernehmen. Wäre dann der Naturschrecken – sofern wir ihn nicht selbst durch unsere Maßnahmen der Umweltzerstörung hervorbringen – die Differenz oder die Distanz zwischen Ursprung und Ziel, verheißener und erfüllter Schöpfung? Es macht den Menschen ja nicht gerade klein, wenn ihm dies zugemutet wird: ein Titanenwerk, eine Prometheustat, die nur gelingen kann, wenn die Ohnmacht Gottes im Menschen zur produktiven Macht wird, Macht aus der Erfahrung der eigenen Endlichkeit und Begrenzung, Bereitschaft, die eigene Fehlerfähigkeit einzugestehen und zu berücksichtigen.

Diese Überlegungen lassen sich auf die konkrete Gesellschaftsgeschichte analog anwenden. Wie die Schrecken der Natur fortschreitend vom Menschen mitzuverantworten sind und damit seine Verantwortung als präventive Bringschuld reklamieren, so sind die Schrecken des geschichtlichen, gesellschaftlichen und aktuellen Terrors als eine Art »Erbsünde« zu betrachten, die sich in der Spirale der Gewalt tradiert. Diese Spirale zu »unterbrechen« ist die Lehre des christlichen Motivs der Gewaltverweigerung, das in der Passionsgeschichte Jesu seinen Anfang und sein dauerndes Legitimationspotential hat

Bewusste Passion entsteht, wo jede Aktion Teilnahme an Gewalt oder an Gegengewalt darstellt. Das ist die sanfte Antwort des Gott repräsentierenden Jesus und damit des von innen her befreienden Gottes. Aus der Spannung zwischen richtiger Machtausübung und falscher Bemächtigung, die durch das Gottesbild »von innen heraus« – intern und ekstatisch zugleich – bezeichnet wird, entsteht eine andere Art von Verantwortungsprinzip als die übliche Suche nach dem Guten und Richtigen ohne Einsicht in die, auf Endlichkeit beruhende, Fehlerfähigkeit des Menschen. Dieses Prinzip verdrängt unsere Vernunft nicht, korrigiert sie aber auf eine sanfte Weise, indem sie sie durch Gottes-Gedächtnis und religiöse Erfahrung stärkt.

Das Motiv der Ethik wird durch die so aufgeklärte Vernunft von falschen Gewissheitsvorstellungen gereinigt. Die gewaltenthaltsame Vernunft ist dann auch über sich selbst und über ihre Reichweite aufgeklärt. Als Begründungsinstrument des guten und richtigen Handelns entfaltet sie die

Kraft des Denkens Das Bekenntnis zu diesem Motiv der Rettung aus der Misere der Spirale von Angst und Gewalt, das, theologisch gesprochen, seine Kraft aus der Vorstellung von der Menschwerdung Gottes schöpft, klingt ziemlich prätentiös. Aber ein Bekenntnis ist keine Behauptung einer ununterbrochenen Gewissheit. Es trägt jedoch das Herz eines Menschen über manche Hindernisse hinweg und ist ein Trost in vielen Unzulänglichkeiten aus der Tiefe der Erfahrung.

Aber ist dieser Trost eine Rettung? »Du kannst nicht zulassen«, lässt Thomas Mann in seiner nacherzählten biblischen Josefgeschichte »seinen« Josef zu Pharao Echnaton, dem er eine Lehre der Gewaltlosigkeit unterstellt, »dass es in einem Land zugeht nach der Gewalt der Mordbrenner«. In der Tat, die große theologische Ethik der Gewaltlosigkeit als der einzigen Macht der dauerhaft effektiven Gewaltbekämpfung scheint in konkreten Situationen wenig wirksam. Das einzige, aber auch unwiderlegbare Argument, das für sie spricht, ist die historisch belegbare Tatsache, dass alle, auch die scheinbar friedenbringende Gewalt zweideutige Wirkungen hervorbringt. Auch wenn sich der Handelnde »aus Not« zu dieser Zweideutigkeit bekennt, kann er sie doch nur im Zaum halten, wenn er zugleich die Botschaft von der (Ohn-)Macht des Gewalterleidens mit berücksichtigt. Bekanntlich können wir aus eigener Kraft die Sünde der Gewaltspirale nicht aufheben. Aber wir wissen, wo sie ihr theologisches Ende findet. Und auf dieses Ende hoffen wir, denn in dieser Ohnmacht ist die wahre Macht verborgen und in ihr wird sich letztlich diese Macht offenbaren.

Fundamentalismus und Machtpolitik
Ein kritischer Blick auf den Westen

Erich Gysling

Verfolgen wir die öffentlichen Diskurse hier im Westen und versuchen, bei der Lektüre von Zeitungen und beim Verfolgen der Berichte in den elektronischen Medien, hinter die Schlagzeilen zu schauen, dann zeigt sich: In den westlichen Gesellschaften ist das vorschnelle Urteil verbreitet, dass unsere »Welt« eine klare Trennung kennt zwischen Politik und Religion. Wir haben Gewaltentrennung, was im Allgemeinen so verstanden wird, dass der eine Bereich sich nicht in den anderen einmischt. Sollte das zutreffen, dann spielten religiöse Werte von westlicher Seite aus keine Rolle bei politischen Entscheidungen.

Beurteilt die Bürgerin oder der Bürger des Westens anderseits die Welt des Islams, so neigt er oder sie zu einer diametral entgegen gesetzten Meinung: In der vom Islam geprägten Welt gebe es keine Trennung zwischen der Religion und dem Säkularen, lautet die gängige Meinung, und weil dies so sei, drohe stets die Gefahr, dass Endzeit-Vorstellungen sich in Taten oder Untaten extremistischer Art umsetzen könnten.[1]

---

1 Im vorliegenden Artikel beziehe ich mich u.a. auf folgende Literatur: Brown, Carl L. (2000), Religion and State – The Muslim Approach to Politics. Columbia University Press, New York; Jelen, Ted Gerard, Clyde Wilcox (2002) (Hg..), Religion and Politics in Comparative Perspective, Cambridge University Press; Bassam Tibi (1999), Kreuzzug und Djihad, Der Islam und die christliche Welt, C. Bertelsmann; Krämer, Gudrun (1999), Gottes Staat als Republik, Baden-Baden; Lewis, Bernard (1994), Der Atem Allahs – Die Islamische Welt und der Westen – Kampf der Kulturen?, Europa Verlag. Freilign, Thomas M. (2004) (Hg.), George W. Bush – On God and Country, Allegiance Press Inc., Washington, D.C.; Lewis, Bernard (1991), The Political Language of Islam, University of Chicago Press; Barber, Benjamin R., Imperium der Angst, C.H. Beck.; Huntington, Samuel P. (1997), Kampf der Kulturen, Europaverlag; Stephens, Philip (2004), Tony Blair, Viking Press, Penguin Group; Albright, Madeleine (2006), The Might & the Almighty, Macmillan Verlag; Madeley, John T. S. (2003) (Hg.), Religion and Politics, Dartmouth.

»Okzident« und »Orient«: So viele Missverständnisse

Die Terroranschläge der al-Qai'da vom 11. September 2001 gelten da ebenso als Beweis wie die Tausende von Selbstmordattentaten in Irak und im Konflikt zwischen Palästinensern und Israeli. Dass die Mehrheit der Westeuropäer noch in den achtziger und zu Beginn der neunziger Jahre die muslimischen, gegen die Sowjets engagierten Guerilla-Gruppen in Afghanistan als Freiheitskämpfer betrachtete und verherrlichte, gerät leicht in Vergessenheit. Die Medien schilderten die Mujaheddin als Verfechter der Freiheit und der Demokratie, und die Medienkonsumenten nahmen all das, mehrheitlich, für bare Münze. Ich will damit nicht unterstellen, der opferreiche Krieg gegen die sowjetischen Besatzer sei verlogen oder nutzlos gewesen – ich will nur darauf hinweisen, dass der Westen die Ziele der Widerstandskämpfer missverstand oder missverstehen wollte.

Missverständnisse oder Simplifizierungen gab es aber nicht nur bei den Medienkonsumenten und in der breiten Öffentlichkeit, sondern auch hoch oben in der politischen Ebene: Die US-Regierung half, die Taliban emporzuheben (bis sie sich als Regierungsmacht als religiös motivierte Despoten entpuppten), sie trug auch, gemeinsam mit verschiedenen israelischen Regierungen, dazu bei, dass sich islamische Organisationen wie Hamas entwickeln konnten (weil man sich von Hamas eine mässigende Kraft gegen die als bedrohlich eingestufte PLO erwartete), und sie experimentierte mit Goodwill zugunsten von halbwegs islamistischen Lokalfürsten in Somalia. Einzig aus dem Grund, weil diese einen gewissen Erfolg in der Abwehr von missliebigen Regierungen versprachen – erst von Regierungen mit linker Ideologie, dann von extrem islamistischen Kräften, in Somalia konkret der »Union der Schari'a-Gerichte«.

In den letzten Jahren waren es vor allem die USA, die sich in solche Widersprüche verwickelten (die afghanischen Taliban wurden in einem Anfangsstadium allerdings auch von Grossbritannien gehätschelt), aber zumindest in früheren Zeiten spielten auch die europäischen Mächte, vor allem Frankreich und Großbritannien, ihre Dominanz in ähnlich zwiespältiger Weise aus.

Ein Konflikt der Kulturen?

Die aktuelle Situation, bezogen auf die Interaktion zwischen dem Westen und dem vom Islam geprägten Nahen und Mittleren Osten, steht vor der Frage: Ist das, was sich jetzt abspielt, Teil dessen, was Samuel P. Huntington den »Konflikt der Kulturen« genannt hat – oder handelt es sich um den letzten Akt in einem Drama, das zu globalem Frieden, zu globaler Verständigung und für die ganze Welt zu einem von einer großen Mehrheit erwünschten System führt? Zu Freiheit, Demokratie, der Beachtung von Menschenrechten und zu Marktwirtschaft (die ja, angeblich, allen Nutzen bringt)?

US-Präsident George W. Bush zeigt sich immer noch davon überzeugt, dass der von ihm initiierte Irak-Krieg, auch der Krieg in Afghanistan, ja der gesamte Komplex des »Kriegs gegen den Terror« Teil eines göttlichen Plans sei. Osama Bin Laden, Mullah Omar, eine unbekannte Zahl weiterer Fundamentalisten sind, auf der Gegenseite, ebenso davon überzeugt, die jetzige Auseinandersetzung sei eine Etappe auf dem Weg zur weltweiten Durchsetzung einer gerechten, islamischen Weltordnung. Beide Seiten haben einen globalen Anspruch.

Das ist der Punkt, den Samuel Huntington (wie ich meine zu Recht) herausarbeitete. Huntington vertritt die Meinung, es gäbe weltweit nur zwei Zivilisationen, welche globale Gültigkeit beanspruchen, die westlich-christliche und die mittelöstlich-islamische. Tatsächlich: Keinem Hindu, keinem Juden, keinem Buddhisten käme es in den Sinn zu behaupten, eines Tages würde die ganze Welt seinem Glauben anhängen – im Gegenteil: Der Hinduismus ist ausschließend (nur wer in eine Kaste hineingeboren wird, kann Hindu sein), die jüdische Tradition ist es ebenso, und der Buddhismus ist gegenüber der Außenwelt indifferent. Huntington führt hinsichtlich der Spannungsbeziehung von westlicher Welt und Islam sinngemäß an: Beide sind sich eigentlich nahe, haben historisch enge Beziehungen, aber genau das führt zur Rivalität. Es ist etwas ähnlich wie in Familien, wo Nähe ja auch nicht unbedingt zu Harmonie führt, sondern oft große Konflikte auslöst.

Huntington definiert die westlichen Werte-Komplexe nicht sehr genau. Handelt es sich um Christentum oder um etwas Erweitertes? Ich meine, wir haben es mit einem Konglomerat von Wertvorstellungen, mit einer Art Triade, zu tun. Sie besteht aus christlicher Tradition, dem »Glauben« an die weltweite Gültigkeit der Demokratie und dem nicht weniger festen »Glauben« an die Segnungen der freien Marktwirtschaft respektive die positiven Auswirkungen der Globalisierung.

Die »Triade«: Demokratie, Marktwirtschaft und etwas Religionstradition

Diese »Triade« ist es, welche die Außenpolitik der USA, in gedämpfter Form auch jene westeuropäischer Staaten, bestimmt. Harmonische oder zumindest korrekte Beziehungen pflegen die USA mit Regimen, die zumindest theoretisch die beiden letztgenannten Axiome als Ziele anerkennen. Die praktische Umsetzung von demokratischen Gepflogenheiten wird weniger insistierend eingefordert als der Anschluss ans System der globalen Marktwirtschaft. Tunesiens Regime zum Beispiel kann die Menschenrechte täglich mit Füßen treten, aber solange es sich dem westlichen General-System nicht verschließt (und im so genannten Krieg gegen den Terror mitspielt), sieht man über die interne Unterdrückung großzügig hinweg. Anders im Falle Syriens: Bashar al-Assad, der zwar auch einige hundert politische Gefangene in seinen Kerkern schmachten lässt (weniger wahrscheinlich als Tunesiens Herrscher), der sich anderseits aber den US-Forderungen hinsichtlich Israels verweigert, eine pragmatische Haltung gegenüber dem Nachbarn Irak vertritt, dem Staat im Wirtschaftsgeschehen meistens Priorität gegenüber dem Privaten einräumt und für all das die wirtschaftliche Isolierung in Kauf nimmt, wird immer wieder in die Nähe der »Achse des Bösen« gestellt. Iran hält man aus noch verschlungeneren Gründen auf Distanz. Da vermengen sich auf verhängnisvolle Weise Unkenntnis über die grundlegenden Wertvorstellungen mit Misstrauen gegen die Ideologie der iranischen Geistlichkeit und mit (nachvollziehbaren) Vorbehalten gegen Präsident Ahmedinejad – und hinzu kommt die Verwirrung über die iranische Atompolitik, von der man nicht weiß, ob sie letzten Endes zu einer »islamischen« Atombombe führt oder nur zur Verwirklichung des Ziels der Autarkie bei der Energieproduktion.

Wie können wir das Verwirrende entwirren? Wo lässt sich aufzeigen, wie religiöse Werte und wie allenfalls Endzeit-Vorstellungen die Politik bestimmen? Die Antwort ist, sowohl bezogen auf die vom Islam geprägte wie auch auf die westliche Welt, von Widersprüchen gekennzeichnet. Der Welt des Islams unterstellt die gängige Meinung im Westen, wie eingangs erwähnt, ja eine Unfähigkeit oder einen Unwillen, zwischen Politik und Religion zu trennen. Aber stimmt das? Bernard Lewis meint: »Der nie mehr als halbherzige Versuch muslimischer Regierungen, den Islam zu einem Gestaltungsprinzip internationaler Beziehungen zu machen, verlief im Sande, und die Aussenpolitik muslimischer Staaten wurde ebenso wie die der übrigen Regierungen nach einem anderen Takte dirigiert.« Und Gudrun Krämer: »Auch zahlreiche Fürsprecher des ganzheitlichen/totalitären Ansatzes differenzieren sehr wohl zwischen Religion und Welt, Religion und Staat bzw. Politik. Ihr Postulat lautet allerdings, dass alle Bereiche menschlichen Lebens der religiösen Ethik und dem göttlichen Gesetz unterstellt sein müssen. Am besten wird man von zwei differenzierten, jedoch durch Ethik und Gesetz verbundenen Sphären sprechen oder, anders ausgedrückt, von der Unterordnung zweier differenzierter, aber harmonisch ausbalancierter Sphären unter das eine Gesetz, die gleichen ethisch-moralischen und rechtlichen Regeln. Ein bewusst vollzogener und bejahter Säkularismus ist damit grundsätzlich ausgeschlossen.«

Carl Brown bringt in seinem Buch »Religion and State – The Muslim Approach to Politics« einige weitere Aspekte ein. Es gibt, schreibt er, zahlreiche Variationen von Trennung und Integration zwischen den Bereichen der Religion und des Staates. Oft hat der Staat großen Einfluss auf die islamische Geistlichkeit, die ulama (im Ottomanischen Reich war die ulama sogar förmlich ein Teil der Regierung). Meistens arrangieren sich die beiden Instanzen miteinander – »neither state officialdom nor religious spokesmen have sufficient motivation to put matters to confrontation«, meint Brown, also weder die staatlichen Organe noch die Repräsentanten der Religion haben ein Interesse an einer Konfrontation. Dabei spielt ja auch eine Rolle, dass der Islam (zumindest die sunnitische Richtung) keine Hierarchie in einem der katholischen Kirche vergleichbaren Sinne kennt, oder, wie Brown es umschreibt: Irgendein islamischer Gelehrter könnte zwar seine Thesen an die Tore einer Moschee anschlagen (er vergleicht hier mit Luthers Thesen-Anschlag am Tor der Kirche von Wittenberg), aber es gäbe keinen muslimischen Papst, der ihn danach zur Rechenschaft ziehen könnte.

Allerdings: Die Realität ist doch um einiges komplexer. Regierende in der nah- und mittelöstlichen Welt fühlen sich immer wieder verpflichtet, ihre Handlungen religiös zu begründen. Das tat beispielsweise der ägyptische Präsident Anwar al-Sadat, als er 1979 den Friedensvertrag mit Israel abschloss. Er rechtfertigte dies mit einem Hinweis auf ein Abkommen, das der Prophet Mohammed mit der Führung von Mekka traf. Und Sadat fühlte sich zu solcher Rechtfertigung genötigt, weil in Ägypten im Jahr 1979 noch immer eine Deklaration von 150 muslimischen Rechtsgelehrten aus dem Jahr 1960 als richtungsweisend betrachtet wurde, die beinhaltete, man müsse eine »Jihad-Haltung« gegenüber dem Schah von Persien einnehmen, weil er Israel damals anerkannte. Saddam Hussein sprach von Jihad, als er sich 1991 gegen die 28-Nationen-Koalition zur Wehr setzte (Erster Krieg gegen Irak, als Folge der Invasion Iraks in Kuwait im Sommer 1990 – auch arabische Regime, einschließlich Syrien, nahmen am Feldzug teil) – weil er beweisen wollte, dass er einen »gerechten« Krieg führte.

Welt des Friedens, Welt des Kriegs

Im Verständnis der Muslime ist die Welt zweigeteilt, in einen »dar al-islam«, also eine Welt des Friedens (was gleichgesetzt wird mit Islam), und in einen »dar al-harb«, eine Welt des Kriegs. Alles, was nicht zum dar al-islam gehört, ist Teil des »dar al-harb«. Das heißt nun allerdings nicht, dass sich Muslime jederzeit verpflichtet fühlen, gegen die Kräfte außerhalb ihrer Welt Krieg zu führen, aber es beinhaltet auf der anderen Seite doch eine bestimmte Grundhaltung, die Bernard Lewis so schildert: »The basis of the obligation of jihad is the universality of Muslim revelation. God's word and God's message are for all mankind; it is the duty of those who have accepted them to strive unceasingly to convert or at least to subjugate those who have not.«

Bernard Lewis spitzt da wohl etwas arg zu – es gibt ja in der muslimischen Tradition auch die Verpflichtung zur Toleranz gegenüber jenen Völkern, die man als »ahal al-kitab«, als Völker des Buches respektive der biblischen Tradition (Juden und Christen) bezeichnet. Da handelt es sich zwar um eine Toleranz, die unserem heutigen Verständnis nicht voll entspricht. Arnold Hottinger nennt es eine »Toleranz in Stufen«, das heißt, dass volle Rechte in einer islamischen Gesellschaft nur die Muslime genießen, während die Anderen zwar ihre Religion und Kultur beibehalten können, dafür aber Steuern entrichten müssen und von den politischen Entscheidungen ausgeschlossen bleiben.

Der Begriff »jihad« spielt in der Diskussion zwischen West und Ost eine gewaltige Rolle – ich gehe hier nur am Rande auf die Interpretationen dieses Wortes ein. In der westlichen Publizistik, auch in den Reden von westlichen Politikern, wird er oft als »heiliger Krieg« bezeichnet; spricht man mit Muslimen, so weisen sie jegliche Unterstellung, es handle sich dabei um einen Aufruf zu Offensive und zu Aggression, weit von sich. Jihad sei nichts als ein Appell zur Selbsterforschung, eine Verpflichtung zu innerer Anstrengung mit dem Ziel zu erfahren, was richtig und was falsch sei, im extremsten Fall eine Umschreibung für einen den Muslimen aufgenötigten Defensiv-Krieg, in dem dann genaue Verhaltensregeln beachtet werden müssten, an erster Stelle die Verpflichtung zur Schonung von Nicht-Kombattanten, also vor allem von Alten, von Frauen und von Kindern. Dass es auch einen offensiven Jihad geben kann oder gab, zeichnete Bassam Tibi schlüssig nach. Unter anderem mit diesen Sätzen: »Der Jihad ist mehr als drei Jahrhunderte älter als die Kreuzzüge. Beide waren eine militärische Komponente des jeweiligen Universalismus. Die Kreuzzüge auf europäischer Seite und der Jihad auf islamischer Seite haben den Orient-Okzident-Beziehungen eine historische, bis in unsere Zeit andauernde Belastung aufgebürdet.« Anfügen muss man da noch, dass islamische Fundamentalisten den Jihad keineswegs defensiv, sondern als nichts weniger denn eine Verpflichtung zum Kampf gegen die Ungläubigen verstehen. Das tut Osama Bin Laden, direkt oder indirekt mit Berufung auf Sayyed Qutb und dessen Werk »ma'alim fii'l tariq« und auf den Ägypter Omar Abd al-Rahman, der in den siebziger Jahren des 20. Jahrhunderts in einem umfangreichen Buch die den Muslimen angeblich aufgenötigte Pflicht zu einem Jihad schilderte, dessen Ziel der Krieg gegen die Ungläubigen sein soll.

Die Begriffe »Fundamentalismus« und »Fundamentalisten« wurden im Westen geprägt – im Arabischen wurde »Fundamentalismus« dann aber bisweilen rückübersetzt, mit Bezug auf das arabische Wort »Wurzel«, »'usl«. Im Französischen wird »Fundamentalismus« meistens als »intégrisme« gekennzeichnet. Gemeinsam ist diesen Begriffen die Meinung, »Fundamentalisten«, »Islamisten«, »Integristen« beriefen sich darauf, dass die wesentlichen Werte religiöser und politischer Art in der Frühzeit der Religionen fest und unveränderbar geprägt worden seien, dass sie nicht durch Interpretationen »verfälscht« werden dürften. Der israelische Arabist Israel Stockman meinte dazu: »Mit Fundamentalisten kann man nicht diskutieren, denn sie kennen nur Antworten, Fragen sind für sie obsolet.« Er bezog sich damit sowohl auf arabische als auch auf jüdische (und indirekt auch auf christliche) Fundamentalisten. Ein aus den USA ins »Heilige

Land« umgezogener Israeli sagte einmal, bei einer Begegnung in Hebron: »Wenn Sie über die so genannt besetzten Gebiete diskutieren wollen, dann tun Sie das, bitte, direkt mit Gott – kein Mensch hat ein Recht, darüber zu urteilen.« Das ist Fundamentalismus in Reinkultur.

Fundamentalisten: Wie viele gibt es?

In diesem Zusammenhang müssen wir uns anderseits die Frage stellen, welches Gewicht die Fundamentalisten oder Islamisten heute innerhalb der vom Islam geprägten Welt besitzen. Eine Frage, die nicht schlüssig beantwortet werden kann. Verlässt man sich auf die zahlreichen (von westlichen Publizisten, Politologen etc.) vorgenommenen Umfragen und Forschungen, gelangt man zu Werten wie diesen: Könnten die Menschen, quer durch die vom Islam geprägte nah- und mittelöstliche Welt, frei ihre Repräsentanten wählen, so hätte man, im breiten Durchschnitt pro Land, etwa 15 bis 30 Prozent Vertreter von islamistischen Parteien in den Parlamenten. Mehr bei den Palästinensern, wie sich bei den für die Hamas so erfolgreichen Wahlen von Anfang 2006 zeigte, mehr vielleicht auch in Ägypten oder im Sudan. Aber was könnte das bedeuten? Der Islamismus oder Fundamentalismus ist nicht eine eindimensionale Strömung, sondern zerfällt in verschiedene Untergruppen (Bassam Tibi definierte nicht weniger als deren fünf), und nicht jeder Anhänger einer islamistischen Partei vertritt die Meinung, man müsse die Neuordnung durch Gewalt herbeiführen. Eine Mehrheit sagt, eine so genannt islamische Ordnung (Islamische Republik mit schari'a als gesetzlicher Grundlage) werde sich irgendwann einmal aufgrund von Einsicht der Einzelnen herausbilden. Osama Bin Laden, Mullah Omar, die Taliban, Omar Abd al-Rahman und deren Radikal-Ideologien, all das lehnt die Mehrheit jener Muslime ab, die für eine islamistische Partei votiert und auf der anderen Seite das jetzige System in ihrem jeweiligen Land abschaffen möchte. Gemäßigte Islamisten oder Fundamentalisten also, gibt es das? Vielleicht nicht gemäßigt in Bezug auf die endzeitliche Vision, aber doch zumindest auf den Weg zu diesem Ziel.

Eines aber möchten sie, abgesehen von der schari'a (die ja nicht ein einheitlicher Gesetzeskörper, sondern ein Kompendium von oft etwas willkürlich aus der koranischen Tradition herausgeholten Rechts-Anweisungen ist) dann eben doch: soziale Gerechtigkeit, Entscheidungsfähigkeit über die eigenen Rohstoffe, Rückzug der westlichen Mächte und Autorität über al-Quds, also über die heiligen Stätten in Jerusalem.

An diesem Punkt treffen sich die Forderungen von Fundamentalisten mit den Vorstellungen auch der Gemäßigten oder nur Halb-Gläubigen. Jerusalem, so besagt die muslimische Tradition, sei nach Mekka und Medina die drittheiligste Stätte des Islam, denn dorthin habe sich der Prophet in seiner Traumreise, der mi'raaj, versetzen lassen. Daher die Bezeichnung al-quds, die Heilige. Jerusalem wird zwar im Koran nicht explizit erwähnt (gemäß dem Koran wurde der Prophet im Traum vom »nahen Ort der Anbetung« zum »fernsten Ort der Anbetung«, »al-makan al-aqsa«, versetzt) aber für jeden Muslim ist klar, dass mit den Traumreise-Sätzen keine andere Stätte als Jerusalem gemeint sein konnte.

Jerusalem und die Macht des Mythos

Westliche und israelische Rationalisten mögen da noch so insistierend darauf hinweisen, dass die Stadt respektive die Stätte oben auf dem Tempelberg im Text des Koran nicht schlüssig nachzuweisen sei, für die Muslime ist und bleibt Jerusalem ebenso sehr ein Sehnsuchts- und Anspruchsort, wie er es für die jüdische Diaspora während Jahrhunderten war. Und Muslime sind auch nicht verlegen, wenn sie im Gegenzug die jüdische Wertschätzung Jerusalems in Zweifel ziehen wollen. Jerusalem sei für die Juden ja erst ab dem 9. vorchristlichen Jahrhundert, seit König David, wirkliches Zentrum geworden – vorher, seit der Jahrhunderte weiter zurückliegenden Zeit, hätte wohl Hebron mit seinen Patriarchengräbern größeren Wert verdient. Auch wenn eine solche Argumentation einen triftigen Punkt treffen mag, so lässt sich dennoch nicht hinwegdiskutieren, dass Jerusalem, für beide Seiten, eminente Bedeutung hat – so viel an Bedeutung, dass rationaler Diskurs schwierig bis unmöglich ist.

Könnte man die Mythen beiseite schieben und sich auf die Realität konzentrieren, wäre es wohl nicht unmöglich, Lösungen für Jerusalem zu finden. Man könnte die Leitung der Stadt-Verwaltung zeitlich zwischen Palästinensern und Israeli rotieren lassen, man könnte sie nach geografischen Kriterien trennen, könnte ein Zweier-Präsidium schaffen und so weiter. All das wird nicht diskutiert, kann nicht diskutiert werden, weil die Mythen alles überdecken und weil in den religiös motivierten oder religiös verbrämten Ansprüchen »Fundamentalismen« enthalten sind. Bisweilen scheint es den Politikern nicht einmal mehr bewusst zu sein, wie sie Mythen und Fakten miteinander vermischen – und wie sie aufgrund dieser Verflechtungen mit salopper Grandiosität auch über internationale Vereinbarungen hinweggleiten. Der israelische Premier, Ehud Olmert, pries den im Dezember 2006 verstorbenen, ehemaligen Bürgermeister Jerusalems, Teddy Kollek, als den Mann, der nicht nur über »Jerusalem als Hauptstadt« geredet, sondern der tatsächlich Jerusalem zur Hauptstadt Israels gemacht habe. Dass, gemäß UNO-Beschluss, der endgültige Status nur aufgrund einer Einigung zwischen Israeli und Palästinensern definiert werden darf, unterschlug Olmert.

In der israelischen Gesellschaft findet man allerdings Positionen, welche diese Äußerung Olmerts in ihrer fundamentalistischen Grundhaltung weit überholen. Ich erwähnte bereits das Gespräch in Hebron, nahe der Mahpela, der Grabstätte der Patriarchen, mit einem aus den USA Eingewanderten. Er verwies mich auf Gott als einzig möglichen Gesprächspartner zum Thema der besetzten Gebiete. Hier gibt es keine Fragen mehr, sondern nur noch Antworten, und diese können nicht einmal mehr von Menschen, sondern nur von Gott gegeben werden. Wenn überhaupt!

Die Bedeutung Jerusalems für den Islam unterstrich anderseits, bereits 1979, Ayatollah Ruhollah Khomeini, als er den (für Iran in den Folgejahren verhängnisvollen) Satz prägte: Wir müssen unsere islamische Revolution bis nach al-Quds (also bis nach Jerusalem) tragen. Diese Aussage diente in der Folge allen gegnerischen Mächten, die sich während des achtjährigen Kriegs zwischen Iran und Irak auf der Seite Saddam Husseins engagierten, als Begründung für ihre anti-iranische Haltung: Es sei besser, den irakischen Diktator zu unterstützen als die Gefahr einer Ausbreitung der iranisch-islamischen Revolution in Kauf zu nehmen, lautete in den achtziger Jahren unterschwellig die Grundhaltung bei westlichen, aber auch bei vielen arabischen Regierungen. Nach dem Ende des opferreichen Kriegs und der Mäßigung der Rhetorik des iranischen Regimes in den neunziger Jahren änderten sich die Parameter – aber als der islamische Populist Mahmud Ahmedinejad Staatspräsident Irans wurde, drehte sich die Spirale wieder rückwärts. Ahmedinejad äußerte im Herbst 2005 bekanntlich, es wäre besser, Israel würde von der Landkarte verschwinden (von einem Angriff auf Israel sprach er allerdings nicht), und schon formierte sich die anti-iranische Front von Neuem. Öl ins Feuer goss Ahmedinejad dann noch durch seine Polemik gegen den historisch längst erwiesenen Holocaust, und all das wurde »gewürzt« durch das iranische Atomprogramm, das, gemäß iranischer Interpretation, lediglich friedlichen Zwecken dienen soll, das aber von westlicher Seite mehrheitlich als Etappe auf dem Weg zur militärischen Atommacht erachtet wird.

Politik und Religion in Iran – ein weites Feld, das u.a. Fred Halliday in einem Beitrag in »Religion and Politics« erörtert. Er weist einmal auf eine Aussage von Khomeini-Beratern hin, die sagten: »Wir sind die Trotzkisten des Islams«. Dann fügt er aber an: »Shi'ism is neither inherently radical nor inherently compliant.« Und die Schöpfung Khomeinis, die durch ihn geprägte Form einer islamischen Republik, schildert Halliday so: »It was a skilful fusion of Quranic and modern themes with the Shi'ite aspiration of one day seeing a just society on earth created by the returning Imam.«

Schiiten: Kein Mensch besitzt das absolute Wissen!

Religiöse Doktrin bestimmt die Politik des heutigen Iran, aber die Frage kann immer von Neuem gestellt werden: welche religiöse Doktrin. Denn in der schiitischen Glaubensrichtung gibt es ja kein absolutes Wissen, keine absolute Gültigkeit eines Urteils, solange nicht der zwölfte Imam wieder auf der Erde erschienen ist. Daher konnte auch das Todesurteil gegen den Autor Salman Rushdie (erlassen wegen »ketzerischer« Sätze in den »Satanischen Versen«) durch einen anderen Rechtsgelehrten in Frage gestellt (vielleicht sogar rückgängig gemacht) werden. Selbst Khomeinis Urteile sind nicht für die Ewigkeit bestimmt! Die Shia ist, um es auf eine Kurzformel zu bringen, nicht fundamentalistisch, sondern beweglich und schillernd. Sie ist, von außen betrachtet, auch unfassbarer als die sunnitische Richtung, was die Beziehungen zwischen Religion und Politik betrifft.

In der westlichen Öffentlichkeit, ich erwähnte es einleitend, ist die Meinung vorherrschend, nur in der Welt des Islams gebe es immer wieder die Vermischung der Bereiche Religion und Politik, nicht aber bei uns im Westen. Dem widersprechen die Autoren Clyde Wilson und Ted G. Jelen in »Religion and Politics« mit Blick auf die USA: »In a country best known for the ›separation of church and state‹ religion insinuates itself into politics and government in myriad, complex ways. [...] Religious groups are very active in American politics. In 1988, two ordained ministers sought the presidency, and others have served in Congress, in state legislatures, and city councils representing both parties.« Die beiden Autoren weisen auf Wahlempfehlungen von Seiten der Christian Coalition hin (vor allem zugunsten von Republikanischen Kandidaten), während die African American Churches üblicherweise Demokraten zur Wahl empfehlen. Die christliche Rechte »focuses on a variety of issues, including education, abortion, support for traditional families, opposition to gay and lesbian civil rights, and support for increased public acknowledgement of religion.«

Vermischung von Politik und Religion bei George W. Bush

Doch in den USA geht die Vermischung von Politik und Religion auch auf höchster Ebene weiter. Madeleine Albright, Außenministerin in der Clinton-Administration, prangert Präsident George W. Bush an: »When Saddam Hussein was captured, the president argued that America was doing God's work in restoring liberty to the Iraqi people. […] Even before he announced his candidacy for the White House, he confided to evangelicals, I believe God wants me to be president.«

Dass Gott ihn inspiriert habe, 2003 den Irakkrieg zu entfachen, äußerte Bush auch gegenüber dem palästinensischen Politiker Nabil Schaath, und er wiederholte dies sinngemäß mit einem späteren Hinweis, dass »Gott mir aufgetragen hat, die Tyrannei in Irak zu beenden.« Die Wortwahl »Achse des Bösen«, die ja wohl ein Gegenstück, also eine »Achse des Guten« besitzen muss, kann durchaus im Zusammenhang mit dem »göttlichen Auftrag« an George W. Bush gesehen werden – da nähert sich die Wortwahl der Vorstellung eines Armaggedon-Entscheidungskampfs im Sinne der Offenbarung des Johannes, in dem das Gute über das Böse siegen wird. Katastrophen werden als Vorboten dieses Kampfes gedeutet. Wie viel Macht die Apokalypse und ihre Implikationen im heutigen Amerika besitzen, zeigte 2004 eine Umfrage des Nachrichtenmagazins Newsweek. Demnach glauben 55 Prozent der Amerikaner, dass die Gläubigen vor dem Ende der Welt gerettet werden, und 36 Prozent rechneten mit dem Eintreten der Prophezeiungen des Johannes. Als Israel im Sommer 2006 in Libanon angriff, schrieb der Prediger Jerry Falwell in seiner wöchentlichen Kolumne: »Es ist ganz offensichtlich, dass die aktuellen Ereignisse im Heiligen Land Auftakt und Vorbote der Schlacht von Armaggedon und damit für die glorreiche Rückkehr Christi sind.« Doch auch US-Militärs können von

Armaggedon-ähnlichen Vorstellungen gepackt werden. General Jeremy Boykin, ein Kommandant im Kampf gegen Aufständische in Irak, rief einmal aus: »Die muslimische Welt ist Satan! Satan will diese Nation zerstören, er will uns als Nation zerstören, und er will uns als christliche Armee zerstören.«

Benjamin Barber weist anderseits in »Das Imperium der Angst« darauf hin, dass »die moralisierende Sprache, die Präsident Bush in seiner Kampagne gegen den Terrorismus verwendet, alles andere als neu ist. Von der Unabhängigkeitserklärung bis zur Rede von der ›Achse des Bösen‹ haben amerikanische Politiker die Interessen ihres Landes immer wieder in den Begriffen von gut und böse, von universeller Tugend, vermittelt. Aber da gibt es zwischen Bush und früheren Präsidenten eben doch einen wesentlichen Unterschied, auf den wiederum Madeleine Albright hinwies: »The difficulty, of course, is not that the administration has tried to exercise leadership on moral grounds, virtually every administration has tried to do that. The problem is that its rhetoric has come close to justifying U.S. policy in explicitly religious terms – and that is like waving a red flag in front of a bull. These are precisely the grounds upon which Al Qaeda would prefer to fight.«

Und Tony Blair?

Beim britischen Premierminister, Tony Blair, bis Juni 2007 sozusagen Bushs Junior-Partner im Irak-Krieg, fällt der Nachweis der Bindung zwischen religiösen Überzeugungen und politischen Handlungen schwerer. Blairs Biograf, Philip Stephens, weist zwar darauf hin, dass die britische Staatsführung (im vorliegenden Text-Hinweis bezieht er sich allerdings auf den Monarchen respektive die Monarchin) sich als »defender of the faith« bezeichnen kann oder soll, und er findet bei der Schilderung der Haltung Blairs zum Irak-Konflikt auch eine Menge an Hinweisen auf religiös/moralische Grundsätze, aber er erkennt anderseits auch an, dass Blair sich davor hütete, sich auf Gott zu berufen, wenn es um die Rechtfertigung der Teilnahme am Krieg ging. Wann immer Blair in Interviews aufs Glatteis geführt wurde, trat der Medienberater des Premierministers, Alistair Campbell, in Aktion und sagte: »We don't do God!« Worauf Tony Blair wieder für einige Zeit Ruhe vor peinlichen Reporterfragen hatte. Stephen spekuliert anderseits, Blair habe sich zum Kriegseintritt »in Übereinstimmung mit den Lehren von Augustin und Thomas von Aquin« entschieden, also aufgrund moralischer und letzten Endes eben doch religiöser Überzeugung.

Generell: Mark Juergensmeyer stellt in einem Beitrag mit dem Titel »The New Religious State« (veröffentlicht in »Religion and Politics«) fest: »One of the most interesting – some would say disturbing – features of the post-Cold War era was the resurgence of religious politics. It appears as a dark cloud over what many regard as the near-global victory of liberal democracy following the collapse of the Soviet Empire. It fuels regional disputes in North Africa, the Middle East, and South Asia and may be leading toward what Samuel Huntington has apocaliptically called »the clash of civilaziations«. Säkularer Nationalismus sei eine Art von Religion geworden, habe ein iranischer Revolutionsführer deklariert, schreibt er. Aber Säkularismus sei nichts anderes als eine »westliche Religion«.

Lehren für uns

Was können wir aus all dem lernen? Recht viel, meine ich:

1. dass die Trennlinie zwischen dem politischen und dem religiösen Bereich im Westen, insbesondere bei der westlichen Supermacht, den USA, in der Praxis längst nicht so deutlich ist, wie man allgemein voraussetzt;
2. dass es in der Welt des Islams mehr Distanz zwischen der Religion und der Politik gibt, als man (d.h. die westliche Öffentlichkeit) wahrnimmt.
3. dass unterhalb der »offiziellen« Ebene in beiden »Welten« politisierende Religiöse oder religiös motivierte Politiker immer wieder versuchen, die Grauzonen auszuloten und auszunutzen. Der islamische Fundamentalismus ist, gemäß Bassam Tibi, eine missbräuchliche Politisierung der Religion. Der christliche Fundamentalismus stellt, umgekehrt, einen Missbrauch von religiösen Visionen mit dem Ziel der Manipulation der politischen Eliten dar. Der jüdische Fundamentalismus versucht, dem Diskurs um handfeste politische Probleme (wer hat im Westjordanland welche Rechte?) mit dem Hinweis auf (eher willkürlich ausgewählte) Bibeltexte auszuweichen.
4. Die Religion half und hilft noch immer der Mythenbildung – viele Fragen um Jerusalem können nur deshalb nicht gelöst werden, weil

beide Seiten, die islamische und die jüdische, mit religiös verbrämten Mythen Abschottungs-Wände um sich herum bilden.

5. dass man, westliche Wertvorstellungen betreffend, den Diskurs nicht mit der Berufung auf »christlich«, auf »islamisch-fundamentalistisch« etc. eingrenzen darf. Wir haben es mit einer neuen, kombinierten Form von Wertvorstellungen zu tun: etwas Religion plus weltliche Moral, Demokratie plus freie Marktwirtschaft.

6. dass wir (und da spreche ich nun vor allem meine eigene »Berufsklasse«, jene der Medienleute, an), klar unterscheiden müssen zwischen Islam und Islamismus respektive Fundamentalismus oder, wie die französische Sprachregelung besagt, intégrisme.

Zeichen der Gewalt in der christlichen Frömmigkeit

Markus Ries

Zu den bekannten historischen Darstellungen der Schweizer Geschichte gehört eine liberale Propaganda-Karikatur aus dem Jahr 1841, die schon in ihrer Zeit verbreitet war und seither in Geschichtsbüchern reproduziert worden ist. Sie zeigt das Oberhaupt des Badener Kapuzinerklosters, den Guardian P. Theodosius Florentini, (1808–1865) im »Freiämter Sturm« als Aufwiegler und Anstachler zum bewaffneten Volksaufstand.[1] Die Landbevölkerung des katholischen Bezirkes Freiamt setzte sich zur Wehr gegen die Aargauer Kantonsverfassung, welche im Januar 1841 in einer Volksabstimmung gegen den Widerstand der Konservativen angenommen worden war. Florentini, auch in Erinnerung geblieben als charismatischer Gründer zahlreicher Sozialeinrichtungen, Schulen und zweier bedeutender Schwesternkongregationen, wird vom politischen Gegner als feuriger Agitator gezeigt: Bekleidet mit dem Ordenshabit, in der Hand das Kreuz, ist er bereit, im nächsten Augenblick die hingestreckten Waffen zu ergreifen. Er hetzt die einfachen Landleute in den Bürgerkrieg, obwohl sie nur dürftig und völlig unzeitgemäß bewaffnet sind. Der nachfolgende Kampf ließ sich zwar mit wenig Blutvergießen beilegen, dennoch blieb er als üble Episode im Gedächtnis: einmal, weil die Lunte unter der Oberfläche weiter schwelte und die Entwicklung hin zum Sonderbundskrieg anfachte, zum anderen, weil sich der Gottesmann hier in einer Weise in Szene setzte, die sich fundamental von dem unterschied, was im 19. Jahrhundert als »christlich« galt[2]. Der Kapuziner zeigte sich bereit zur Gewalttat, als es darum ging, die

---

1 Seiler, Christophe; Steigmeier, Andreas (1991), Geschichte des Aargaus, Aarau, S. 117.
2 Der Ultramontanismus als prägende Strömung des Katholizismus in der zweiten Hälfte des 19. Jahrhunderts bildete eine eigene, am Mystischen und Übernatürlichen orientierte und überproportional stark die Frauen ansprechende Frömmigkeit aus. Schneider, Bernhard, Wallfahrt, Ultramontanismus und Politik. Studien zur Vorgeschichte und Verlauf der Treirer Hl.-Rock-Wallfahrt von 1844, in: Aretz, Erich (²1996) (Hg.), Der heilige Rock zu Trier. Studien zur Geschichte und Verehrung der Tunika Christi, Trier, 237–280; Fleckenstein, G.; Schmiedl, J. (2005) (Hg.), Ultramontanismus. Tendenzen der For-

Durchsetzung politischer Ideale in der Gesellschaft zu verhindern. Entsprechend hart wurde er in Abwesenheit mit vier Jahren Zuchthaus und Kantonsverweis bestraft.[3] Längst nicht nur in weltlichen Geschäften, sondern auch in eigener, kirchlicher Sache haben Christgläubige immer wieder zugeschlagen. Dies zeigt ein zweites Beispiel: Eine antireformatorische Propagandaschrift, in Nürnberg zwischen 1525 und 1527 gedruckt, führt in dramatischer Dynamik eine Bildersturmszene vor Augen: Wutentbrannte Landleute stürzen Heiligenstatuen in den Staub, schlagen auf Altäre, Sarkophage, Reliquiare und Meditationsbilder ein; in der Sakristei sind Schrank und Tresor aufgebrochen, Paramente werden in Mengen weggetragen – selbst die Kanzel, aufgestellt zur Verkündigung des Gotteswortes, fällt den Rasenden zum Opfer.[4] Obgleich der Konflikt, der hier so eindringlich ins Bild gerückt ist, auch Fragen von Herrschaft und sozialer Ordnung berührt, lässt die Szene in erster Linie religiösen Eifer erkennen, der Menschen zur Gewalttat treibt. Ihr Einsatz gilt dem wahren Glauben und der Beseitigung ärgerlicher Missbräuche. In ihrer eigenen Wahrnehmung stehen sie ein für ein christliches Ideal, handeln aber rücksichtslos und gewalttätig, auch wenn in diesem Fall die Aggression nicht gegen Menschen, sondern gegen Sachen gerichtet ist – an der destruktiven Grundhaltung vermag dies wenig zu ändern.

In beiden Beispielen werden Menschen gewalttätig im Namen Jesu Christi. Dass es jeweils die Gegner waren, welche diesen Aspekt thematisierten und damit das Verhalten der anderen Seite zu diskreditieren suchten, zeigt, dass Gewalttat und christlicher Glaube als unvereinbar galten. Zugleich belegen solche Darstellungen die Realität des Phänomens und provozieren Fragen nach der »religiösen« Motivation der Täter.

---

schung (= Einblicke 8), Paderborn; Pahud des Mortanges, Elke (2006), Irre – Gauklerin – Heilige? Inszenierung und Instrumentalisierung frommer Frauen im Katholizismus des 19. Jahrhunderts, in: Schweizerische Zeitschrift für Religions- und Kulturgeschichte 100, S. 203–225.
3 Helvetia Sacra V/2, Bern (1974), S. 209f.
4 Dupreux, Cécile u.a. (2000) (Hg.), Bildersturm. Wahnsinn oder Gottes Wille?, Ausstellungskatalog, Bern, S. 306f.

Kirchlicher Segen für Gewalttäter

Auffällig wirkt allein schon die lange Tradition der Christgläubigen, in Konflikten nicht der Wirkung von Argumenten zu vertrauen, sondern Gewalt als Mittel zu akzeptieren oder zu legitimieren. Ihren Anfang nahm diese Entwicklung in frühchristlicher Zeit, in der die unerfüllte Naherwartung eine neue Ausrichtung und ein Arrangement mit der Welt verlangte.[5] Ursprünglich haftete dem christlichen Bekenntnis der Verdacht des Subversiven und Gesellschaftsgefährlichen an, und die Religion galt als unverträglich mit der herrschenden Kultur. Die dadurch provozierten Konflikte ließen sich mit Kompromissen entschärfen – erst jetzt war es möglich, sich in der antiken Welt Anerkennung zu verschaffen. Im vierten Jahrhundert trat das Christentum aus dem Schatten heraus; es errang eine tolerierte und bald schon privilegierte Stellung in der spätantiken Gesellschaft. Der Prozess schritt rasch voran: Zwischen dem Ende der amtlich angeordneten Verfolgungen im römischen Reich und der Erhebung zur Staatsreligion lagen lediglich 70 Jahre. Allerdings führt die Ereignisgeschichte die Ambivalenz vor Augen, von der die staatliche Privilegierung bestimmt war; denn schon die Zeitgeschichte setzte die als befreiend empfundene »konstantinische Wende« mit einem Kriegsereignis in Verbindung: Als Wende galt die Schlacht an der Milvischen Brücke vom 28. Oktober 312.[6] In der damit verbundenen Überlieferung wurden Christus und das Kreuz zum Symbol für Streit und Sieg; im Kontext von Kampfgeschrei und Blutvergießen sah man im Rückblick die gesellschaftsstabilisierende Kraft und den allgemeinen Nutzen christlicher Religion für das Gemeinwesen als erwiesen an. Nicht von ungefähr denunzierten charismatische Erneuerer späterer Jahrhunderte diesen Übergang als Beginn eines Abweges, welcher in der Folge zum tausendfachen Verrat an der machtfernen Friedensbotschaft des Mannes am Kreuz geführt habe.

In der mittelalterlichen Gesellschaft, deren Ordnung auf institutionalisierter und ritualisierter Gefolgschaft beruhte, war kirchliches Gedeihen nicht anders als durch Integration in dieses System denkbar. Sakraler und

---

5   Erlemann, Kurt (1995), Naherwartung und Parusieverzögerung im Neuen Testament. Ein Beitrag zur Frage religiöser Zeiterfahrung (= Texte und Arbeiten zum neutestamentlichen Zeitalter 17), Tübingen, S. 297–366; Ders. (1996), Endzeiterwartungen im frühen Christentum (= Uni-Taschenbücher 1937), Tübingen-Basel, S. 89–99.
6   Brandt, Hartwin (2006), Konstantin der Große. Der erste christliche Kaiser. Eine Biographie, München, S. 42–67; Michael Fiedrowicz u.a. (2006) (Hg.), Konstantin der Große. Der Kaiser und die Christen – die Christen und der Kaiser, Trier.

profaner Bereich griffen in komplexer Weise ineinander, beide gediehen oder litten gemeinsam. Soziales Leben war ungleich stärker vom Religiösen bestimmt als es heute vorstellbar wäre. Missionierung und Expansion des Christentums gingen einher mit der Erweiterung von weltlicher Herrschaft, religiöse Maßstäbe bestimmten die zivile Ordnung und den Alltag. Sinnfällig und wirksam verbanden sich im Heiligen Römischen Reich kirchliche und weltliche Herrschaft miteinander. Jede Bedrohung des Gemeinwesens und seiner Ordnung wirkte zugleich als Infragestellung des Religiösen. Die Großen der Welt verstanden sich als Schützer der Kirche und ließen sich auch als solche in die Pflicht nehmen. Kirchlicher und weltlicher Arm halfen sich gegenseitig, einer stand ein für die Ziele des anderen und sanktionierte damit auch Weltanschauung und Mittel des anderen. Schritt ein Herrscher zur Gewaltanwendung gegen den äußeren Feind, so konnte er der bereitwilligen Zustimmung der Kirche gewiss sein. Nach den Maßstäben der Zeit war dies überall dort ohne weiteres plausibel und von der Kirche sogar gefordert, wo der Gegner einem anderen Glauben anhing. Dies führte so weit, dass Geistliche sich auch bei Kampfhandlungen in die erste Reihe zu stellen hatten oder dass sie gar – wie Bischof Ulrich 955 in der Ungarnschlacht auf dem Lechfeld – selbst und mit geistlichen Insignien angetan das Kommando führten[7].

In besonderer Weise galten jene Heerzüge als Kampf gegen Ungläubige, in denen christliche Mächte sich den Muslimen entgegenstellten. In der Epoche der Verschränkung von religiöser und weltlicher Sphäre erschien die kirchliche Legitimierung von Gewaltanwendung nicht prinzipiell anstößig: Theologen und Geistliche stimmten zu, wenn Herrschende das Schwert gegen den äußeren oder gegen den inneren Feind richteten, sie standen dabei, wenn Gewaltverbrecher gefoltert oder mit dem Tode bestraft wurden, sie nahmen es hin, dass dynastische Kämpfe auch mit Blutvergießen eine Entscheidung fanden. Diese Haltung war auch verbunden mit einem ambivalenten Verhältnis zur Bibel: Während sich die religiösen Haltungen mit der Tradition legitimieren ließen, erschien dies für ihre gewaltsame Durchsetzung nicht notwendig. Vielmehr galt die Anwendung von Gewalt als rechtens und war kaum rechtfertigungsbedürftig.

---

7 »Hora vero belli episcopus super caballum suum sedens, stola indutus, non clippeo aut lorica aut galea munitus, iaculis et lapidibus undique circa eum discurrentibus, intactus et inlesus subsistebat«. Gerhard von Augsburg, Vita sancti Uodalrici. Die älteste Lebensbeschreibung des heiligen Ulrich, lat.-dt. hg. von Walter Berschin und Angelika Häse (= Editiones Heidelbergenses XXIV), Heidelberg 1993, S. 194.

Diese kirchliche Disposition überdauerte die institutionelle Trennung von Thron und Alter am Ende des 18. Jahrhunderts. Auch dem neuen, säkularen Staat gestand die Kirche ein großes Maß an Gewalt zu: Sie akzeptierte Sklaverei und »gerechten Krieg«, und auch gegen die Todesstrafe gab es lange Zeit kaum kritische Worte. Viele Kirchen partizipierten weiterhin – wie schon seit dem 16. Jahrhundert – an den Eroberungszügen imperialer Kolonialherren. Auf sie lässt sich die Ausbreitung des christlichen Bekenntnisses nach Übersee zurückführen und später, im 19. Jahrhundert, die Formierung moderner »Weltkirchen«. Oft gingen Eroberer und Missionare Seite an Seite, wenn ganze Völkerschaften in Abhängigkeit und Unterdrückung gestürzt wurden. Ideale wie Humanität, Menschenrechte oder Begrenzung obrigkeitlicher Macht waren zwar von christlichen Traditionen inspiriert, doch formuliert wurden sie in der Aufklärung außerhalb der Kirchen.[8] Auch im 19. und selbst im 20. Jahrhundert wurden Waffen gesegnet. Für Moraltheologen war es angesichts der Bedrohung durch den Kommunismus bis Mitte des Jahrhunderts vorstellbar, eine Aufrüstung mit Atomwaffen als moralisch zulässig zu erklären.[9]

Gewalt im Kampf um den rechten Glauben

In der Vergangenheit traten kirchliche Gemeinschaften nicht nur als Komplizinnen von Gewaltausübung in Erscheinung, sondern oft waren sie selbst auch Akteurinnen und ließen zur Durchsetzung ihrer Interessen zu den Waffen greifen. Von Bedeutung war auch hier der Kampf gegen »Ungläubige«. In der späten Antike kam es zu ersten Gewalttaten gegen heidnische oder jüdische Personen: In Kallinikon am Euphrat brannten im Jahr 388 fanatische Gläubige die Synagoge nieder, in Alexandria fiel im März 415 die angesehene Philosophin Hypatia im Zusammenhang mit einer

---

8 Hilpert, Konrad (2001), Menschenrechte und Theologie. Forschungsbeiträge zur ethischen Dimension der Menschenrechte (= Studien zur theologischen Ethik 85), Freiburg, Wien, S. 88–117; Ders. (2005), Die Menschenrechte – ein christliches Erbe?, in: Girardet, K. M.; Nortmann, U. (Hg.), Menschenrechte und europäische Identität. Die antiken Grundlagen, Stuttgart, S. 147–160.

9 Almeida, José Antonio (1961), Das Menschheitsproblem des Atomkrieges. Pius XII. und die Atomwaffen, Essen Papst Pius XII. und der Atomkrieg, Essen, bes. S. 101–103.

Intrige dem christlichen Mob zum Opfer.[10] Auch die Missionierungen des frühen Mittelalters verliefen oft gewaltsam: Die Lebensbeschreibung des Heiligen Gallus berichtet, der Missionar sei um 600 n. Chr. an den Zürichsee gekommen und habe begonnen »die Heiligtümer der Heiden in Brand zu stecken und die den Götzen dargebrachten Opfergaben in den See zu versenken«.[11] Hundert Jahre später fällte Bonifatius bei Geismar »eine ungeheure Eiche, die mit ihrem alten heidnischen Namen die Jupitereiche genannt wurde ... Als er nun in der Zuversicht seines standhaften Geistes den Baum zu fällen begonnen hatte, verwünschte ihn die große Menge der anwesenden Heiden als einen Feind der Götter lebhaft in ihrem Innern«[12].

Eine schlimme Steigerung erfuhr die christliche Gewaltbereitschaft im hohen Mittelalter als es galt, den »Ungläubigen« das Heilige Land zu entreißen: Frommer Eifer, gepaart mit handfesten wirtschaftlichen und politischen Interessen, erzeugten jene Stimmung, welche die verhängnisvollen, opferreichen Kreuzzüge in den Osten möglich machten. Die Aufrufe zu diesen militärischen Eroberungen gingen aus von den damals bedeutendsten Repräsentanten der Christenheit: Papst Urban II. stachelte im November 1095 nach einer Synode in Clermont die Gläubigen in feurigen Worten zum Eroberungszug in den Osten an: »Bewaffnet Euch mit dem Eifer Gottes, liebe Brüder, gürtet eure Schwerter an eure Seiten, rüstet euch und

---

10 Lacombrade, Christian (1994), Hypatia, in: Reallexikon für Antike und Christentum XVI, Stuttgart, S. 956–967. In der Neuzeit war Hypatia ein häufig verwendetes literarisches Sujet zur Diskreditierung des Christentums. Ebd. S. 966.

11 Die Maßnahme erzeugte entsprechende Gegengewalt: »Nam Gallus, ad cuius miracula rimanda Christo propitio figimus opera, virum Dei Columbanum, ut iam dictum est, ab initio conversionis sequendo eiusque laboribus conpatiendo, coepit illic gentilium fana incendere diisque consecrata in lacum dimergere. Cum ergo vidissent fana sua conbusta, adsumpserunt contra eos invidiae arma, quae in tantum corda eorum arripuit, ut, consilio acto, virum Dei Gallum voluissent interficere atque Columbanum cum contumeliis de finibus eorum expellere«. Wetti, Vita Beati Galli Confessoris ed. Bruno Krusch, in: MGH SS rer. Mer. IV , 257–280, hier S. 259. Duft, Johannes (²1990) (Hg.), Die Lebensgeschichten der Heiligen Gallus und Otmar, St. Gallen, S. 20.

12 »Quorum consultu atque consilio roborem quendam irae magnitudinis, qui prisco paganorum vocabulo appellatur robor Iobis, in loco qui dicitur Gaesmere, servis Dei secum adstantibus succidere temptavit. Cumque mentis constantia confortatus arborem succidisset, magna quippe aderat copia paganorum, qui et inimicum deorum suorum intra se diligentissime devotabant.«. Willibald, Vita Bonifatii, in: Rau, Reinhold (²1988) (Hg.), Briefe des Bonifatius. Willibalds Leben des Bonifatius (= Ausgewählt Quellen zur Deutschen Geschichte des Mittelalters IVb), Darmstadt, S. 451–525, hier S. 494f.

seid Söhne des Gewaltigen«.[13] Ein halbes Jahrhundert später (1146) stand der Mystiker und Ordensgründer Bernhard von Clairvaux mit seiner ganzen Person für den zweiten Kreuzzug ein. An die Erzbischöfe in Ostfranken und Bayern richtete er einen ebenso flammenden wie für heutige Ohren beklemmenden Appell: »Weil man also weiß, dass Euer Land reich an tapferen Männern und voll von kraftvoller Jugend ist ... darum gürtet Euch mannhaft und ergreift die Waffen im Eifer für den Namen Christi«[14]. Die Tradition der Gewaltanwendung gegen die Muslime fand ihre Fortsetzung in der Neuzeit: Kein Geringerer als Papst Innozenz XI. organisierte 1683 – in höchster Gefahr freilich – das österreichisch-polnische Militärbündnis gegen die Türken, es trug die bemerkenswerte Bezeichnung »Heilige Liga«.

Noch im 19. Jahrhundert, als die Epoche direkter Gewaltanwendung im kirchlichen Namen längst überwunden war, hatten Angehörige anderer Religionen unter christlicher Repression zu leiden. Im Kirchenstaat lebten Mitte vor 150 Jahren rund 15.000 Menschen jüdischen Bekenntnisses als Minderheit unter 3,1 Millionen katholischen Christen.[15] In der Stadt Rom waren sie seit dem 16. Jahrhundert schwerer Diskriminierung ausgesetzt und in ihren Rechten eingeschränkt. Die Französische Besetzung bis 1814, besonders aber auch die ersten beiden Regierungsjahre Pius IX. brachten beträchtliche Verbesserungen. Wie in den übrigen europäischen Ländern wurden auch hier Schritte zur Emanzipation eingeleitet: Der Papst veranlasste die Schleifung der Ghetto-Mauern und entband die Angehörigen der jüdischen Minderheit von der hergebrachten Pflicht, jährlich eine christliche Bekehrungspredigt anzuhören. Nach 1850 allerdings schlug das Pendel

---

13 Urban II., Aufruf vom 27. November 1095, in: Mokrosch, Reinhold; Walz, Herbert (1980) (Bearb.), Mittelalter (= Kirchen- und Theologiegeschichte in Quellen II), Neukirchen-Vluyn, S. 69f., hier S. 70.

14 »Quia ergo fecunda virorum fortium terra vestra et robusta noscitur iuventute referta, sicut laus est vestra in universo mundo, et virtutis vestrae fama replevit orbem, accingimini et vos viriliter et felicia arma corripite christiani nominis zelo.« Ep. 363, in: Winkler, Gerhard B. (1992) (Hg.), Bernard von Clairvaux. Sämtliche Werke lateinisch/deutsch III, Innsbruck, S. 648–661, hier S. 654.

15 Mattioli, Aram (2000), Das letzte Ghetto Alteuropas. Die Segregationspolitik der Papstkönige in der »heiligen Stadt« bis 1870, in: Blaschke, O.; Mattioli, A. (Hg.), Katholischer Antisemitismus im 19. Jahrhundert, Zürich, S. 111–143; Mattioli, Aram (2004), Intoleranz als Prinzip oder der Umgang mit Heterodoxie im Kirchenstaat, in: Ders. u.a. (Hg.), Intoleranz im Zeitalter der Revolutionen. Europa 1770–1848, Zürich, S. 211–231; Brechenmacher, Thomas (2005), Der Vatikan und die Juden. Geschichte einer unheiligen Beziehung vom 16. Jahrhundert bis zur Gegenwart, München, S. 91–121.

dramatisch zurück: Pius IX. ließ das Ghetto von neuem errichten und verfügte für Juden wieder den alten Wohnsitzzwang, Sonderabgaben sowie Beschränkung in der Berufswahl und in der Möglichkeit, Besitz zu erwerben. Selbst die Lektüre des Talmud ließ er polizeilich verbieten. Die Zeit der Bedrückung endete erst mit der Eroberung Roms durch italienische Truppen am 20. September 1870.

Neben den Ungläubigen, das heißt den Heiden und den Juden, hatten auch Fehlgläubige und Dissidenten unter gewaltsamer Bedrückung durch Kirchen zu leiden. In schlimmer Erinnerung blieb die Bekämpfung der Katharer im 12. und 13. Jahrhundert, der Hussiten im 15. Jahrhundert oder der Taufgesinnten im 16. und 17. Jahrhundert. Konfessionsübergreifend und mit besonderer Grausamkeit kam es in der Neuzeit zur Verfolgung religiös auffälliger Frauen in den »Hexenprozessen«.[16] Der Kampf gegen Sondergruppen, verstanden als Engagement zugunsten des wahren christlichen Glaubens, vermischte Gewalttat gegen Sachen mit Aggression gegen Personen: Auf den Scheiterhaufen brannten Menschen zusammen mit den Schriften, welche sie verfasst hatten, wenn diese als glaubensgefährlich galten.[17] Im Zusammenhang mit der neuzeitlichen Verbesserung der Kommunikationsmöglichkeiten gewann dieser Aspekt überragende Bedeutung; denn je stärker geistliche und weltliche Obrigkeiten die Disziplinierung ihrer Untertanen betrieben, desto wichtiger wurde die Kontrolle der Lektüren. Es entstanden Zensurbehörden, welche Druckschriften auf ihre Zulässigkeit hin prüften und sie widrigenfalls der Vernichtung zuführten. Konnte ein Autor nicht dingfest gemacht werden, so übergab man neben den Schriften wenigstens dessen Bild dem Feuer. Eine solche Verbrennung »in effigie« ist erstmals im Zusammenhang mit der Verurteilung Martin Luthers und seiner Werke durch den Wormser Reichstag 1521 nachzuweisen.[18] Auch später verbanden kirchliche Obrigkeiten Bücherverbote mit dem Befehl, vorhandene Exemplare einzusammeln und sie zu verbrennen. Dass hier die Grenze von Gewalt gegen Sachen und Gewalt gegen Personen besonders durchlässig war, galt bis zur leidvollen Erfahrung des 20. Jahrhunderts; Heinrich Heine hat sie 1820 in einem Stück zur spanischen Reconquista treffend im Dichterwort vorweg genommen: »Das war

---

16 Behringer, Wolfgang ([6]2006) (Hg.), Hexen und Hexenprozesse in Deutschland, München.
17 Ries, Markus, Verbotene Lektüren. Kirchliche und staatliche Bücherzensur, in: Mattioli (2005), S. 75–89.
18 Ebd. S. 79.

ein Vorspiel nur, dort wo man Bücher verbrennt, verbrennt man auch am Ende Menschen«.[19]

Frömmigkeit – Symbole – Sprache

Gewalt im Namen des Glaubens wurde nicht nur toleriert oder gefördert, sondern sie ließ sich in erstaunlicher Selbstverständlichkeit auch in die christliche Liturgie integrieren. Als am 7. Oktober 1571 die »Heilige Liga« mit mehr als 200 Schiffen und 200.000 Soldaten bei Lepanto in der größten Seeschlacht der Epoche eine türkische Flotte niederwarf, war in den Augen der Katholiken dieser Erfolg dem Beistand der zuvor angerufenen Muttergottes zuzuschreiben. In der Folge wurden zahlreiche Kirchen mit Schlachtgemälden geschmückt, und auf päpstliche Weisung entstand der neue Gedenktag »Maria vom Siege«, welchen Kapellen und Bruderschaften als Titularfest annahmen. Auf diese Weise gelangten Kampfszenen als Abbildungen selbst auf liturgische Geräte.[20] In der Gegenreformation fügte sich diese Symbolsprache umso leichter in den kirchlichen Alltag, als die katholische Kirche sich selbst als »militia Christi« verstand und in der barocken Predigt auch Christus selbst als himmlischen Heerführer darstellen konnte.

Auf der Ebene von Symbol und Frömmigkeit trat in der christlichen Tradition die Bereitschaft, Gewaltausübung zu akzeptieren, meist verdeckt in Erscheinung. In unbekümmerter Weise konnten sich auch in der christlichen Verkündigung Redewendungen mit gewaltorientierter Symbolik behaupten. Am Anfang der Tradition standen bereits neutestamentliche Texte. Paulus wirbt in Briefen an die Gemeinde von Ephesus für das Evangelium des Friedens und verwendet dafür Metaphern wie »Panzer der Gerechtigkeit«, »Schild des Glaubens«, »Helm des Heiles« und »Schwert des Geistes«[21]. In Verbindung mit seinem Martyrium, aber auch als Hin-

---

19 Alamansor. Eine Tragödie, in: Heinrich Heine, Sämtliche Schriften in zwölf Bänden, hg. von Klaus Briegleb (1996), Bd. 1, München, Wien, S. 275–337, hier: S. 284f.
20 Ein Beispiel ist die 1708 vom Augsburger Goldschmied Johannes Zeckel geschaffene »Lepanto-Monstranz« im Oratorium »Maria de Victoria« der Marianischen Kongregation Ingolstadt. Auf dem Sakralgerät ist die Schlachtszene detailreich dargestellt. Kieser, Clemens (1998), Die Memorialmonstranzen von Ingolstadt und Klosterneuburg (= Studien zur Ikonologie der barocken Goldschmiedekunst), Tübingen, bes. S. 187–192.
21 Eph 6, 13–17.

weis auf die Wirkmächtigkeit seiner Mission, wurde Paulus seit dem 13. Jahrhundert mit einem Schwert als Attribut dargestellt. Damit war zwar keine Gewalttat ins Bild gerückt, doch angesichts der damals üblichen Bewaffnung von Söldnern musste einem Betrachtenden die Darstellung zwangsläufig als sehr martialisch erscheinen. Die Praxis beeinflusste selbst die römische Liturgie: Zum päpstlichen Ritus der Weihnachtsmatutin gehörte die erstmals für 1357 nachgewiesene und letztmals im Jahr 1825 vollzogene Segnung eines Schwertes, welches an einen Monarchen verliehen wurde. Die Zeremonie war historisch aus der römischen Tradition hergeleitet: Dem Kaiser war ein eigener kirchlicher Status zuerkannt, welcher ihm das Privileg verschaffte, liturgische Hilfsfunktionen wahrzunehmen und dazu das Schwert zu führen.[22]

Kriegerische und militärische Anspielungen durchsetzten in der ultramontanen Epoche des 19. und 20. Jahrhunderts vielfach auch die kirchliche Sprache. In einer Zeit, in der man sich von weltanschaulichen Feinden bedroht sah, erschien die Abwehr auf allen Ebenen als notwendig. Um in diesem Sinne das eigene Selbstverständnis darzustellen, konnte etwa das Bild von der »wohlgeordneten Schlachtreihe« (acies bene ordinata) zur Selbstbezeichnung Verwendung finden. Allzu oft verstand man sich als angefochten und bedrängt. Als Verteidigungsinstrument galt unter anderem die katholische Presse, welche besonders ausladend mit militärischen Attributen bedacht wurde. Leo XIII. bezeichnete am 22. Februar 1879 die katholischen Journalisten als »eine auserwählte Schar kriegserfahrener Kämpfer, die bereit steht, auf des Königs Befehl und Wink auch in die dichtesten Reihen der Feinde einzudringen und ihr Leben zu opfern.«[23] Immer wieder rückten Redner auf deutschen Katholikentagen der Kulturkampfzeit die Bedeutung der Gesinnungspresse ins Licht und verwendeten besonders gerne martialische Metaphern: Die Presse wurde apostrophiert als »unsere geistige Artillerie«, Journalisten waren aufgefordert, täglich »an der Kanone« zu stehen; denn das katholische Volk – die Infanterie – gehe

---

22 Cornides, Elisabeth (1967), Rose und Schwert im päpstlichen Zeremoniell von den Anfängen bis zum Pontifikat Gregors XIII., Wien, S. 55–67.
23 Ansprache »Ingenti sane laetitia«, zit. nach: Schmolke, Michael (1971), Die schlechte Presse. Katholiken und Publizistik zwischen »Katholik« und »Publik« 1821–1968, Münster, S. 301.

keinen Schritt voran,»wenn nicht vorher die Presse Breschen in die Reihen der Gegner geschossen« habe.[24] Beispiele militärisch durchtränkter Verkündigungsrhetorik finden sich auch auf den unteren kirchlichen Rängen. In Basel tat sich in der ersten Hälfte des 20. Jahrhunderts mit Pfarrer Robert Mäder von Heiliggeist ein Pfarrer als besonders energischer Kämpfer für die katholische Sache hervor. Mit Initiative und Entschlossenheit schuf er konfessionelle Einrichtungen und gründete eine eigene Schwesternkongregation, um die katholische Minderheit zu sammeln und ihr zu Selbstbewusstsein und zu gesellschaftlicher Bedeutung zu verhelfen.[25] Er engagierte sich als Kämpfer gegen alles, was in seiner Wahrnehmung dem Wohl der Kirche in irgendeiner Weise entgegen stand. Seine Feindbilder sah er im Liberalismus, im Atheismus, in der Freimaurerei, in der Frauenemanzipation oder im Ökumenismus. Durch eine beispiellose Vortrags- und Publikationstätigkeit scharte er die glaubenstreuen Katholiken hinter sich. In einer Streitschrift rief er flammend auf zum Kampf gegen den Atheismus, den er aggressiv und gefährlich darstellte. Dabei bediente er sich eines eigenartig martialischen Vokabulars:»Es ist nicht Friede in der Welt, es ist Krieg […] Wir müssen entweder Antiluziferianer oder Antichristen werden. Entweder Satansgegner oder Christusgegner. Mensch sein heißt Streiter sein. Kriegsdienst ist des Menschen Leben auf Erden. […] Michael ist der Generalfeldmarschall im Gottesreich«.[26] Publiziert wurde der Aufruf in Basel im Jahr 1940 – in Zeiten des wirklichen Krieges. Selbst für vergleichsweise einfache Darstellungen, wie etwa in einer Anleitung zur Rosenkranzandacht, bediente der Pfarrer sich einer befremdlich kriegerischen Rhetorik:»Die Rosenkranzbeter, ich meine die ernsten, nicht die gedankenlosen Mechaniker, werden in dem entbrannten Riesenkampf zwischen Licht und Finsternis über die Staatsmänner den Sieg davontragen. Jedes gute Rosenkranzgebet ist ein Stück geistiger Welteroberung. Eine Art Exorcismus, Teufelsbeschwörung im Sinn des Schriftwortes: Gebt nicht Raum dem Teufel! Weich, unreiner Geist, und mach Platz dem Hl. Geiste! Der Rosenkranz ist, ohne etwas Maschinenhaftes zu sein, unser Maschinengewehr! Wir leisten damit drin-

---

24 Schmolke (1971), S. 300; Roegele, Otto B. (1982), Presse und Publizistik des deutschen Katholizismus 1803–1963, in: Rauscher, A. (Hg.), Der soziale und politische Katholizismus II, München, Wien, S. 394–434.

25 Ries, Markus (1995),»Der Rosenkranz ist unser Maschinengewehr.« Der Basler Pfarrer Robert Mäder im Kampf gegen den Zeitgeist, in: Mattioli, A. (Hg.), Intellektuelle von rechts. Ideologie und Politik in der Schweiz 1918–1939, Zürich, S. 239–256.

26 Mäder, Robert (1940), Der schwarze Punkt im Weltall, Basel, S. 53.

gende praktische Gegenwarts- und Zukunftsarbeit. Rosenkranzgebet ist Kriegsdienst.«[27]

Gegenläufige Traditionen und bleibende Herausforderungen

Ein historischer Blick auf die Beziehung zwischen christlicher Religion und Gewalt hat neben der Disposition zur Integration von Gewalttaten auch die gegenläufigen Traditionen in den Blick zu nehmen. Die frühen Christengemeinden schlossen Soldaten zunächst vom Taufempfang aus, später erlegten sie ihnen besondere Pflichten auf.[28] Auch nach der gesellschaftlichen Integration im 4. Jahrhundert wirkte das Bewusstsein weiter, dass zwischen christlichem Leben und Gewaltausübung ein prinzipieller Widerspruch besteht: Dem Klerus – und innerhalb von Kirchengebäuden auch den Laien – war es im Mittelalter verboten, eine Waffe zu tragen; geistliche Staaten führten weniger häufig Krieg als säkulare; im Kirchenstaat fielen den Hexenverfolgungen weniger Frauen zum Opfer als anderswo. Thomas von Aquin formulierte die Lehre vom »gerechten Krieg« nicht zur Legitimierung von Gewalt, sondern zu ihrer Begrenzung; in Klöstern waren Herrschaftsausübung und Konfliktlösung bereits im frühen Mittelalter gewaltfrei ritualisiert – lange vor der Etablierung vergleichbarer Regulierungen im weltlichen Bereich. Im späten Mittelalter wuchs innerhalb der Kirche die franziskanische Armutsbewegung, zu deren entschlossenen Distanzierung vom Irdischen neben dem Verzicht auf individuellen und kollektiven Besitz auch die konsequente Gewaltlosigkeit gehörte. Von ihr empfingen Kirche und Gesellschaft wesentliche Anstösse, und es gelang dieser Kraft wie keiner anderen ihrer Epoche, die Gewalttätigkeit zu begrenzen. Die Reformationszeit brachte erneut zahlreiche Gruppierungen hervor, deren Angehörige aus christlicher Motivation den Waffendienst gänzlich ablehnten und dafür beträchtliche Nachteile in Kauf nahmen. Von ihnen führt eine direkte Linie in die Epoche der Totalitarismen im 20. Jahrhundert, in welcher Christgläubige selbst unter schwerster Bedrohung an religiös motivierter Gewaltlosigkeit festhielten. Der moderne Pazifismus war in man-

---

27 Ders. (1920), Maria siegt. Den Garderegimentern der streitenden Kirche gewidmet, Basel, S. 20.
28 Markschies, Christoph (2006), Das antike Christentum. Frömmigkeit – Lebensformen – Institutionen, München, S. 131–139.

chen Zweigen stark christlich beeinflusst und umfasst bis in unsere Tage starke religiös motivierte Teile. Unter dem Eindruck der Katastrophen des 20. Jahrhunderts und der technologischen Hochrüstung fanden die christlichen Kirchen zu einer durchgehenden Ablehnung individueller wie auch kollektiver Gewaltanwendung. Das Engagement für Menschenrechte sowie gegen Sklaverei, Folter und Todesstrafe verbindet seither weite Teile und Denominationen der christlichen Gemeinschaften. Mit dem Erstarken des Pazifismus und der Durchsetzung des Kriegsdienstverweigerungsrechtes geriet die Mitwirkung kirchlicher Amtsträger bei militärischer Tätigkeit selbst in Friedenszeiten immer wieder unter Verdacht. Der reformierte Schweizer Pfarrer Kurt Marti denunzierte Mitte der achtziger Jahre in einer bemerkenswerten Kontroverse die Feldgeistlichen als »heruntergekommene Bergprediger«[29].

In den zurückliegenden Jahren sind in die Diskussion über das Religiöse und die Gewalt neue Aspekte aufgenommen worden. Die säkulare Gesellschaft sieht sich veranlasst, mit den Religionsgemeinschaften in einen neuen Dialog einzutreten und sich um Integrierbarkeit unterschiedlicher Weltanschauungen zu bemühen. Jürgen Habermas hat sich für Koexistenz der säkularen und der religiösen Welten stark gemacht und an die Religionsgemeinschaften im Hinblick auf deren historisches Intoleranz- und Gewaltpotenzial einschneidende Forderungen adressiert: »Das religiöse Bewusstsein muss erstens die kognitiv dissonante Begegnung mit anderen Konfessionen und anderen Religionen verarbeiten. Es muss sich zweitens auf die Autorität von Wissenschaften einstellen, die das gesellschaftliche Monopol an Weltwissen innehaben. Schließlich muss es sich auf die Prämissen des Verfassungsstaates einlassen, die sich aus einer profanen Moral begründe«. Und: »Ohne diesen Reflexionsschub entfalten die Monotheismen in rücksichtslos modernisierten Gesellschaften ein destruktives Potenzial«.[30] Solche Postulate sind auch affirmativ zu lesen: Im offenen Diskurs mit den pluralen Gesellschaften, in der kritischen Selbstreflexion und in der stets neu gesuchten Treue zu Ursprung und Sendungsauftrag ist es Aufgabe auch der christlichen Gemeinschaften, sich konstruktiv auf reli-

---

29 Koch, Kurt (1984), »Heruntergekommene Bergprediger«?, in: Schweizerische Kirchenzeitung 152, S. 503f.
30 Habermas, Jürgen (2001), Glauben und Wissen. Friedenspreis des Deutschen Buchhandels 2001, Frankfurt am Main, S. 14. Zum gleichen Thema: Ders. (2005), Religion in der Öffentlichkeit, in: Ders., Zwischen Naturalismus und Religion. Philosophische Aufsätze, Frankfurt am Main, S. 119–154, bes. S. 141–144.

giöse Pluralität, auf wissenschaftliche Erkenntnis und auf die säkular begründete Gesellschaftsordnung einzulassen – auch als Voraussetzung für die Beförderung des gewaltfreien Zusammenlebens in einer friedlichen Welt. Die historische Besinnung auf eigene leidvolle wie auch schuldbeladene Erfahrungen, vor allem aber auch der Rückgriff auf jahrhundertealte, gewaltbegrenzende und friedensstiftende Traditionen schaffen günstige Voraussetzungen: Sie bieten die Chance zur notwendigen Sensibilisierung über die Grenzen der eigenen Gemeinschaften hinaus und damit zu einem wirksamen Beitrag im Blick auf die Verhinderung von Gewalt und die Etablierung gerechter Verhältnisse.

Abbildung 1:
P. Theodosius Florentini als Anstifter zu den Freiämter Unruhen vom Januar 1841.
Aus: Christophe Seiler, Andreas Steigmeier (1991), Geschichte des Aargaus, Aarau, S. 117.

Abbildung 2:
»Hie redt ein frummer Christ, und ermant die frevelen leüt, das sie absehen von yrem boesen muotwillen.« Altgläubige Holzschnitt-Illustration einer Bildersturmszene, gedruckt in einer Flugschrift um 1525–1527 in Nürnberg unter dem Titel: Eyn Wahrhafftig erschröcklich Histori von der Bewrischen uffrur so sich durch Martin Luthers leer inn Teutscher nation Anno M.D.XXV. erhebt und leyder noch nit gar erloschen ist.
Aus: Cécile Dupreux u.a. (2000) (Hg.), Bildersturm. Wahnsinn oder Gottes Wille? Ausstellungskatalog, Bern, S. 306f.

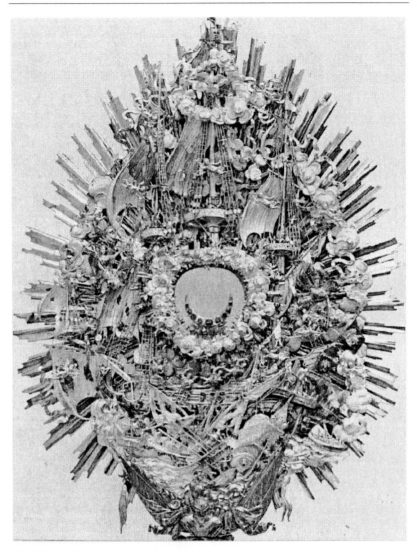

Abbildung 3:
Darstellung von Schlachtszenen auf der im Jahr 1708 vom Augsburger Goldschmied Johannes Zeckel für die Marianische Kongregation Ingolstadt geschaffenen »Lepanto-Monstranz«.
Aus: Clemens Kieser (1998), Die Memorialmonstranzen von Ingolstadt und Klosterneuburg. Studien zur Ikonologie der barocken Goldschmiedekunst, Tübingen, S. 219.

Islam in Iran: Zwischen Gewalt und liberalem Gedankengut

Amir Sheikhzadegan

Im Winter 1946[1] erschütterte ein blutiges Ereignis die iranische Öffentlichkeit: In einer Gerichtsverhandlung wurde der Angeklagte Ahmad Kasrawi, der unter dem Verdacht des Abfalls von Islam stand[2], von zwei jungen Islamisten erschossen. – Die Geschichte des militanten Islam in Iran hatte begonnen.[3]

Die Terroristen gehörten einer im gleichen Jahr gegründeten islamistischen Organisation namens *Fada'iyan-e Islam* (»die sich für den Islam Aufopfernden«) an. Der Gründer und Leiter von Fada'iyan war ein 21-jähriger charismatischer Mann namens Mojtaba Mirlohi, der seinen Namen zu Navvab Safavi gewechselt hatte – vermutlich um seine Identifikation mit der schiismus-freundlichen Dynastie der Safawiden zum Ausdruck zu bringen. Navvab Safavi war ein Absolvent der Deutschen Technischen Schule in Teheran.[4] Da ein technischer Beruf offensichtlich nicht das Richtige für Navvab war, reiste der junge Mann für ein Theologiestudium in die irakische Stadt Najaf. Kurz darauf brach Navvab das Theologiestudium ab und kehrte in seine Heimatstadt Teheran zurück. Vermutlich war er zu der Überzeugung gekommen, dass der Islam viel besser durch »handeln« als durch studieren zu verteidigen war.

Fada'iyan vertraten eine islamistische Ideologie militanter Prägung und strebten – durch den Einsatz von Gewalt – die Gründung eines islamischen Staates an, in welchem Scharia (der islamische Kodex) kompromisslos durchgeführt werden sollte. Fada'iyans Ansichten wiesen erstaunliche Ähnlichkeiten zur jenen der 1928 in Ägypten gegründeten Muslimbruder-

---

1 20. Esfand 1324 des iranischen Kalenders.
2 Vgl. Ridgeon, Lloyd (2006), Sufi castigator: Ahmad Kasravi and the Iranian mystical tradition, London, S. 9.
3 Der Anschlag wurde von den Brüdern Hossein und Ali Mohammad Imami verübt.
4 Vgl. Rahnama, Ali (2005), Niru-hay-e mazhabi bar bestar-e harekat-e nehzat-e melli (»Religiöse Kräfte auf dem Hintergrund der nationalistischen Bewegung«), Teheran, S. 8.

schaft auf, und zwar lange vor der Reise Navvab Safavis (1954) nach Ägypten. Vermutlich kam Navvab bereits während seines Studienaufenthalts in der irakischen Stadt Najaf Anfang der 1940er Jahre mit den Ansichten der Muslimbruderschaft in Berührung.

Wer war aber der Angeklagte Kasrawi? Kasrawi ist zweifellos eine der einzigartigsten Gestalten Irans im zwanzigsten Jahrhundert. Er kam 1890 in der aserbaidschanischen Stadt Tabriz zur Welt. Seine Ausbildung begann er mit einem klerikalen Studium, wodurch er sich fundierte theologische wie auch arabistische Kenntnisse aneignete. Später kehrte er der Geistlichkeit den Rücken und wurde zu einem überzeugten Modernisten. Aufgrund seiner Begeisterung für die Moderne befasste er sich autodidaktisch mit Naturwissenschaften und lernte an der amerikanischen Missionsschule Englisch.[5] Nach seiner Auswanderung nach Teheran machte Kasrawi eine glänzende Karriere als Jurist, zunächst im Dienste des Staates, später als Anwalt. Die Nachwelt kennt Kasrawi in erster Linie als einen begnadeten Historiker. Seine Schriften zur zeitgenössischen Geschichte Irans gehören längst zu den Klassikern der Geschichtsschreibung. Nicht zuletzt sind Kasrawis erstaunliche Sprachkenntnisse (Persisch, Arabisch, Türkisch, Pahlavi, Armenisch, Englisch und Russisch), wie auch seine linguistischen Forschungen zu erwähnen. Zeit seines Lebens war Kasrawi aber in der Öffentlichkeit eher als ein polemischer Essayist bekannt, der mit seiner scharfen Feder alles kritisierte, was in seinen Augen für die Rückständigkeit Irans verantwortlich war: Schiismus, Bahaismus, Sufismus, die klassische iranische Dichtung, Kleriker etc. Eine Schrift sollte ihm aber zum Verhängnis werden: In »Shi'i-gari« (»Schiismus«) kritisierte er viele schiitische Bräuche und Traditionen und bezeichnete sie als Ausdrücke des Aberglaubens. Rahnama (2005: 8–9) zufolge soll Navvab Safavi dieses Buch nach Najaf mitgenommen, dem Ayatollah Esfahani und anderen hochrangigen Klerikern gezeigt und von ihnen eine Fatwa (»Gutachten«) erhalten haben, wonach Kasrawi als Häretiker galt und demzufolge getötet werden sollte.

Um den Konflikt zwischen Kasrawi als Vertreter einer neuen modernistischen Generation und den Fada'iyan besser zu verstehen, muss man einige Kapitel in der Geschichte Irans zurückblättern.

---

5 Vgl. Jazayery, M. A. (1990), Kasravi, Iconoclastic Thinker of Twentieth-Century Iran, in: Kasravi, Ahmad (1990), On Islam and Shi'ism, übersetzt aus dem Persischen von M. R. Ghanoonparvar, Costa Mesa, Kalifornien, S. 3–4.

Schiismus in der neueren Geschichte Irans

Iran, der bereits in der Mitte des 7. Jahrhunderts islamisiert wurde, galt sehr früh als Hochburg der Schiiten. Unter der Herrschaft der iranischen Dynastie der Buyiden (945–1055) erfuhr der Schiismus eine beispiellose Blüte. Später wurde er jedoch von sunnitischen Herrschern verdrängt. Mit der Machtübernahme der Safawiden (1501–1722) änderte sich die Situation der Schiiten grundlegend. Die Safawiden, welche aus einer Sufi-Familie schiitischen Glaubens stammten, machten den Schiismus zur Staatsreligion und erlangten dadurch große Popularität in der Bevölkerung. Obwohl sich die schiitische Geistlichkeit auch unter den Safawiden traditionsgemäß aus der Politik fernhielt, waren die Safawiden zur Legitimierung ihrer Macht auf ihre Zustimmung angewiesen: Dieses Abhängigkeitsverhältnis verlieh dem Klerus eine beachtliche Machtposition.

Unter der Herrschaft der Nachfolgedynastien verlor die schiitische Geistlichkeit an politischem Einfluss. Die Qajaren (1779–1925) etwa strebten zwar eine friedliche Koexistenz mit der Geistlichkeit an, genossen jedoch kaum religiöse Legitimität. Somit kam es in dieser Zeit zu einer Entfremdung des Königshofs von der Geistlichkeit. Die finanzielle Unabhängigkeit der schiitischen Geistlichkeit, welche durch die religiöse Steuer *Khums* (»der Fünft«) wie auch durch Stiftungen erreicht wurde, erleichterte die Entfernung der beiden Eliten voneinander. Hinzu kam, dass sich einige wichtige schiitische Zentren im Irak befanden und damit außerhalb der Kontrolle der iranischen Könige standen. Dies führte zu einer größeren Unabhängigkeit der schiitischen Geistlichkeit von der politischen Elite.[6]

In der zweiten Hälfte des 19. Jahrhunderts wurden Stimmen im Klerus gegen die exzessiven Praktiken der Qajaren laut. Die Diskriminierung einheimischer Händler zugunsten europäischer Unternehmer sowie die exzessive Steuerpolitik und die Vergabe von Konzessionen an Europäer provozierten nach und nach die Geistlichkeit. Die Tabak-Konzession von 1891 an die Briten brachte schließlich das Fass zum Überlaufen. Eine Fatwa gegen den Konsum von Tabak, mutmaßlich ausgestellt durch den im Irak sesshaften Großayatollah Sheikh Hassan Shirazi[7], wurde von weiten Krei-

---

6 Vgl. Gronke, Monika (2003), Geschichte Irans: Von der Islamisierung bis zur Gegenwart, München, S. 92. Zum *Khums* siehe auch Halm, Heinz (1994), Der schiitische Islam: Von der Religion zur Revolution, München, S. 104–107.

7 Ob diese Fatwa tatsächlich von Shirazi stammte, ist bis heute nicht eindeutig bewiesen worden (siehe Halm (1994), S. 140).

sen der Bevölkerung befolgt. Selbst die Frauen am Königshof schlossen sich dem Aufruf an und vernichteten sämtliche königlichen Wasserpfeifen. Der König sah sich schließlich dazu gezwungen, die Konzession zurückzuziehen und, trotz ernsthaften finanziellen Engpässen des Staates, hohe Entschädigungssummen an die Briten zu zahlen.

Die Mashruteh-Revolution (1906–11)

Der Erfolg dieser ersten großen Aktion der Zivilbevölkerung gegen den König ermunterte die Regimekritiker zu weiteren Handlungen. In einer bürgerlichen Revolution, geleitet von Klerikern wie auch säkularen Kräften, wurde schließlich die konstitutionelle Monarchie in Iran eingeführt.

Einen großen Beitrag zur Zusammenführung der säkularen und religiösen Kräfte hatte der iranische Intellektuelle Sayyed Jamal-ad-Din al-Afghani (1838–1897) geleistet. Als überzeugter Modernist, Panislamist und Antikolonialist setzte sich al-Afghani unermüdlich dafür ein, dass muslimische Völker sich vereint gegen den Kolonialismus erheben. Er war aber der Überzeugung, nur ein modernes Verständnis des Islam könne den muslimischen Völkern aus ihrer Misere heraushelfen.

Ihre bemerkenswerte Zusammenarbeit verdankten die säkularen und religiösen Kräfte in Iran dem Umstand, dass sie sich auf das Wesentliche, nämlich die Bekämpfung der Willkürherrschaft, konzentrieren konnten. Hierzu schreiben Gheissari und Nasr:

> »That at the dawn of the twentieth century the guardians of Shi'ism saw no threat to their religion in constitutionalism is significant. Equally important is the fact that political reformers and advocates of constitution did not unconditionally view religion and its guardians as a threat. The constitutionalist demand for justice was focused on placing limits – setting conditions or *mashrutiyat* – on the monarchy's powers. As such, constitutionalism did not see itself as exclusively concerned with religious law or the *shariah*. Constitutionalists were primarily concerned with democracy and justice, not with secularism.«[8]

Allerdings konnten sich nicht alle Kleriker mit dem aus dem Westen stammenden politischen Liberalismus anfreunden. Während ein Teil der Geistlichkeit der Revolution fernblieb, bekämpfte ein weiterer Teil an der

---

8 Gheissari, Ali; Vali Nasr (2006), Democracy in Iran: history and the quest for liberty, Oxford: Oxford University Press, S. 28.

Seite des Königs die Aufständischen. Der Hass der Bevölkerung gegen diese Gruppe des Klerus erreichte ihren Höhepunkt, als diese sich an einer blutigen, von den russischen Truppen unterstützen Gegenrevolution (1908–09), beteiligte. So überraschte es nicht, als der konservative Geistliche Sheikh Fazl-allah-e Nuri am 30 Juli 1909[9] durch die Revolutionäre hingerichtet wurde. Nuri war gemäß Kasrawi (1997 [1937]: 66) der größte Feind der konstitutionalistischen Revolution und übertraf in seinem antirevolutionären Eifer selbst den despotischen König Mohammad Shah. Die Hinrichtung dieses greisen Exponenten des konservativen Klerus verlieh der Feindseligkeit zwischen der konservativen Geistlichkeit und den Modernisten eine Symbolik, deren Bedeutung für spätere politische Entwicklungen in Iran nicht hoch genug eingeschätzt werden kann. Im gleichen Jahr erschien Ayatollah Mohammad Hossein Na'inis (gest. 1936) bahnbrechende Schrift *Tanbih al-Ummah wa Tanzih al-Millah*, in welcher zum ersten Mal ein hochrangiger Kleriker den politischen Liberalismus theologisch zu begründen versuchte.

Herrschaft Reza Shahs (1921–41)

Zur großen Enttäuschung der Revolutionäre konnte die Einführung der Konstitution weder Freiheit noch Gerechtigkeit oder eine echte Unabhängigkeit herbeiführen: Mit der Besetzung Irans durch die russischen und britischen Truppen während des Ersten Weltkrieges schien auch der antikoloniale Kampf endgültig gescheitert zu sein. Es folgten einige Jahre des Wirrwarrs, der auch nach dem Rückzug fremder Truppen kein Ende fand. Willkürherrschaft der lokalen Machthaber, Unsicherheit, Hungersnot und Elend waren in jenen Jahren an der Tagesordnung. Nichts wäre den Iranern in dieser Zeit lieber gewesen als eine eiserne Hand, die Sicherheit und Ordnung ins Land zurückbringt.

In diesem historischen Kontext riss 1921 Reza Khan, ein Offizier des iranischen Zweigs der Kosakenarmee, die Macht an sich. Mit harter Hand befriedete Reza Khan das Land, gründete 1926 die neue Pahlawi-Dynastie und führte durch seine Gewaltherrschaft eine strenge Modernisierungspolitik ein. Wie Faghfoori (1987) in seinem Aufsatz *The Ulama-State Relations*

---

9   9. Mordad 1288 des iranischen Kalenders.

in Iran: 1921–1941 aufgezeigt hat,[10] suchte Reza Shah anfänglich die Gunst der Geistlichkeit, die seit der Gründung des theologischen Seminars in den 1920er Jahren[11] in Qom wieder an politischem Gewicht zu gewinnen schien. Sobald der neue Herrscher seine Machtstellung etabliert hatte, brach er aber mit der Geistlichkeit und ließ nach und nach Gesetze verabschieden, welche die Machtstellung der Kleriker einschränkten.[12] Infolgedessen wurden 1928 die islamischen Gerichte abgeschafft. Im gleichen Jahr verbot das Regime Turbane und ordnete das Tragen westlicher Kleidung (einschließlich Hüte) an. Zudem erklärte der Staat, junge Geistliche wären nur dann von der Wehrpflicht befreit, wenn sie eine staatliche Prüfung ablegten. Des Weiteren wurden Liquorgeschäfte in der heiligen Stadt Qom zugelassen. Wer sich den neuen Bestimmungen widersetzte, musste mit einer Gefängnisstrafe, Folter, Deportation oder sogar der Hinrichtung rechnen. Reza Shah intensivierte seine antiklerikale Politik, als er 1934 die Türkei besuchte. Offensichtlich übte Atatürk eine große Faszination auf den König aus. Im Anschluss an den Besuch schaffte Reza Shah den Religionsunterricht an den Schulen ab. Die Verwestlichungspolitik Reza Schahs erreichte ihren Höhepunkt, als der Staat 1935 die Polizei damit beauftragte, sämtlichen Frauen, die mit Schleier in der Öffentlichkeit erschienen, zu entschleiern. Infolgedessen breitete sich eine Terrorstimmung im ganzen Land aus. Wie diese Maßnahme vom Klerus aufgenommen wurde, beschreibt Arjomand folgendermaßen:

»The unveiling of women in particular outraged the hierocracy as the most violent rape of Islam. It provoked a serious confrontation, which ended with the bloody suppression of a clerically organized anti-government gathering in the mosque of Gawharshad in Mashhad in the summer of 1935.«[13]

Die antiklerikalen Massnahmen Reza Shahs überschatteten seine großen Verdienste in Bezug auf die Entwicklung des Landes. Modernisierung der Staatsverwaltung, Ankurbelung der Wirtschaft, Einführung der allgemeinen Schulpflicht, Bau von asphaltierten Strassen, Eisenbahn und Bergtunnel,

---

10 Faghfoory, Mohammad H. (1987), The Ulama-State Relations in Iran: 1921–1941, in: International Journal of Middle East Studies, Vol. 19, No. 4. (Nov., 1987), S. 413–432.
11 Mit der Gründung des theologischen Seminars Hoze-ye Feyziyyeh Anfang der 1920er Jahre durch den Großayatollah Abd-al-Karim Ha'eri Yazdi in Qom wurde diese Stadt nach Najaf zum zweiwichtigsten schiitischen Zentrum.
12 Vgl. Arjomand, Said Amir (1988), Turban for the Crown: The Islamic Revolution in Iran, Oxford, S. 81–83.
13 Arjomand (1988), S. 82.

Sicherung der Landesgrenzen, Förderung von Frauenbildung, Einführung des Hochschulwesens und Gründung eines Rundfunks sind Beispiele dieser Errungenschaften.

Reza Schah handelte zwar despotisch, aber keineswegs im Alleingang. Vielmehr folgte er, im Einklang mit dem Zeitgeist, einer modernistisch-nationalistischen Ideologie, die im Wesentlichen aus der Glorifizierung der vorislamischen iranischen Zivilisation wie auch der westlichen Moderne bestand. Die »Hardliner« dieser Ideologie waren sogar der Meinung, der Iran könne nicht eher ein modernes und starkes Land werden bis die iranische Kultur von fremden Einflüssen (zu welchen auch der Islam sowie die arabische Sprache, jedoch nicht die westliche Moderne gehörten!) »gesäubert« worden sei.

Reza Shah, der mit den Briten gebrochen und sich an Nazi-Deutschland angenähert hatte, kam dieser politische Schachzug teuer zu stehen. 1941 marschierten die Alliierten in den Iran ein und zwangen den König, seinen Thron an seinen 18-jährigen, in der Schweiz ausgebildeten, Sohn Mohammad Reza abzugeben.

Machtübernahme des Pahlavi II. (1941–79)

Mit der Machtübernahme des anfänglich relativ liberal orientierten jungen Königs lebte die Zivilgesellschaft auf. Neue Parteien schossen wie Pilze aus dem Boden, traditionelle Frauen durften wieder Schleier tragen, und die Geistlichkeit erfreute sich der neuen Freiheiten.

Die politische Öffnung hatte aber nicht nur Vorteile: Das Wiedererstarken des Klerus beeinträchtigte das öffentliche Wirken der Modernisten. Kritik am Islam beziehungsweise an den Klerikern war unter Reza Shah – um auf die eingangs dieses Beitrags erwähnte Episode zurückzukommen – kein riskantes Unterfangen. Nach seiner Abdankung wehte jedoch ein anderer Wind. Der Klerus war nämlich nicht mehr bereit, öffentliche Angriffe gegen den Islam – was das auch immer heißen mochte – widerstandslos hinzunehmen. Als Kasrawi durch einen Mordschlag ums Leben kam, war die Stimmung in der islamischen Öffentlichkeit gegen seine Werke bereits äußerst angeheizt: In zahlreichen Schriften hatte die Geistlichkeit Kasrawis Attacken gegen den Schiismus erwidert. Zu diesen Schriften gehörte auch das 1943 erschienene, umfangreiche Buch *Kashf-al-*

asrar (»Enthüllung der Geheimnisse«), verfasst von einem jungen Geistlichen namens Ruhollah Khomeini.

Mit dem Mord an Kasrawi wurden die Fada'iyan über die Nacht zu einer einflussreichen politischen Kraft, die dank Einschüchterung sowie weiterer Terroranschläge das politische Geschehen in Iran Ende der 1940er Jahre weitgehend mitbestimmen konnte.

Die Fada'iyan, die bei ihren militanten Aktionen den Segen eines Gelehrten brauchten, suchten kurz nach der Gründung ihrer Organisation die Gunst Ayatollah Abol-Qassem Kashanis, der als Veteran der antibritischen Bewegung in Irak ein hohes Ansehen unter der Bevölkerung genoss.

Als politischer Aktivist verachtete Kashani den damaligen Marja'[14], Ayatollah Hossein Borujerdi[15], für seine apolitische, und de facto regimetreue, Haltung. Er war zudem der Überzeugung, dass die Qualifikationen eines Marja' politische Kompetenzen mit einschließen sollten – eine Qualifikation, welche er Borujerdi absprach. Er konnte aber dem Großayatollah sein Amt als Marja' nicht offen streitig machen. Denn obwohl Kashani als ein Faqih (Spezialist der islamischen Theologie) galt, hatte er einen niedrigeren klerikalen Status als Borujerdi. So versuchte Kashani durch indirekte Attacken Borujerdis Ansehen zu schädigen. In diesem Kontext war Kashani eine militante junge Organisation wie Fada'iyan als »pressure group« mehr als willkommen.

Zunächst einmal organisierten Kashani und Fada'iyan Kundgebungen gegen die islamwidrigen Praktiken des Regimes. 1948 lancierten sie dann auch große Aktionen gegen Israel.

In seinem antiimperialistischen Eifer schloss sich Kashani 1949[16] Mohammad Mosaddeq und seiner *Nationalen Front* zur Verstaatlichung des iranischen Öls an. Mit ihm kamen auch die Fada'iyan mit der nationalen Front in Berührung, auch wenn sie nie deren Mitglied wurden.

---

14 Abkürzung von *Marja' at-taqlid*: »Instanz der Nachahmung«. Gemäß schiitischer Theologie gilt ein Kleriker höheren Ranges als »Instanz der Nachahmung« für seine Anhänger. Dies bedeutet, dass seine Anhänger in sämtlichen Lebensbereichen seine Gutachten und Befehle zu befolgen haben. Augrund seines hohen Ranges wird ein Marja' auch *Ayatollah al-Ozma* («Großayatollah«) genannt.

15 Nach dem Tode von Ayatollah Abd-al-Karim Ha'eri ging das Marja'iyyat wieder in den Irak und zwar an den in der irakischen Stadt Kazemain sesshaften Großayatollah Esfahani. Nach dem Tode Esfahanis 1946 kehrte dieses Amt nach Qom zurück und ging an den Großayatollah Seyyed Hossein Borujerdi.

16 Die Nationale Front wurde am 23. Oktober 1949 (1. Aban 1328 des iranischen Kalenders) gegründet.

Der Anschlag gegen Kasrawi war der Beginn einer mehrjährigen Einschüchterungspolitik der Fada'iyan mit erstaunlichem Erfolg: 1949[17] wurde der Hofminister Hajir von Hossein Emami, der auch an der Ermordung Kasrawis beteiligt war, getötet. Zwei Jahre später brachte ein anderer Fada'iyan-Anhänger namens Khalil Tahmasebi den Premier General Ali Razmara um.[18] Razmaras Auftrag bestand darin, mit eiserner Hand dem »Chaos« ein Ende zu setzten und die guten Beziehungen Irans zu Großbritannien, das eine Verstaatlichung des iranischen Öls kategorisch ablehnte, wieder herzustellen. Nach der Ermordung des mächtigen Generals entstand ein Machtvakuum, das die Nationalisten für ihre Zwecken ausnutzten. So gelang es ihnen, das Parlament zur Verstaatlichung des iranischen Öls zu bewegen. Anschließend nahm der König den Vorschlag des Parlamentes, Mosaddeq als den neuen Premier einzusetzen, halbherzig an und beauftragte diesen mit der Regierungsbildung.

Mosaddeq, der wie kein anderer Staatsmann zur Rechtsstaatlichkeit stand, weigerte sich, die Verfolgung der Drahtzieher des Anschlages an Razmara einzustellen. Dies machte die Fada'iyan über Nacht zu Erzfeinden des Premiers, denn sie glaubten – nicht ganz zu Unrecht – Mosaddeq verdanke seine Machtübernahme dem Mordanschlag an Razmara. Sie erwarteten daher vielmehr eine Belohnung als Verfolgung. Es folgten Morddrohungen, Beschwörungen und Beschimpfungen durch die Fada'iyan gegen Mosaddeq und seine Regierung. 1952 verübten sie einen Anschlag gegen Hossein Fatemi, dem Außenminister Mosaddeqs [19]. Fatemi kam mit einer schweren Verletzung davon.

Aus einer Vielzahl von Gründen brach schließlich auch Kashani mit Mosaddeq.[20] Geschwächt durch die Attacken der Fada'iyan[21] und Kash-

---

17 12. Aban 1328 des iranischen Kalenders.
18 16. Esfand 1329 des iranischen Kalenders.
19 Der Anschlag wurde ein einem 15-jährigen Anhänger von Fada'iyan-e Islam namens Mohammad Mehdi Abd-e Khodayi verübt. Angestiftet dazu wurde er von Abdol-Hossein Wahedi.
20 Die Gründe des Bruches Kashanis mit Mosaddeq sind zahlreich. Der wichtigste dieser Gründe ist aber vielleicht der, dass Mosaddeq sich gegen die ständigen Einmischungen Kashanis in die Angelegenheiten seiner Regierung wehrte. Die strenge Gesetzestreue Mosaddeqs war nicht nur Kashani ein Dorn im Auge. Viele Politiker, zu denen auch der König zählte, waren durch diese Charaktereigenschaft des Premiers gekränkt. Für eine ausführliche Behandlung der Gründe des Bruches von Kashani mit Mosaddeq siehe die detaillierte Studie von Rahnama 2005.
21 Nicht nur die Verfolgung ihrer Mitglieder machte die Fada'iyan zu den Feinden Mosaddeqs. Auch seine »islamwidrige Politik« missfiel den jungen Militanten. Azimi

sani, die subversive Politik der kommunistischen Partei *Hezb-e Tudeh* [22] und die Seeblockade der Briten gegen die Ölexporte Irans wurde Mosaddeqs Regierung 1953 durch einen amerikanischen Putsch gestürzt.

Trotz ihrer kurzen Dauer und ihres äußerst unfreundlichen Umfeldes wurde Mosaddeqs Regierung bereits vor dem Putsch zu einer Legende. Noch nie hatte eine Gruppe von solch kompetenten, progressiven, patriotischen und demokratischen Männern in Iran regiert. Die größte Schwäche dieser Regierung lag gerade in ihrer Andersartigkeit: Sie hatte in der an Korruption gewöhnten politischen Kultur Irans schlicht keinen Platz.

Dem Putsch folgten Lobpreisungen von Kashani und den Fada'iyan an die Adresse des Königs, der in ihren Augen den Islam vom »Bösewicht« Mosaddeq gerettet hatte.[23] Die neu entdeckte Liebe zwischen den Fada'iyan und dem König währte aber nicht lange. Bald wurden die Fada'iyan wieder gegen die »islamwidrige« Politik des Königs aktiv und verübten 1955 einen Anschlag gegen den Premier Hossein 'Ala. Der Premier kam mit einer Kopfverletzung davon. Daraufhin ließ das Regime

---

schreibt dazu: »The Feda'iyan's views were reflected in the demands they made of Mosaddeq, which included the imposition of the veil, the expulsion of female employees from government positions, a ban on the sale and consumption of alcoholic beverages, and obligatory public prayer for all government employees. Mosaddeq's not unexpected refusal to entertain such demands provided the Feda'iyan with the requisite justification to unleash their hostility against him. [...] The detention in early June 1951 of Sayyed Mojtaba Mir-Louhi (Navvab Safavi), leader of the Feda'iyan further antagonized the group.« Azimi, Fakhreddin (2004), Unseating Mosaddeq, in: Gasiorowski, Mark J.; Byrne, Malcolm (Hg.) (2004), Mohammad Mosaddeq and the 1953 coup in Iran, Syracuse, S. 66.

22 Die Feindseligkeit der Tudeh-Partei gegenüber Mosaddeq war in erster Linie durch ihr naives Verständnis des Marxismus-Leninismus sowie ihre unerschütterliche Treue zur Sowjetunion bedingt. Hierzu schreibt Azimi: »[...T]he party was ideologically predisposed to contest civic nationalism, and its overall policy was active opposition to Mosaddeq. Its Leninist-Stalinist ideology, in one of its many glaring antinomies, perceived or portrayed Mosaddeq's actions and dispositions as determined by his class origins and interests, and yet demanded that he act differently. [...] Disguising its subservience to the Soviets under the veneer of internationalism, the party was committed to Soviet foreign policy objectives and dismissed Mosaddeq's advocacy of a neutralist stand. It had in the past favored counterbalancing the British oil concession in Iran by granting an oil concession to the Soviets. [...] It relentlessly organized provocative demonstrations and deployed a variety of maneuvers and propaganda tactics aimed at challenging or weakening Mosaddeq and corroding his public support.« Azimi (2004), S. 69–70.

23 Vgl. Abrahamian, Ervand (1993), Khomeinism: essays on the Islamic Republic, Berkeley, University of California Press, S. 109.

mehrere Mitglieder der Fada'iyan verhaften. Einige von ihnen, einschließlich Navvab Safavi, wurden hingerichtet.

Im Gegensatz zu Kashani blieben die Vertreter des liberalen Islam, wie etwa Mehdi Bazargan, Ayatollah Mahmud Taleqani und die Gebrüder Ayatollah Abol-Fazl Zanjani und Ayatollah Reza Zanjani – um nur einige zu erwähnen –, der Linie Mosaddeqs treu und bildeten nach dem Putsch Schulter an Schulter mit den säkularen Kräften der Nationalen Front die *Nationale Widerstandsbewegung* (Nehzat-e Moqawemat-e Melli).

Nach dem Putsch trat der König in die Fußspuren seines Vaters und versuchte dessen Modernisierungspolitik mit despotischen Mitteln durchzusetzen.

Der klerikale Aufstand von 1963

Fernab der Politik folgte die große Mehrheit des Klerus, einschließlich Ayatollah Khomeini, in den 1940er und 1950er Jahren der Linie Ayatollah Borujerdis und respektierte die friedliche Koexistenz mit dem Schah. Mit dem Tod Borujerdis 1962 brach jedoch dieses Gleichgewicht zusammen. 1963 führte der Monarch auf den Druck der USA hin[24] ein Bündel gesellschaftlicher Reformen ein, an dessen Spitze die Landreformen standen. Da die Neuerungen nicht in allen Punkten mit der Scharia im Einklang zu sein schienen, kam es zu Protesten der Geistlichkeit. Das harte Vorgehen der Sicherheitskräfte gegen die Aktivisten rief eine weitere Entrüstung des Klerus hervor, bei welchen sich Ayatollah Khomeini aufgrund seiner radikalen Äußerungen exponieren konnte. Die Eskalation der Gewalt mündete schließlich im Juni 1963 in einem Volksaufstand. Die Aufständischen, in deren Reihen die Fada'iyan stark vertreten waren, wurden niedergemetzelt. Ayatollah Khomeini wurde des Landes verwiesen: Ein Nationalheld war geboren.

Was das Amt des Marja' anbelangt, konnte nach dem Tode Borujerdis unter den Anwärtern[25] auf diese Amtes kein Kandidat gefunden werden,

---

24 Siehe hierzu Milani, Abbas (2001), The Persian sphinx: Amir Abbas Hoveyda and the riddle of the Iranian Revolution: a biography. Washington, Kapitel sieben («the white revolution»).

25 Diese waren die Ayatollahs Golpayegani, Hakim, Kho'i, Shariatmadari, Shahrudi, Milani, Khansari und Mar'ashi. Später wurde auch Ayatollah Khomeini dank des unermüdlichen

der als *a'lam* (»der mit dem höchsten Wissen«) hätte gelten können. Notgedrungen galten alle diese Anwärter als Marja'. Im Bezug auf ihre politischen Ansichten stachen von den neuen Marja's zwei besonders hervor: Ruhollah Khomeini und Kazem Shariatmadari. Während sich Khomeini im Exil allmählich zum bedeutendsten schiitischen Vertreter des Islamismus entwickelte, fand der liberale Islam in Shariatmadari seinen gewichtigsten Vertreter seit Ayatollah Na'ini.

Der liberale Islam fand eine weitere Stimme in der 1961 gegründeten Organisation *Nehzat-e Azadi* (»Befreiungsbewegung«), deren wichtigste Figuren Mehdi Bazargan und Ayatollah Taleqani aus Mosaddeqs *Nationaler Front* waren.

Shariatmadari gründete in den 1960er Jahren in Qom eine moderne und internationale islamische Akademie namens *Dar-ot-tabligh-e Islami*, deren vielfältige Aktivitäten sowohl in Bezug auf die Lehrtätigkeit als auch hinsichtlich der Publikationen erstaunten. War Shariatmadari durch die Gründung der eben genannten Akademie und durch andere Tätigkeiten darum bemüht, islamische Inhalte in einer weltoffenen, modernitätstauglichen Form international zu vermitteln, konzentrierte sich Khomeini im irakischen Exil darauf, seine Vision einer islamistischen Utopie in einer Vorlesungsreihe zu vermitteln. Im Zentrum dieser Vorlesungen stand seine umstrittene Auffassung des Prinzips *Velayat-e faqih* (»Vormundschaft des Gelehrten«). Gemäß der schiitischen Theologie darf ein Gelehrter nur dann als Vormund einer unmündigen Person wirken, wenn diese keinen gesetzlich vorgesehenen Vormund hat. Gemäß Khomeini ist die Vormundschaft des höchsten Gelehrten aber uneingeschränkt und dehnt sich auf alle Bürger und ihre Belange aus. Mit dieser uneingeschränkten Macht hat der oberste Gelehrte die Freiheit, sämtliche Belange der *Ummah* (muslimischen Gemeinschaft) nach eigenem Ermessen und Gutdünken zu regeln.

Seit Mitte der 1960er Jahre stand die politische Weltöffentlichkeit unter dem Eindruck des Linksradikalismus. Ausschlaggebend dafür waren vorwiegend die radikalen Bewegungen im Weltsystem, allen voran die Guerillabewegungen in Lateinamerika und in Algerien; hinzu kam die Radikalisierung des Politischen in Iran aufgrund der zunehmenden Repressionen.

Einsatzes von Shariatmadari von den eben erwähnten Ayatollahs als Anwärter dieses Amtes anerkannt. Somit erhielt dieser Immunität und konnte einer drohenden Hinrichtung entkommen.

Ein wichtiger Exponent der linksradikalen Bewegungen in Iran war der iranische Soziologe Ali Shariati, der an der Sorbonne promoviert worden war. Shariati widmete sich nach der Rückkehr in seine Heimat der Wiedergabe islamischer Inhalte in einer revolutionären, modernitätstauglichen und emanzipatorischen Form und vermochte es bei den, weitgehend westlich orientierten, urbanen Jugendlichen eine erhebliche Faszination für den Islam auszulösen.

Der von Shariati vermittelte Islam war von der revolutionären Stimmung innerhalb der intellektuellen Szene der französischen Metropole geprägt. Des Weiteren wurde Shariati vom 1962 erschienenen, bahnbrechenden Werk *Gharb-zadegi* (»Verwestlichung« oder »Verwestlichungsseuche«) des renommierten Autors Jalal Ale-Ahmad inspiriert. In diesem Essay hatte Ale-Ahmad die Misere der iranischen Gesellschaft auf die Entfremdung der Iraner von ihrer eigenen kulturellen Identität zurückgeführt.

Das emanzipatorische, teilweise marxistisch orientierte Verständnis vom Islam bei Shariati inspirierte eine ganze Generation von iranischen Intellektuellen. Fasziniert von Guerillabewegungen in anderen Teilen der Welt entstanden Ende der 1960er Jahre in Iran mehrere Guerilla-Organisationen, von denen zwei wegen ihrer Resonanz herausstachen: Die marxistisch-leninistische Organisation *Sazeman-e Cherik-ha-y-e Fada'iy-e Khalq-e Iran* (»die Organisation der sich für das Volk aufopfernden Guerillas Irans«) und die islamisch-marxistische Organisation *Sazeman-e Mojahedin-e Khalq-Iran* (»die Organisation der iranischen Volksmudschaheddin«). Die letztere vertrat eine Ideologie, welche den Ansichten Shariatis sehr ähnelte. Nach einigen sporadischen Aktionen wurden sämtliche Guerilla-Organisationen vom iranischen Geheimdienst SAVAK aufgedeckt und blutig unterdrückt.

Die Revolution von 1979

In den 1970er Jahren stand das monarchische Regime im Zeichen des Zerfalls[26]: Die Landflucht verursachte eine Versorgungskrise in den urba-

---

26 Vgl. Abrahamian, Ervand (1982), Iran Between Two Revolutions. Princeton/New Jersey: Princeton University Press, S. 419–449; aber auch Sheikhzadegan, Amir (2003), Der Griff des politischen Islam zur Macht: Iran und Algerien im Vergleich, Dissertation, Bern, Kapitel 9.

nen Zentren: Horrende Inflation führte zu einem ständigen Rückgang des Lebensstandards, das soziale Gefälle zwischen Arm und Reich wurde immer größer, Unruhen an den Hochschulen verhinderten einen vernünftigen Lehrbetrieb, die Willkür der Sicherheitskräfte sowie die indifferente, korrupte und überhebliche Staatsverwaltung plagten die Bevölkerung zusehends, und der Sittenzerfall wurde zu einer großen Sorge der Bevölkerung. Somit erzeugten die Widersprüche der Rentenwirtschaft ständig unzufriedene, für radikale Ideologien anfällige Massen. Mit der großen Spaltung der Elite – die Technokraten auf der einen Seite, die Basaris, der Klerus und die Intellektuellen auf der anderen – sowie der allgemeinen Unzufriedenheit, schien die Mobilisierungskraft des Regimes auf einen historischen Tiefpunkt gesunken zu sein. Alles deutete auf eine bevorstehende Revolution hin.

In einem solchen Kontext brachten zwei Ereignisse im Weltsystem die Lawine der iranischen Revolution ins Rollen:[27] Während die Vervielfachung der Erdöleinnahmen als Folge der Ölkrise von 1973/74 zu einer Überhitzung der bereits inflationären iranischen Wirtschaft führte und die allgemeine Unzufriedenheit in die Höhe trieb, erleichterte die politische Öffnung – bedingt durch die Politik der Menschenrechte Jimmy Carters – den öffentlichen Ausdruck dieser Unzufriedenheit. Die Protestbewegung war zunächst nur auf die iranischen Intellektuellen beschränkt. Als Ayatollah Khomeini in einer Zeitung öffentlich beleidigt wurde, schloss sich auch der Klerus dieser Protestbewegung an und animierte dank seines landesweiten Netzwerkes die gesamte iranische Nation zum Aufstand gegen die Monarchie.

Anfänglich lag die Führung der Volksbewegung in den Händen der gemäßigten Kleriker, bei denen der politisch erfahrene, liberal-gesinnte Großayatollah Shariatmadari den Ton angab. Doch mit zunehmender Radikalisierung der Bewegung – bedingt durch das harte Eingreifen der Sicherheitskräfte – gewannen die militanten Geistlichen, geführt von Ayatollah Khomeini, bald die Oberhand. Die Konzentration der globalen Massenmedien auf den zornigen, aus dem Pariser Exil agierenden Ayatollah beschleunigte diesen Prozess erheblich. Unter der Führung von Ayatollah Khomeini kam es schließlich am 11. Februar 1979 zum Sieg der Revolution.

---

27 Vgl. Abrahamian, Ervand (1989), The Iranian Mojahedin, New Haven [etc.]: Yale University Press, S. 27–28.

Dank seines Populismus vermochte Ayatollah Khomeini viele unterschiedliche Schichten der Bevölkerung für seine Sache zu mobilisieren: Die einen sahen in ihm eine Art islamischer Lenin, die anderen einen islamischen Gandhi oder Martin Luther King. Die ungebildeten Massen hielten ihn sogar für einen Heiligen und glaubten, sein Abbild auf dem Mond gesehen zu haben.

Nach und nach wurde aber klar, dass seine Vision eines islamischen Staates jener der Fada'iyan-e Islam sehr ähnelte:[28] Beide Ideologien bestanden in ihrem Kern aus einer Ablehnung des Kapitalismus wie auch des Sozialismus. Und beide Ideologien standen für eine totalitäre Herrschaft einer religiösen Elite, die mit harter Hand die Scharia durchführen sollte.[29] Es war nicht zufällig, dass zahlreiche Figuren aus dem Kreis der Fada'iyan wichtige Positionen im neuen Regime besetzten.[30] Zu den auffälligsten dieser Figuren gehörte der Ayatollah Sheikh Sadeq Khalkhali, der ohne

---

28 Zu einer kurzen Auflistung der Gemeinsamkeiten der Ansichten von Khomeini und Fada'iyan hier ein Auszug einer Studie von Ferdows (1983): »Rejecting both the East and the West in their totality, Khomaini und his precurser, the Fadayan, have been endeavoring to refashion their 'westernly disfigured' or more accurately their mini-American society after the orthodox Shi'i Islam. They claim their society will be based on simplicity, Islamic morality, brotherly love, close and caring relations, economic equity, and social justice, and will be run by a divinely sanctified leadership. Politically their system is clearly a totalitarian dictatorship of a religious elite, the extent aof whose political participation and political manipulation as advocated by Khomaini is unprecedented in Iranian history. It is free from the problems of leadership legitimization and the institutionalization of political participation that have evolved over centuries in the West. Their system demands strict application of Islamic laws and absolute compliance with them. [...] There is not provision in the system for the protection of the rights of ideologically opponents or even a safe place within it for them. [...] It is not at all clear what role elections and parliaments will play in such a system. Despite their whimpering over the Shah's cruel economic system, they offer nothing concrete to replace it. [...] They envision a society that is austere and simple and lacking in the glitter of a consumer society. [...] Above all, it [the Islamic society] emphasizes social justice, equality before the law, and the absence of class barriers or social stratifications.« Aus: Ferdows, Amir H. (1983), Khomaini and Fadayan's Society and Politics, in: International Journal of Middle East Studies, Bd. 15, Nr. 2. (Mai, 1983), S. 254–255.
29 Was über die Ähnlichkeiten der Ansichten Khomeinis zu denjenigen der Fada'iyan hinwegtäuschte, war, dass Khomeini als großer Gelehrter, Philosoph, Literat und langjähriger politischer Aktivist über ein wesentlich mächtigeres sprachliches Instrumentarium verfügte und theologisch viel virtuoser argumentieren konnte als der junge, unerfahrene und wenig gebildete Navvab Safavi. Die Inhalte waren aber weitgehend dieselben.
30 Vgl. Ferdows (1983), S. 241.

Skrupel die Hinrichtung von Gegnern des Regimes (ob Funktionäre des alten Regimes oder Oppositionelle) anordnete.

Je mehr die Bevölkerung verstand, worum es Khomeini ging, desto schwächer wurde die Allianz, durch welche die Revolution überhaupt hatte zustande kommen können. Naivität und Opportunismus der Oppositionellen verhinderte allerdings eine geschlossene Front gegen die schleichende Islamisierung des Landes. Einerseits gelang es Khomeini, durch sozialradikale und anti-amerikanische Parolen zumindest die sowjetfreundlichen linken Organisationen für sich zu gewinnen und mit deren Hilfe die ungehorsamen Marxisten und Liberalen auszuschalten. Andererseits beteiligte er führende liberale Persönlichkeiten aus der Befreiungsbewegung und der Nationalen Front in der Regierung und machte so aus potentiellen Gegnern Partner.

Somit stand Ayatollah Shariatmadari praktisch alleine da, als er zu zwei historisch bedeutenden Zeitpunkten seine Stimme gegen die Islamisten erhob: Das erste Mal protestierte er gegen die vorgesehene Abstimmungsfrage beim Referendum vom 1. April 1979 zur Wahl der neuen Staatsform. Entsprechend dieser Frage hatten die Bürger nur die Möglichkeit, zwischen Monarchie und islamischer Republik zu wählen. Da es aber praktisch undenkbar war, dass sich die Bevölkerung nach einer blutigen Revolution gegen die Monarchie nun doch für die Erhaltung eben dieser Monarchie entscheiden würde, standen die Chancen gut, dass die islamische Republik als Staatsform gewählt werden würde. Shariatmadari forderte aber, dass auch die Wahl anderer Staatsformen zugelassen werden sollte. Sein Protest ging jedoch im Personenkult um Khomeini, der unbedingt eine islamische Republik haben wollte, unter.

Ein zweites Mal protestierte Shariatmadari im Herbst 1979 gegen die neue Verfassung. Er war dagegen, dass über eine ganze Verfassung einzig und allein durch ein einfaches Referendum pauschal entschieden werden sollte. Seiner Auffassung nach sollte eine vom Volk gewählte verfassunggebende Versammlung die Verfassung verabschieden. Dann war er auch entschieden gegen die Verankerung des *Velayat-e faqih* in der Verfassung. Als überzeugter Befürworter des politischen Liberalismus sah er in diesem Prinzip eine große Bedrohung für die mühselig erreichte Demokratie. Zudem war er – der schiitischen Theologie getreu – gegen die Einmischung der Geistlichkeit in die Politik. Khomeinis *Velayat-e faqih* würde aber gerade das bewirken, nämlich eine uneingeschränkte politische Macht des Klerus. Als der Protest des greisen Ayatollah auch ein weiteres Mal ignoriert wurde, kam es in seiner Heimatstadt Tabriz zu einem großen Protestmarsch seiner Anhänger. Die Sicherheitskräfte schritten ein und richteten ein Blutbad an. Nach diesen Ereignissen zog sich Shariatmadari aus der Öffentlichkeit zurück. Ein Jahr später lancierte das Regime eine groß angelegte Diffamierungskampagne gegen den greisen Ayatollah. Ihm wurde vorgeworfen, an einem Komplott gegen das Regime beteiligt gewesen zu sein. Er wurde unter Hausarrest gestellt, während dem er im März 1986 verstarb.

Nach der erfolgreichen Ausschaltung sämtlicher Oppositioneller konnte Ayatollah Khomeini nun seinen Plan ungehindert durchsetzen.

Großes politisches Kapital schlugen die Islamisten aus dem Iran-Irak-Krieg (1980–88). Der Spruch Ayatollah Khomeinis »Der Krieg ist ein Segen« wurde während der gesamten Kriegsperiode zu einem der wichtigsten Mottos der islamischen Republik. Dank dieses Krieges konnte jede Proteststimme als »Landesverrat« zum Schweigen gebracht werden. Zudem diente der Kult des Märtyrertums der Mobilisierung der Massen. Die Islamisten hatten bereits während der Revolution vom Kult des Märtyrertums profitiert und verdankten ihre Führungsrolle unter anderem der gezielten Pflege dieses Kultes. Der Krieg ermöglichte ihnen eine Fortsetzung dieser erfolgreichen Taktik. Nicht zuletzt machte der Krieg aus der revolutionären Garde, die vorher aus einer kleinen Truppe von Amateuren bestanden hatte, eine große, starke und kriegserprobte, reguläre Armee. Somit war für ein starkes Rückgrat des militanten Islam gesorgt.

Nach dem Ende des Krieges (1988) und Tode Khomeinis (1989) führte Rafsanjani, in seinem Amt als Staatspräsident (1989–93 und 1993–97) gewisse zivile Freiheiten ein. Zudem konnten in dieser Periode viele Entwicklungsprojekte (wie das Ankurbeln der Marktwirtschaft, der Aufbau der Infrastruktur, der Ausbau des Hochschulwesens etc.) durchgeführt werden. Von politischer Liberalisierung war aber kaum die Rede. Und die Jagd nach Oppositionellen ging unvermindert weiter. Die so genannten »Serienmorde« an Oppositionellen fanden unter Rafsanjanis Präsidentschaft statt.

Die zweite Revolution

Am 23. Mai 1997 (2. Khordad 1376 des iranischen Kalenders) erschütterte folgendes politisches Ereignis die iranische Gesellschaft wie ein Erdbeben:

Mohammad Khatami, der als Alibi-Kandidat zugelassen worden war, siegte mit 29 Millionen Stimmen (69 Prozent) überraschend gegen den Kandidaten des militanten Islam, Nateq Nuri, welcher lediglich auf neun Millionen Stimmen gekommen war.

Kaum hatte Khatami sein Amt angetreten, begann der militante Islam, der mittlerweile seine Machtbasis in vielen Institutionen (Sicherheitskräfte, Justizwesen, religiöse Stiftungen, Privatwirtschaft, Wächterrat usw.) gesichert hatte, eine Gegenoffensive. Das Ziel dieser breit angelegten Aktion war es, Khatamis Politik zu neutralisieren und die aus den Fugen geratene Öffentlichkeit wieder unter Kontrolle zu bringen. Die Strategie der Hardliner bestand aus mehreren Taktiken: Die Justiz sollte einerseits die Reformer um Khatami (einschließlich seiner Minister und Berater) durch Scheinprozesse ausschalten, andererseits die Presse, die in einer erstaunlichen Offenheit die Machenschaften der Machthaber enthüllte, wieder an das Regime binden. Der Wächterrat sollte die reformistische Gesetzgebung verhindern. Der Rundfunk wie auch die regimetreue Presse hatten die Aufgabe, die Öffentlichkeit zugunsten des militanten Islam und gegen die Reformer zu bearbeiten. Und die Sicherheitskräfte (einschließlich der paramilitärischen Truppen) unterdrückten mit aller Härte die studentischen Demonstrationen. Zusätzlich lancierte das Regime noch groß angelegte Gegendemonstrationen, um die Auswirkungen der studentischen Demonstrationen zu neutralisieren.

Trotz dieser weit gefächerten und raffinierten Gegenoffensive vermochten die Reformer in den Parlamentswahlen im Jahre 2000 die Mehrheit der Sitze für sich zu gewinnen. Zudem hielt die Bevölkerung auch bei den Präsidentschaftswahlen im Jahre 2001 zu ihrem Präsidenten – auch wenn dieser seine Versprechen kaum einlösen konnte. Khatami wurde also mit einem noch besseren Ergebnis zum zweiten Mal zum Präsidenten gewählt.

Die Hardliner setzten ihre Blockadepolitik gegen Khatami fort. Zudem gelang es ihnen, durch Ausschluss einer langen Reihe von reformorientierten Kandidaten bei den Parlamentswahlen im Jahre 2004 die große Mehrheit der Sitze für sich zu gewinnen. Der nächste große Triumph des militanten Islam war der Sieg bei den Präsidentschaftswahlen 2005: Da es den Reformern an einer überzeugenden Wahlstrategie fehlte, gelang es den Hardlinern, ihren Überraschungskandidaten, Ahmadinejad, durchzusetzen. Geschickt konnte Ahmadinejad die soziale Frage, die seit dem Tode Khomeinis vernachlässigt worden war, monopolisieren.

Heute ist von der »Revolution an der Urne« – wie der Erdrutschsieg von Khatami 1997 in den Medien gelegentlich bezeichnet wurde – nichts mehr als ein Trümmerhaufen übrig geblieben. Die Führer dieser Bewegung – vorwiegend ehemalige Islamisten – sind alle zum Schweigen gebracht worden, von der traditionellen Vertretung des liberalen Islam gar nicht zu reden. Selbst die friedfertige Befreiungsbewegung (deren Gründer, Mehdi Bazargan[31] und Ayatollah Sayyed Mahmud Taleqani, zu den führenden Persönlichkeiten der islamischen Revolution zählten) wird vom islamistischen Regime so behandelt, als ob sie eine ausländische Organisation wäre. Denn die Kandidaten dieser Organisation werden systematisch von sämtlichen Parlaments- und Präsidentschaftswahlen ausgeschlossen.

Trotz der Niederlage der Reformbewegung, zumindest in politischer Hinsicht, hat diese Bewegung – gerade aufgrund schmerzhafter Auseinandersetzungen mit dem militanten Islam – einen großen Beitrag zur Weiterentwicklung des islamischen Liberalismus geleistet. Zwar kann diese Ideologie nach wie vor als wertkonservativer, politischer Liberalismus sozialdemokratischer[32] Prägung definiert werden. Dennoch hat sie im postrevolutionären Iran einen gewissen Wandel erfahren:

Erstens kann in Bezug auf Demokratie und politischen Liberalismus, auf die schon immer der Fokus des liberalen Islam gerichtet war, ein gewisser Wandel in der Akzentsetzung festgestellt werden: Strebten die Vertreter des liberalen Islam bis vor der Revolution die Einhaltung der konstitutionellen Verfassung an, steht heute die Trennung von Staat und Religion sowie die Ablehnung des *Velayat-e faqih* im Zentrum des Demokratie-Diskurses. Zweitens wird Antiimperialismus – für mehrere Jahrzehnte ein fester Bestandteil dieser Ideologie – heute kaum mehr als prioritäres Thema behandelt. Drittens hat die wertkonservative Haltung der Vertreter des liberalen Islam seit der Revolution von 1979 deutlich an Gewicht verloren. Viertens und zu guter Letzt hat der liberale Islam dank eines breiten und intensiven Diskurses eine beachtliche Tiefe erlangt. Einen großen Beitrag dazu haben Islamwissenschaftler und Philosophen wie Abdolkarim Soroush, Mohammad Mojtahed Shabestari, Mohsen Kadivar,

---

31 Bazargan bildet im Auftrag Khomeinis die erste revolutionäre Regierung, trat aber am 6. November 1979 (15. Aban des iranischen Kalenders) – aus Protest gegen die Geiselnahme des amerikanischen Botschaftspersonals in Teheran durch die Islamisten – zurück.
32 Die soziale Komponente dieser Ideologie ist im Laufe des 20. Jahrhunderts entstanden und muss meines Erachtens auf die Prägung durch den Marxismus zurückgeführt werden.

Abdollah Nuri, Hasan Yousefi Eshkevari, Mohammad Khatami, oder Publizisten wie Akbar Ganji, Sa'id Hajjarian und Abbas Abdi geleistet. Dass nicht wenige dieser Gelehrten auch in westlicher Geistesgeschichte bewandert sind, hat den Diskurs des islamischen Liberalismus bereichert.[33]

Auch wenn der liberale Islam heute zum Schweigen gebracht worden ist, wird er im Stillen weiterleben, denn zu stark sind die drei Traditionen, aus denen er ernährt wird: der Rationalismus der islamischen Philosophie, die Toleranz der islamischen Mystik, und die in der schiitischen Theologie immanente Trennung von Staat und Religion.

---

33 Vgl. Keddie, Nikki R. (2003), Modern Iran: Roots and Results of Revolution, New Haven, London: Yale University Press, S. 302–311.

Potentiale in den Quellen des Islam: Eine Suche

Ralf Elger

Dass die Suche nach friedensstiftenden Potentialen im Islam ein großes Anliegen vieler Europäer ist, zeigt sich nicht nur daran, dass Studientage dazu veranstaltet werden. Vertreter von Kirche, Medien und Politik haben sich auf die Suche nach islamischen Friedenspotentialen begeben. Einen breiten Diskurs um einen solch wichtigen Gegenstand, an dem sich viele Menschen beteiligen, kann man nur begrüßen. Immerhin handelt es sich beim Islam um eine schnell wachsende Weltreligion mit über einer Milliarde Anhängern.

Einer, der sich dieses Themas angenommen hat, ist Timothy Garton Ash, der in der Überschrift eines Artikels im britischen *Guardian* vom 15. März 2007 der Welt schreibt: »We are making a fatal mistake by ignoring the dissidents within Islam.« Das heißt: »Wir machen einen fatalen [schwerwiegenden?] Fehler, wenn wir die Dissidenten innerhalb des Islams ignorieren.« Professor Garton Ash ist Direktor des European Studies Centre am St. Antony's College der Universität Oxford, außerdem Hoover senior fellow mit Lehrverpflichtungen an der US-Elite-Universität Stanford, also ein Mann, den man ernst zu nehmen geneigt ist, wenn er eine solch schwerwiegende Warnung ausspricht.

Die zweite Überschrift seines Artikels lautet: »Some critical Muslim intellectuals think their faith is compatible with a liberal society. It's dumb to prefer Bin Laden.« Garton Ash will einem islamischen Friedenspotential auf die Spur kommen, da er meint belegen zu können, dass der Islam kompatibel mit liberaler Gesellschaft sei. Zumindest sagte er, dass einige Muslime dies glauben, viele andere aber wohl nicht. Sonst würden diejenigen, die es glauben, ja nicht als Dissidenten zu bezeichnen sein. Die Frage – die auch für alle weiteren Suchen nach den Friedenspotentialen entscheidend sein wird – stellt sich nun: Wie viele Muslime glauben, dass der Islam mit liberaler Gesellschaft kompatibel ist, und wie viele nicht? Und wie begründen sie ihre jeweilige Auffassung?

Garton Ash traf auf einer Reise nach Kairo Jamal al-Banna, Bruder von Hasan al-Banna (gestorben 1949), dem Gründer der Muslimbruderschaft, und nicht der erste Kandidat wenn man nach Dissidenten im Islam sucht, die für eine liberale Gesellschaft eintreten. Was er, Jamal al-Banna, Garton Ash mitteilte, klingt aber liberal:

»As for apostasy, the Muslim has the right to withdraw from Islam, the verses of the Qur'an are very explicit concerning this issue: ›There is no compulsion in religion‹ (al-Baqara, The Cow, II, 256). Withdrawal from religion is mentioned at least five times in the Qur'an, none of which is related to a penalty. In the period of the prophet, many people withdrew from Islam;one of them was a scribe of the Qur'an. The prophet did not punish any of them.«

Diese Aussagen sind natürlich vor dem Hintergrund der Debatte um Religionsfreiheit im Islam zu sehen, die durch einige öffentlich gewordene Fälle von Apostaten in Gang gehalten wird. Da war etwa der Afghane Abdur Rahman, der zum Christentum konvertierte und deswegen von einem afghanischen Gericht zum Tode verurteilt wurde, oder der Fall Abu Zaid, den ägyptische Juristen wegen literaturwissenschaftlicher Untersuchungen zum Koran für ungläubig erklärten und zwangsweise von seiner Frau schieden. Folgt man dem Gedanken al-Bannas, dann beruhten diese Bedrohungen von tatsächlichen oder angeblichen Apostaten auf einer Fehlinterpretation des Koran und der Prophetenbiographie. Wenn er diese Position tatsächlich verträte, wäre al-Banna wirklich so etwas wie ein Dissident, widerspricht sie doch den Auffassungen Hunderter von islamischen Gelehrten in Gegenwart und Vergangenheit, die Apostasie als todeswürdiges Verbrechen ansehen. Was hat Jamal al-Banna in den Quellen gefunden, das diese anderen muslimischen Intellektuellen nicht fanden? Hat er eine Neuinterpretation der islamischen Quellen vorgenommen?

In diesem Falle wäre Jamal al-Banna einer der islamischen »Reformer«, welche durch eine »Wiederlektüre« des Koran nach Harmonisierungen des Textes mit der Moderne suchen. Sie wollen eine historisch-kritische Interpretation des Offenbarungsbuches, die von dem Grundsatz ausgeht: Nicht alles, was der Korantext festschreibt, ist auch für heute gültig, vieles war speziell auf das 7. Jahrhundert gemünzt, auf die Offenbarungszeit also. Einige »Modernisten« vertreten eine »vektorielle Analyse«, indem sie sagen, der Koran bringe nur Ansätze moralischer Bewertungen, die vom Menschen »zu Ende gedacht« werden sollen. Der Mensch soll das Endziel, auf das der »Vektor« der koranischen Aussage zielt, erkennen. Ein Beispiel: Vor dem Kommen der koranischen Offenbarung waren Frauen in Arabien

– so viele Modernisten – ganz rechtlos. Durch den Islam erhielten sie viele Rechte, wenn auch nicht so viele wie der Mann. Das Ziel des Vektors weist aber auf völlige Gleichberechtigung, die in der Offenbarungszeit noch nicht gegen die patriarchalische Ordnung der Gesellschaft durchsetzbar war, heute aber schon.

Das ist ein interessanter Gedanke, der allerdings auch einige Fragen aufwirft. Diese Modernisten beziehen ihr Wissen aus den islamischen Quellen über das vorislamische Arabien, vor allem der Biographie Muhammads, die in der ältesten Fassung von Ibn Ishaq (gest. 768) stammt. Darin ist die Lage der vorislamischen Frauen aber gar nicht so negativ dargestellt. Man denke etwa an Hadija, Muhammads erste Ehegattin, die eine angesehene Kauffrau im heidnischen Mekka war, Muhammads Chefin in seiner Zeit als Handelsgehilfe. Weitere Beispiele für derartige anfechtbare Interpretationen ließen sich nennen. Insgesamt scheint es mir, dass die »modernistischen« Exegeten vor allem darlegen, was ihrer Meinung nach im Koran stehen müsste. Unter anderem deshalb sind sie in der islamischen Welt völlig marginal und finden keinen Anklang unter den Mainstream-Gelehrten.

Jamal al-Banna wendet nicht etwa avancierte hermeneutische Methoden an, sondern sagt einfach: Dem Propheten Muhammad, Vorbild aller Muslime, wäre es nicht in den Sinn gekommen, Apostaten zu töten. Wenn man dies recht bedenkt, ergibt sich eine schwerwiegende Frage: Wie konnte Muhammad von all den Gelehrten, die Apostasie mit dem Tode bestrafen wollen, so falsch gesehen werden? Eine Antwort scheint die Prophetenbiographie zu geben, hier zitiert nach der vollständigen englischen Übersetzung von Alfred Guillaume, »The life of Muhammad. A translation of Ibn Ishaq's Sirat Rasul Allah« (S. 550):

»Der Prophet hatte seine Befehlshaber angewiesen, als sie nach Mekka kamen, nur die zu bekämpfen die ihnen Widerstand leisteten. Ausgenommen hatte er eine kleine Anzahl, die man töten sollte, auch wenn sie unter den Vorhängen der Kaaba gefunden wurden. Unter denen war °Abd Allah Ibn Sa°d, Bruder der Banu °Amir b. Lu'ayy. Der Grund dafür, dass der Prophet befahl, ihn zu töten, war folgender: Er war ein Muslim gewesen und hatte die Offenbarungen aufgeschrieben. Dann fiel er vom Islam ab und ging zu den Quraish zurück...« (Übers. Ralf Elger)

Die Frage ergibt sich, wie al-Banna diese Stelle mit seiner Aussage in Einklang bringen kann. Er hätte vielleicht erklärt, dass eine dringende Notwendigkeit für Muhammad bestand, in dieser Situation den Apostaten töten zu lassen. Die Tötung des Apostaten könnte als Akt der Selbstverteidigung gesehen werden, da durch ihn die muslimische Gemeinschaft bedroht wurde. So wird jedenfalls oft von muslimischen Intellektuellen argumentiert, wenn die Frage der von Muhammad angeordneten Auftragsmorde, deren es in der Prophetenbiographie eine ganze Reihe gibt, zur Sprache kommt. Mancher Leser der Biographie vermag eine Zwangslage zwar nicht gleich zu erkennen und einwenden, dass in der Situation, auf die sich das obige Zitat bezieht, Mekka bereits erobert war, also keine Gefahr mehr seitens der heidnischen Quraish für die islamische Gemeinschaft bestand. Eine andere Frage ist, ob nicht die eben erwähnten afghanischen Richter diese Stelle vielleicht als Basis für die Verurteilung des Apostaten Abdur Rahman hernehmen würden. Aber dann ließe sich ein weiteres Argument in die Debatte einbringen. »There is no compulsion in religion« (al-Baqara, The Cow, II, 256). »Kein Zwang im Glauben«, hatte Jamal al-Banna in Kairo erklärt. Das klingt nach Religionsfreiheit, da sei der Koran sehr explizit, sagte er weiter. Bei einem genaueren Blick in einen Koran – deutsche Leser nehmen etwa die Übersetzung des Zentralrats der Muslime Deutschlands – findet man tatsächlich: »Es gibt keinen Zwang im Glauben.« Das bedeutet aber nicht etwa, dass es egal ist, woran man glaubt, oder dass verschiedene Religionen gleichwertig sind und man ohne weiteres zwischen ihnen wechseln könne. Denn, so der Vers weiter: »Der richtige Weg ist nun klar erkennbar geworden gegenüber dem unrichtigen. Wer nun an die Götzen nicht glaubt, an Allah aber glaubt, der hat gewiß den sichersten Halt ergriffen, bei dem es kein Zerreißen gibt. Und Allah ist Allhörend, Allwissend. Der nächste Vers lautet: Allah ist der Beschützer derjenigen, die glauben. Er führt sie aus den Finsternissen ins Licht. Diejenigen aber – die ungläubig sind, deren Freunde sind die Götzen. Sie führen sie aus dem Licht in die Finsternisse. Sie werden die Bewohner des Feuers sein, darin werden sie ewig bleiben.« Was versprach, ein Manifest zur Glaubensfreiheit zu werden, endet in einer radikalen Verdammung der »Ungläubigen« zum ewigen Höllenfeuer.

Am Anfang der Sure II, in den Versen 2 ff. heißt es dann:

»Dies ist (ganz gewiß) das Buch (Allahs), das keinen Anlaß zum Zweifel gibt, (es ist) eine Rechtleitung für die Gottesfürchtigen, [2:2] die an das Verborgene glauben und das Gebet verrichten und von dem ausgeben, was Wir ihnen beschert haben, [2:3] und die an das glauben, was auf dich und vor dir herabgesandt wurde, und die mit dem Jenseits fest rechnen. [2:4] Diese folgen der Leitung ihres Herrn und diese sind die Erfolgreichen. [2:5] Wahrlich, denen, die ungläubig sind, ist es gleich, ob du sie warnst oder nicht warnst: sie glauben nicht. [2:6] Versiegelt hat Allah ihre Herzen und ihr Gehör; und über ihren Augen liegt ein Schleier; ihnen wird eine gewaltige Strafe zuteil sein. [2:7] Und manche Menschen sagen: ›Wir glauben an Allah und an den Jüngsten Tag‹, doch sie sind keine Gläubigen. [2:8] Sie versuchen, Allah und die Gläubigen zu betrügen, und doch betrügen sie nur sich selbst, ohne daß sie dies empfinden. [2:9] In ihren Herzen ist eine Krankheit, und Allah mehrt ihre Krankheit, und für sie ist eine schmerzliche Strafe dafür (bestimmt), daß sie logen. [2:10] Und wenn ihnen gesagt wird: »Stiftet kein Unheil auf der Erde«, so sagen sie: ›Wir sind doch die, die Gutes tun.‹ [2:11] Gewiß jedoch sind sie die, die Unheil stiften, aber sie empfinden es nicht. [2:12] Und wenn ihnen gesagt wird: ›Glaubt wie die Menschen geglaubt haben‹, sagen sie: ›Sollen wir etwa wie die Toren glauben? Gewiß jedoch sind sie selbst die Toren, aber sie wissen es nicht. [2:13] Und wenn sie mit den Gläubigen zusammentreffen, so sagen sie: ›Wir glauben‹. Wenn sie aber mit ihren Satanen allein sind, sagen sie: ›Wir sind ja mit euch; wir treiben ja nur Spott.‹ [2:14] Allah verspottet sie und läßt sie weiter verblendet umherirren. [2:15] Diese sind es, die das Irregehen gegen die Rechtleitung eingetauscht haben, doch ihr Handel brachte ihnen weder Gewinn, noch werden sie rechtgeleitet. [2:16]«

Nicht nur, dass die Ungläubigen zur Hölle verdammt sind, Gott eröffnet ihnen nicht einmal einen Ausweg aus ihrem Schicksal und macht sich sogar noch lustig über sie. Wer nicht glaubt, dem kann nicht geholfen werden. Deshalb, so deutet der deutsche Koranübersetzer Rudi Paret die »Kein Zwang«-Stelle, kann man auch niemanden zum Glauben zwingen. Diese Deutung Parets macht Sinn. Danach besagt der Vers II, 256 nicht, dass es geboten wäre, jemanden, der die islamische Gemeinschaft verlässt, um sich etwa dem Christentum zuzuwenden, zu töten. Man kann ihn zwar nicht zum Glauben an den Islam zwingen, wohl aber bleibt die Option, ihn zu zwingen, sich nach außen hin dazu zu bekennen.

Wie immer die Interpretation des »Kein Zwang«-Verses im Rahmen von Sure II ausfällt, mit Religionsfreiheit im Sinne der Menschrechte hat sie nichts zu tun. Zu diesem Ergebnis kommt man, wenn man den »Kein Zwang«-Satz nicht aus dem Zusammenhang reißt, sondern ihn im Kontext der ganzen Sure liest, in dem angesprochenen Fall also der Sure II. Ersatzweise kann man auch fünf Verse vor dem zur Diskussion stehenden Zitat und fünf Verse danach lesen. Nicht dass man dadurch jede Koranstelle vollständig verstehen würde, aber die Methode regt zumindest dazu an, sinnvolle Fragen zu stellen, die ein interreligiöses Gespräch über Friedenspotentiale im Islam bereichern und spannend machen können.

Die Interpretation von Texten – das gilt auch für »heilige« Texte – ist regelmäßig Gegenstand von Diskussionen, die durchaus kontrovers sein können. Eine als gelungen zu bezeichnende Diskussion muss nicht zu einer einheitlichen Interpretation der Texte führen, aber mindestens die jeweiligen Lesarten offen legen und plausibel begründen. Nur auf der Grundlage einer solchen Diskussion über die muslimischen Quellen ist daran zu denken, sinnvoll über ihre friedensstiftenden Potentiale zu sprechen. Dazu kann die kleine Behelfsmethode »fünf Verse vorher und fünf Verse nachher lesen« dienen, die ich nun auf einen anderen, gewichtigeren Text muslimischer Intellektueller anwenden will. Dieser Text gibt nicht nur eine einzige muslimische Stimme wieder, die noch dazu durch einen Nichtmuslim gefiltert ist. Vielmehr besitzt der Text höchste Relevanz und größtmögliche Repräsentativität. Es handelt sich um den offenen Brief von 38 hochrangigen muslimischen Gelehrten aus aller Welt an Papst Benedikt XVI. anlässlich seiner »Regensburger Rede« von 2006. Einige der Autoren seien genannt:

H.E. Ambassador Dr. Akbar Ahmed, Professor of Islamic Studies, American University in Washington DC.; Former High Commissioner of Pakistan to Great Britain; Dr.Abdul-Karim Akiwi, Professor, Ibn Zahr University, Agadir, Marokko; H.E. Dr.Issam al-Bashir, Former Minister of Religious Affairs; Secretary General of the International Institution for Moderation, Sudan: H.E. AllamahAbd Allah bin Mahfuz bin Bayyah, Professor, King Abd Al-Aziz University, Saudi Arabia. Former Vice President; Minister of Justice; Minister of Education and Minister of Religious Affairs, Mauritania.

Mit Verweis auf zahlreiche Koranverse wollen die Gelehrten Benedikts Ausführungen zum Islam richtig stellen und dabei friedensstiftende Potentiale im Islam hervorheben. Die relevante Passage in der Regensburger Rede handelt von dem gelehrten byzantinischen Kaiser Manuel II. Palaeologos, der

»wohl 1391 im Winterlager zu Ankara mit einem gebildeten Perser über Christentum und Islam und beider Wahrheit führte. Der Kaiser hat vermutlich während der Belagerung von Konstantinopel zwischen 1394 und 1402 den Dialog aufgezeichnet; so versteht man auch, daß seine eigenen Ausführungen sehr viel ausführlicher wiedergegeben sind, als die seines persischen Gesprächspartners. Der Dialog erstreckt sich über den ganzen Bereich des von Bibel und Koran umschriebenen Glaubensgefüges und kreist besonders um das Gottes- und das Menschenbild, aber auch immer wieder notwendigerweise um das Verhältnis der, wie man sagte, ›drei Gesetze‹ oder ›drei Lebensordnungen‹: Altes Testament – Neues Testament – Koran. Jetzt, in dieser Vorlesung möchte ich darüber nicht handeln, nur einen im Aufbau des ganzen Dialogs eher marginalen Punkt berühren, der mich im Zusammenhang des Themas Glaube und Vernunft fasziniert hat und der mir als Ausgangspunkt für meine Überlegungen zu diesem Thema dient. In der von Professor Khoury herausgegebenen siebten Gesprächsrunde (Kontroverse) kommt der Kaiser auf das Thema des Djihâd, des heiligen Krieges zu sprechen. Der Kaiser wußte sicher, daß *in Sure 2, 256 steht: Kein Zwang in Glaubenssachen – es ist wohl eine der frühen Suren aus der Zeit, wie uns ein Teil der Kenner sagt, in der Mohammed selbst noch machtlos und bedroht war.* Aber der Kaiser kannte natürlich auch die im Koran niedergelegten – später entstandenen – Bestimmungen über den heiligen Krieg. Ohne sich auf Einzelheiten wie die unterschiedliche Behandlung von ›Schriftbesitzern‹ und ›Ungläubigen‹ einzulassen, wendet er sich in erstaunlich schroffer, für uns unannehmbar schroffer Form ganz einfach mit der zentralen Frage nach dem Verhältnis von Religion und Gewalt überhaupt an seinen Gesprächspartner. *Er sagt: ›Zeig mir doch, was Mohammed Neues gebracht hat, und da wirst du nur Schlechtes und Inhumanes finden wie dies, daß er vorgeschrieben hat, den Glauben, den er predigte, durch das Schwert zu verbreiten.‹*

Die wichtigen Stellen habe ich hervorgehoben. Die erste davon bringt das oben schon genannte Diktum »kein Zwang in der Religion« aus Sure II, 256. In dem Offenen Brief erklären die Autoren dazu, der Papst habe diese Aussage historisch falsch eingeordnet. Sie stamme nicht aus der frühen Zeit Muhammads, als die Muslime schwach waren, sondern sei offenbart worden, als sie Macht und die Mittel besaßen, Zwang auf Personen auszuüben. Die 38 Gelehrten wenden sich mit folgenden Worten an den Papst:

»In Ihren Ausführungen heißt es, daß Kennern zufolge der Vers ›Es gibt keinen Zwang im Glauben‹ (Sure mit der Kuh, 2:256) in die Anfangszeit des Islam einzuordnen sei, in der der Prophet noch ›machtlos und bedroht‹ gewesen sei. Dies ist nicht richtig. Vielmehr ist man sich einig, daß dieser Vers in jene Phase koranischer Offenbarung einzuordnen ist, in der die neugeschaffene muslimische Gesellschaft politisch und militärisch zu erstarken begann. So stellte ›Es gibt keinen Zwang im Glauben‹ keineswegs den Befehl dar an Muslime, ihrem Glauben treu zu bleiben angesichts des Wunsches ihrer Unterdrücker, sie zum Abfall von ihrem Glauben zu zwingen. Er war vielmehr eine Ermahnung an die Muslime selbst, die nun an die Macht gelangt waren, daß sie die Herzen anderer nicht zum Glauben zwingen konnten. ›Kein Zwang im Glauben‹ richtet sich an Menschen, die an der Macht sind, nicht an solche, die unterdrückt sind. Aus den frühesten Koranerläuterungen wie jener von Al-Tabari geht hervor, daß einige Muslime in Medina ihre Kinder zwingen wollten, vom Judentum oder vom Christentum zum Islam überzutreten. Dieser Vers bezog sich darauf und wies diese Muslime an, Ihre Kinder nicht zum Übertritt zum Islam zu zwingen.«

Der Vers, so der offene Brief, richtet sich also gegen die Zwangskonversion von Juden und Christen. Das mag man akzeptieren. Aber was ist zum Beispiel mit Heiden? Für sie gilt die Regel, dass sie, wenn sie unter muslimische Herrschaft geraten, konvertieren oder getötet werden. Und wie werden Atheisten behandelt? All das geht aus dem Offenen Brief nicht hervor, obwohl eine deutliche Klarstellung wünschbar gewesen wäre. Auch über Zwangsmaßnahmen gegen Christen und Juden, außer der Zwangskonversion, Erhebung von Sondersteuern etwa, schweigt der offene Brief. Ein anderer Hinweis auf das islamische Friedenspotential in dem Offenen Brief ist Vers 18:29: »Und sag: Es ist die Wahrheit von eurem Herrn. Wer nun will, der soll glauben, und wer will, der soll den Glauben verweigern.« Jeder kann und soll nach seiner Façon selig werden, mag man daraus lesen. Aber schauen wir auf die Verse vor und nach diesem Zitat:

»Und gedulde dich zusammen mit denjenigen, die ihren Herrn morgens und abends anrufen – im Trachten nach Seinem Wohlgefallen; und laß deine Blicke nicht über sie hinauswandern, indem du nach dem Schmuck des irdischen Lebens trachtest; und gehorche nicht dem, dessen Herz Wir achtlos für die Erinnerung an Uns machten, (und gehorche nicht dem,) der seinen Gelüsten folgt und kein Maß und Ziel kennt. [18:28] Und sprich: ›Es ist die Wahrheit von eurem Herrn.‹ *Darum laß den gläubig sein, der will, und den ungläubig sein, der will.* Siehe, Wir haben für die Frevler ein Feuer bereitet, das sie wie eine Zeltdecke umschließen wird. Und wenn sie um Hilfe schreien, so wird ihnen mit Wasser gleich geschmolzenem Metall, das die Gesichter verbrennt, geholfen werden. Wie schrecklich ist der Trank, und wie schlimm ist die Raststätte! [18:29]«

Konvertieren im Sinne von »zum Glauben zwingen« kann man niemanden. Wer will, soll eben nicht glauben, er wird dann in der Hölle bestraft. Was sich daraus für das diesseitige Leben ableitet, ist hier zwar nicht gesagt, eine Verachtung für die Nichtgläubigen jedenfalls legt diese Koran-Passage ganz sicher nahe, und von einer Anerkennung eines anderen Glaubens als des Islam bzw. des Nichtglaubens als legitim kann keine Rede sein.

Betrachten wir nun den Vers, mit dem der Offene Brief einsetzt, also gleichsam den Mottovers:

»Im Namen Gottes, des Allerbarmers, des Barmherzigen. ›Und streitet mit den Angehörigen der Schriftreligionen nur in bester Weise…‹ (Koran, Sure mit der Spinne, 29:46)«

Das mag man so verstehen, dass interreligiöser Dialog oder Disput empfohlen ist, nicht aber religiös motivierte Gewaltanwendung. Liest man diese Aussage nun im Kontext der vorigen und folgenden Verse, ergibt sich folgendes Bild:

»Das Gleichnis derer, die sich Helfer außer Allah nehmen, ist wie das Gleichnis von der Spinne, die sich ein Haus macht; und das gebrechlichste der Häuser ist gewiß das Haus der Spinne – wenn sie es nur begreifen würden! Wahrlich, Allah kennt all das, was sie an Seiner Statt anrufen; und Er ist der Allmächtige, der Allweise. Und dies sind Gleichnisse, die Wir den Menschen prägen; doch es verstehen sie nur jene, die Wissen haben. Allah erschuf die Himmel und die Erde in makelloser Weise. Hierin liegt wahrlich ein Zeichen für die Gläubigen. Verlies, was dir von dem Buche offenbart wurde, und verrichte das Gebet. Wahrlich, das Gebet hält von schändlichen und abscheulichen Dingen ab; und Allahs zu gedenken, ist gewiß das Höchste. Und Allah weiß, was ihr begeht. *Und streitet nicht mit dem Volk der Schrift; es sei denn auf die beste Art und Weise.* Ausgenommen davon sind jene, die ungerecht sind. Und sprecht: ›Wir glauben an das, was zu uns herabgesandt wurde und was zu euch herabgesandt wurde; und unser Gott und euer Gott ist Einer; und Ihm sind wir ergeben.‹ Und somit haben Wir dir das Buch herniedergesandt, und so glauben diejenigen daran, denen Wir das Buch gegeben haben; und unter diesen sind einige, die daran glauben. Es sind aber nur die Ungläubigen, die Unsere Zeichen leugnen. Und nie zuvor hast du in einem Buch gelesen, noch konntest du eines mit deiner Rechten schreiben; sonst hätten die Verleugner daran gezweifelt. Nein, es sind klare Zeichen in den Herzen derer, denen das Wissen gegeben wurde. Es gibt keinen, der Unsere Zeichen leugnet außer den Ungerechten. Und sie sagten: ›Warum wurden keine Zeichen zu ihm von seinem Herrn herabgesandt?‹ Sprich: ›Die Zeichen sind allein bei Allah, und ich bin nur ein deutlicher Warner.‹ Genügt es ihnen denn nicht, daß Wir dir das Buch herniedergesandt haben, das ihnen verlesen wird? Wahrlich, hierin ist eine Barmherzigkeit und Ermahnung für ein Volk, das glaubt. Sprich: ›Allah genügt als Zeuge gegen mich und euch Er weiß, was in den Himmeln und was auf Erden ist. Und diejenigen, die das Falsche annehmen und Allah ablehnen – das sind die Verlierenden.‹ Und sie verlangen von dir, daß du die Strafe beschleunigen sollst. Wäre nicht eine Frist festgesetzt worden, hätte die Strafe sie schon ereilt; und sie wird gewiß unerwartet über sie kommen, ohne daß sie es merken. Sie verlangen von dir, daß du die Strafe beschleunigen sollst; doch wahrlich, Dschahannam wird die Ungläubigen einschließen.«

In dieser Passage wird wieder das jenseitige Strafgericht erwähnt, in dem, wer nicht glaubt, die Folter erleidet. Man kann sich fragen, wer mit den »Ungerechten« gemeint ist, die von dem »friedlichen Dialog« ausgeschlossen sind. Es wäre zu klären, ob das nicht die »Ungläubigen« sind, die hier also schon im Diesseits sanktioniert werden sollen. Dennoch wird in der Passage nicht Gewalt gegen sie im Diesseits gefordert, und die von Benedikt zitierte These des byzantinischen Kaisers vom gewalttätigen Islam harrt noch der Begründung.

Die 38 Gelehrten wenden sich in ihren Ausführungen immer wieder gegen Zwangskonversion – in einer Weise, dass das Thema der politischen Unterwerfung von Nichtmuslimen durch Muslime anfangs etwas aus dem Blick gerät; also Zwangsausübung auf Erden, die ja eigentlich das Thema des Papstes war. Damit hängt die Frage des Jihad – verstanden als bewaffneter Kampf gegen Ungläubige – zusammen, auf die der Offene Brief nach einiger Zeit eingeht und dazu folgende Koranworte zitiert:

»Und wenn sie jedoch zum Frieden geneigt sind, so sei auch du ihm geneigt und vertraue auf Allah Wahrlich, Er ist der Allhörende, der Allwissende. 8:61«

Wieder wird die Vorher-nachher-Methode angewandt:

»Wahrlich, schlimmer als das Vieh sind bei Allah jene, die ungläubig sind und nicht glauben werden; [8:55] es sind jene, mit denen du einen Bund geschlossen hast; dann brechen sie jedes Mal ihren Bund, und sie fürchten (Allah) nicht. [8:56] Darum, wenn du sie im Kriege anpackst, verscheuche mit ihnen diejenigen, die hinter ihnen sind, auf daß sie ermahnt seien. [8:57] Und wenn du von einem Volk Verrat fürchtest, so verwirf (den) gegenseitigen (Vertrag). Wahrlich, Allah liebt nicht die Verräter. [8:58] Laß die Ungläubigen nicht meinen, sie hätten (Uns) übertroffen. Wahrlich, sie können nicht siegen. [8:59] Und rüstet gegen sie auf, soviel ihr an Streitmacht und Schlachtrossen aufbieten könnt, [8:60] damit ihr Allahs Feind und euren Feind – und andere außer ihnen, die ihr nicht kennt – abschreckt; Allah kennt sie (alle). Und was ihr auch für Allahs Sache aufwendet, es wird euch voll zurückgezahlt werden, und es soll euch kein Unrecht geschehen. *Und wenn sie jedoch zum Frieden geneigt sind, so sei auch du ihm geneigt und vertraue auf Allah.* Wahrlich, Er ist der Allhörende, der Allwissende. [8:61] Wenn sie dich aber hintergehen wollen, dann laß es dir an Allah genügen. Er hat dich mit Seiner Hilfe und mit den Gläubigen gestärkt. [8:62] Und Er hat zwischen ihren Herzen Freundschaft gestiftet. Hättest du auch alles aufgewandt, was auf Erden ist, du hättest doch nicht Freundschaft in ihre Herzen zu legen vermocht, Allah aber hat Freundschaft in sie gelegt. Wahrlich, Er ist Erhaben, Allweise. [8:63] O Prophet, Allah soll dir vollauf genügen und denen, die dir folgen unter den Gläubigen. [8:64] O Prophet, feuere die Gläubigen zum Kampf an. Sind auch nur zwanzig unter euch, die Geduld haben, so sollen sie zweihundert überwältigen; und sind einhundert unter euch, so werden sie eintausend von denen überwältigen, die ungläubig sind, weil das ein Volk ist, das nicht begreift. [8:65]«

Scharfe Worte gegen die Gegner der Muslime. Nun sind nicht alle Nichtmuslime »schlimmer als das Vieh«, sondern nur Vertragsbrüchige, wer immer damit gemeint ist. Es gab offenbar einen Vertrag, in dem die »Gegner« sich zu etwas verpflichtet hatten. Dieser Vertrag wurde von muslimischer Seite aufgehoben, da die Muslime *fürchteten*, verraten zu werden. Wie immer man sich den historischen Kontext der Stellen denken mag, eines scheint klar: Es herrschten latente oder offene Konflikte zwischen Muslimen und Nichtmuslimen, die durch den Vertrag beigelegt wurden. Oder anders gesagt: »Friede« im Sinne von Abwesenheit des Kampfes ist möglich, wenn Nichtmuslime sich mit vertraglicher Bindung einverstanden erklären. Was aber, wenn sie das nicht tun? So lässt auch diese Stelle Fragen offen, und dies gilt für die anderen Verse, welche der Offenen Brief anführt, ebenso. Ich werde darauf aber hier nicht weiter eingehen.

Eine umfassende Interpretation des Offenen Briefs muss sich nicht allein mit den Versen befassen, die er zitiert, sondern auch mit denen, die er nicht zitiert. Die Verfasser haben die friedlich klingenden Aussagen des Korans herangezogen, ohne allerdings die militant klingenden dagegen zu halten. So taucht etwa Vers 9:29 in ihrer Argumentation nicht auf:

»Wahrlich, Allah half euch schon an vielen Orten zum Sieg, und am Tage von Hunain, als eure große Zahl euch stolz machte – doch sie nutzte euch nichts, und die Erde wurde euch in ihrer Weite eng – da wandtet ihr euch zur Flucht. [9:25] Dann sandte Allah Seinen Frieden auf Seinen Gesandten und auf die Gläubigen herab und sandte Heerscharen hernieder, die ihr nicht saht, und strafte jene, die ungläubig waren. Das ist der Lohn der Ungläubigen. [9:26] Doch hernach kehrt Sich Allah gnädig dem zu, dem Er will; und Allah ist Allvergebend, Barmherzig. [9:27]O ihr, die ihr glaubt! Wahrlich, die Götzendiener sind unrein. Darum dürfen sie sich nach diesem ihrem Jahr der heiligen Moschee nicht nähern. Und falls ihr Armut befürchtet, so wird euch Allah gewiß aus Seiner Fülle reich machen, wenn Er will. Wahrlich, Allah ist Allwissend, Allweise. [9:28] *Kämpft gegen diejenigen, die nicht an Allah und an den Jüngsten Tag glauben, und die das nicht für verboten erklären, was Allah und Sein Gesandter für verboten erklärt haben, und die nicht dem wahren Glauben folgen – von denen, die die Schrift erhalten haben, bis sie eigenhändig den Tribut in voller Unterwerfung entrichten.*[9:29]Und die Juden sagen, Esra sei Allahs Sohn, und die Christen sagen, der Messias sei Allahs Sohn. Das ist das Wort aus ihrem Mund. Sie ahmen die Rede derer nach, die vordem ungläubig waren. Allahs Fluch über sie! Wie sind sie (doch) irregeleitet! [9:30] Sie haben sich ihre Schriftgelehrten und Mönche zu Herren genommen außer Allah; und den Messias, den Sohn der Maria. Und doch war ihnen geboten worden, allein den Einzigen Gott anzubeten. Es ist kein Gott außer Ihm. Gepriesen sei Er über das, was sie (Ihm) zur Seite stellen! [9:31]Sie wollten Allahs Licht mit ihrem Munde auslöschen; jedoch Allah will nichts anderes, als Sein Licht zu vollenden; mag es den Ungläubigen auch zuwider sein. [9:32]Er ist es, Der Seinen Gesandten mit der Führung und der wahren Religion geschickt hat, auf daß Er sie über alle (anderen) Religionen siegen lasse; mag es den Götzendienern auch zuwider sein.«

Unter anderem auf 9,29 basiert die islamische *jihad*-Lehre, die auch in dem Offenen Brief referiert wird.

»Die maßgebenden überlieferten islamischen Regeln für Kriegsführung lassen sich in den folgenden Grundprinzipien zusammenfassen:

1. Zivilisten dürfen nicht das Ziel militärischer Aktion sein. Das wurde ausdrücklich immer wieder vom Propheten, seinen Gefährten und allen nachfolgenden Gelehrten betont.

2. Niemand wird allein aufgrund seiner religiösen Überzeugung angegriffen. Die muslimische Urgemeinde kämpfte gegen Heiden, die sie aus ihren Häusern vertrieben, sie verfolgt, gefoltert und ermordet hatten. Spätere islamische Eroberungen waren von politischem Charakter.

3. Muslime können und sollen friedlich mit ihren Nachbarn zusammenleben. Das schließt jedoch legitime Selbstverteidigung und Bewahrung der eigenen Souveränität nicht aus. Diese Regeln sind für Muslime genauso bindend wie das Verbot von Diebstahl und Ehebruch. Wenn eine Religion Regeln vorschreibt für die Kriegsführung und die Bedingungen festlegt, unter welchen Umständen die Kriegsführung notwendig und gerecht ist, macht dies diese Religion genausowenig zu einer kriegsliebenden Religion, wie die Regulierung von Sexualität eine Religion sexlüstern macht.«

Der Satz: »Spätere islamische Eroberungen waren von politischem Charakter« ist merkwürdig. Das bedeutet, dass alle muslimischen Expansionen von den Feldzügen Muhammads gegen arabische Stämme, die den Muslimen *nichts* zuleide getan hatten, über die Feldzüge der ersten vier Kalifen, die als »rechtgeleitete« angesehen werden, bis zu den Osmanen, die die Mauern von Wien berannten, nicht religiös legitimiert, sondern einfach Raubzüge waren. Ja, alle offensiven militärischen Aktionen von Muslimen seien nicht als Jihad zu bezeichnen, erklären die Autoren. Das setzt Hunderte von muslimischen Rechtsgelehrten, Historikern und anderen Denkern der islamischen Geschichte dem Vorwurf der Verdrehung von Gottes Gebot aus, weil sie Aktionen wie etwa die muslimische Eroberung von Spanien Jihad nennen.

Die argumentative Methode des Briefes weist als Hauptelement aus dem Zusammenhang genommene Zitate auf, die für sich genommen in den Ohren der Adressaten gut klingen, im Kontext gelesen aber problematische Züge annehmen. Zu dem zwiespältigen Eindruck des Briefes tragen auch die rhetorischen Fragen bei, welche er mehrfach verwendet: »Das Wort für Barmherzigkeit, rahmah, kann auch übersetzt werden mit Liebe, Güte und Mitgefühl. Von diesem Wort kommt die heilige, von Muslimen täglich benutzte Formel ›Im Namen Gottes, des Allerbarmers, des Barmherzigen.‹ Ist es nicht selbstverständlich, daß das Vergießen unschuldigen Blutes Barmherzigkeit und Liebe widerspricht?« Es ist nicht so, dass diese rhetorische Frage uneingeschränkt mit »Ja« zu beantworten ist. Denn zunächst müsste geklärt werden, was genau »unschuldiges Blut« sein soll.

Schließlich sei ein Satz vom Ende des Offenen Briefs erwähnt. Seine Heiligkeit wird von den Autoren gelobt, weil sie im Rahmen einer angeblichen Entschuldigung für die »Regensburger Rede« (am 25. September) vor einer Versammlung von Botschaftern verschiedener muslimischer Staaten ihren »tiefen Respekt für alle Muslime« *zum Ausdruck* brachte. Im englischen Original heißt es »total and profound respect to all Muslims«. Da hat der deutsche Übersetzer den Sinn nicht ganz getroffen. Es wäre interessant zu wissen, ob Benedikt sich exakt so geäußert hat und in welchem Kontext. Wie auch immer: Wichtig ist die Frage, wie die Verfasser des Offenen Briefs die dem Papst zugeschriebenen Worte interpretieren. Wenn sie es fraglos begrüßen, dass der Papst »totalen Respekt« jedem Muslim gegenüber äußerte, wie steht es dann mit der Möglichkeit einer Distanzierung gegenüber terroristischen Muslimen? Dahinter steht auch die berechtigte Frage, warum überhaupt eine kritische Perspektive von Außen (von Nicht-Muslimen) so unakzeptabel erscheint. Kritik von Außen vermag ebenso so wichtig und hilfreich sein wie die Befähigung zu Selbstkritik. Auch darüber sollte man debattieren können.

Sicher hat der Papst nicht die Aufgabe, auf solche Auslassungen wie in dem Offenen Brief zu reagieren, sondern dies sollten muslimische Gelehrte tun. Sie sollten offen eine Debatte über die dort vorgebrachte Argumentation führen. Geschieht das nicht, so entsteht der Eindruck, dass ein stillschweigendes Einverständnis mit den Verfassern besteht, dass also zumindest in Kauf genommen wird, dass eine westliche, christliche Öffentlichkeit von den 38 Autoren nicht besonders ernst genommen wird und die eigentlichen Herausforderungen, die es zu meistern gilt, nur an der Oberfläche angegangen werden. Solange dieser Verdacht besteht, ist es schwer, auf dieser Linie sinnvoll weiter zu diskutieren.

Gewalt, Krieg, Frieden und Verbreitung der Religion im Islam

Bassam Tibi

Im Zeitalter der Bestimmung des Friedens durch den Frieden zwischen den Religionen stellt sich die Frage, wie der Islam zur Gewalt steht. Dies ist eine höchst sensible Frage, über die heute selbst in Europa, angesichts der Selbstzensur, nicht mehr offen und frei gesprochen werden kann. Die Antwort auf die Frage der Stellung des Islams zur Gewalt hängt zudem nicht nur von der Methode ab, die man heranzieht, sondern auch von der Zivilcourage, die man zeigen muss, wenn man Tabus bricht und die Regeln der Political Correctness verletzt. Der Imam der türkischen Diyanet-Behörde (Amt für religiöse Angelegenheiten) behauptet zum Beispiel, dass der Islam nicht durch Gewalt verbreitet worden ist, und ignoriert so alle historischen Tatsachen. Weiterhin ordnete er den Papst in den Kreis derer ein, die ein »Feindbild Islam/Islamophobie« schüren würden, weil dieser die Problematik dieses Artikels anschnitt und für den Dialog der Religionen eine Distanzierung von »Gewalt« forderte.

Der wichtigste Islamologe des 20. Jahrhunderts, Maxime Rodinson, der anders als viele traditionelle Islamwissenschaftler Sympathien für den Islam bekundete (ohne falsche Rücksichten auf Muslime zu nehmen), forderte zu seinen Lebzeiten, von der Realität und nicht von den Texten auszugehen. Somit sah Rodinson im Islam einen »fait social«, also eine gesellschaftliche und historische Realität im Durckheimschen Sinne.[1] Dies ist auch die Grundlage der neuen Disziplin der Islamologie,[2] die ich im Anschluss an

---

1 Vgl. das grundlegende Buch von Rodinson, Maxime (1986), Islam und Kapitalismus (Originalausgabe auf Französisch), neue Ausgabe mit einer Einleitung von B. Tibi als Suhrkamp Taschenbuch Wissenschaft (stw-Bd. 584), Frankfurt.
2 Islamologie ist eine neue von mir begründete sozialwissenschaftliche Disziplin, die zwei Aufgaben erfüllt, die zu der Arbeit der traditionellen Islamkunde/Islamwissenschaft gehören, nämlich: a) sozialwissenschaftlich-historische Erforschung des Islam, b) Analyse der Konfliktpotentiale, die aus der Politisierung der Religion/Religionisierung der Politik im Islam hervortreten. Hier ist die Islamologie im Zeitalter der Zivilisationskonflikte ähnlich wie die Sovietologie in den Zeiten des Ost-West-Konfliktes. Diese

Rodinsons Werk begründet habe. In seiner autoritativen Mohammed-Biographie argumentierte Rodison islamologisch, als er im Koran eine Aufstellung von Chroniken der islamischen Religionsstiftung sah. Auf diese Weise hat er den Text historisiert.[3] Bekanntlich gilt der Koran neben der Überlieferung des Propheten Mohammed für alle Muslime – trotz ihrer großen religiösen und kulturellen Vielfalt – als die unumstrittene Quelle ihrer Religion. Bei der hier anstehenden Frage der Gewalt würde jedoch ein alleine auf den Koran-Text begrenzter Rückgriff in der Forschung Verwirrung stiften. Der Grund hierfür sind die scheinbar einander widersprechenden Aussagen des Koran zur Gewalt. So gibt es Koran-Verse, die Gewalt und Zwang verbieten, jedoch auch andere, die das Töten der Ungläubigen sogar als religiöse Vorschrift vorschreiben. Wie sucht man nun eine Antwort auf die gestellte Frage?

Eine Historisierung des Textes im Sinne Rodinsons führt aus der Sackgasse und sie ist erforderlich, weil sie scheinbar die in sich inkonsistente Doktrin kontextualisiert und dabei hilft, die gestellte Frage solide zu beantworten. In der folgenden Einleitung erläutere ich zunächst die Problematik, gehe dann näher auf den Gegenstand ein, umreiße ihn, um anschließend die Diskussion, die der Papst ohne Erfolg über Gewalt, Religion und Dialog auslösen wollte, zu erläutern. Mit diesem Aufbau wird der Versuch unternommen die Frage, wie der Islam zur Gewalt steht, zu beantworten.

Einleitung

Die Problematik der Gewalt ist heute angesichts der in vielen Religionen anzutreffenden Erscheinung eines geheiligten »Terrors in the Mind of God«[4] als zentral einzustufen. Gerade im Dialog zwischen den Religionen für einen Weltfrieden muss die religiöse Legitimation von Aggression im Mittelpunkt stehen, um Gewaltanwendung zu delegitimieren. Es gehört

---

Disziplin wurde mit zwei Trilogien (veröffentlicht in den achtziger und neunziger Jahren des 20. Jahrhunderts) untermauert. Aus Platzmangel wird hier auf Literaturhinweise verzichtet. Diese in Göttingen begründete Disziplin wird dort nach meiner Emeritierung abgeschafft.

3 Rodinson, Maxime (1977), Mohammed, Luzern.
4 Juergensmeyer, Mark (2000), Terror in the Mind of God, Berkeley.

nicht zur Religionsfreiheit, Zensur im Namen der Rücksicht auf die religiösen Gefühle der Gläubigen einzuführen. Was ist die Position des Islam? Zunächst kann man das zentrale islamische Argument auf der Basis der koranischen Vorschrift zitieren: »Begeht keine Aggression, Gott liebt diejenigen nicht, die dies tun.« (Sure 1, Vers 190). Moderate Muslime schlussfolgern an dieser Stelle, dass der Islam aggressive Übertretungen im Namen der Religion verbietet. Dennoch ist diese Schlussfolgerung voreilig, ja sogar falsch, weil der Islam keine pazifistische Religion ist. Hinzu kommt, dass historische Realitäten sich nicht nach dem Text gestalten.

Man darf den Koran-Text nicht selektiv zitieren. Der Koran erlaubt Gewalt als *Qital*, jedoch nur mit Einschränkungen. Nach dem Text des Koran ist »*Qital*/Kampf« als eine Form des Djihad zur Verbreitung des Islam durchaus erlaubt[5], jedoch bestehen hierfür verbindliche Regeln. Auf theologischer Ebene kann man mit folgender Aussage die Haltung des Islam zu Gewalt und Aggression präzise zusammenfassen: Gewalt ist als letztes Mittel zur Verbreitung des Islam zulässig unter Beachtung der Vorschriften, die im Koran enthalten sind. Anders als die philologische Islamkunde, verfährt die Islamologie als histoisch-sozialwissenschaftliche Beschäftigung mit dem Islam, wenn sie etwa von den Tatsachen der Gewaltanwendung in der Geschichte und Gegenwart des Islam ausgeht und diese wahrnimmt. Ein Islamologe kann sich nicht damit begnügen, skripturalistische, das heißt philologische oder schriftgläubige Antworten auf die anstehenden Fragen zu geben. Das Zitieren des Koran ist keine Antwort. Es ist ein Fakt, dass weder die Muslime noch die Gläubigen anderer Religionen so handeln, wie die schriftlich fixierten Dogmen des religiösen Glaubens es vorschreiben. Wie der Vordenker der Religionssoziologie, Emile Durkheim, empfahl, soll der Forscher Religion stets als »fait social« studieren, also als gesellschaftliche Realität, nicht als Text. Um die Unzulänglichkeit der skripturalistischen Methode zu veranschaulichen, lässt sich auch hier ein entgegengesetztes Koran-Zitat heranziehen. Einmal wird im Koran das Töten Andersgläubiger, die als Ungläubige betrachtet werden, sogar vorgeschrieben, so in Sure 9 Vers 5. Darin liest man eindeutig die religiöse Vorschrift:

---

5 Vgl. die Erläuterung hierzu mit Belegen: Tibi, Bassam (1996), Islam and War, in: Nardin, Terry (Hg.), The Ethics of War and Peace, Princeton/NJ, S. 128–145.

»tötet die Heiden, wo immer Ihr sie findet, greift sie an, umzingelt sie und lauert Ihnen überall auf. Wenn sie sich aber bekehren, das Gebet zu verrichten, ... dann lasst sie ihrer Wege ziehen.«

Ein anderer Koran-Vers lautet: »Und wenn sie (die Ungläubigen) Frieden anbieten, dann schließt Frieden mit ihnen«. Was gilt nun? Verweilen wir bei dem aggressiven Vers. Wie ist dieser Koran-Vers zu deuten? Der Chef der angeblich säkularen Diyanet-Behörde der Türkei, Ali Bardakoglu, deutet diese Stelle – sie auf heute anwendend – in einem in der *Welt am Sonntag* erschienenen Interview so:

»Die Sure bedeutet, dass Muslime gegen jene, die die natürliche Ausbreitung des Islam verhindern wollen und kriegerisch waren, sich ebenso kriegerisch wehren sollten. Das ist Selbstverteidigung. Der Koran schreibt vor, dass man die Menschen durch Vernunft und Rede überzeugen soll. Wenn die Heiden dies aber verhindern wollen, dann erlaubt der Koran, auch gegen sie zu kämpfen.«[6]

Verwickelt sich der zitierte Imam bei seiner Deutung des Koran in einen Widerspruch und worin besteht dieser? Muslime wenden Gewalt gegen jene an, die sie bei der Verbreitung des Islam behindern und deuten diese Handlung nicht als Aggression, sondern als Gegenwehr, also defensiv. Liegt nun keine aggressive Gewalt vor, wenn Nicht-Muslime zum Islam gezwungen werden? Ist es defensiv, wenn Selbstwehr gegen die Islamisierung mit Gewalt vorgeht? Die islamische Definition der defensiven Gewalt ist rational schwer nachzuvollziehen, doch ist das islamische Verständnis von Gewaltanwendung eine defensive Handlung, auch wenn in der Realität (zum Beispiel islamische Eroberungen) eine Aggression stattfand[7].

Die bisherigen einleitenden Bemerkungen machen deutlich, dass es wenig Sinn macht, vom Text auszugehen. So ist der heutige Islam als gesellschaftliche Realität – nicht als Schrift – leider von der politisch-religiösen Richtung des Islamismus geprägt. Eine Richtung betreibt innerhalb des politischen Islam einen Djihadismus. Diese Gewalt steht jedoch im Gegensatz zum klassischen Djihad, der Gewalt nur unter Einhaltung gewisser

---

6 Interview mit Ali Bardakoglu in der Welt am Sonntag vom 17. September 2006. Vgl. auch den Leserbrief von Wolfgang Illauer in der Welt am Sonntag vom 3. Juni 2007, S. 10: »Was der Muezzin ruft«.

7 Zum Djihadismus als irregulärer Krieg vgl. Tibi, Bassam (2007), The Totalitarianism of Jihadist Islamism and its Challenge to Europe and to Islam, in: Totalitarian Movements and Political Religions, Bd. 8, S. 35–54. Interessanterweise enthält die frühe autoritative Arbeit des einstigen Azhar-Scheichs Schaltut, al-Islam aqidah wa shari'a, 10. Ausgabe, Kairo 1980 kein Kapitel über den Djihad. Das hat sich später geändert.

Regeln erlaubt. Der heutige Djihadismus predigt nun regellose Gewalt als irregulären Krieg. Heutige Konflikte werden mit religiöser Legitimation aggressiv und unfriedlich ausgetragen.

Unter Beachtung dieser Realität unter theologischen und historischen Bezügen[8] fokussiere ich auf das zentrale Thema, nämlich die religiöse Begründung der Gewalt im politischen Islam. Es gibt unterschiedliche Bezeichnungen für diese Erscheinung, wie Islamismus, religiöser Fundamentalismus oder Integrismus (wie die Franzosen es tun), die jedoch alle die Politisierung der Religion umschrieben.[9] Kurz und einleitend lassen sich drei Formen der Gewalt im Islam und im Islamismus festhalten. Es ist zu unterscheiden zwischen dem

1. Djihad als *Qital* im Koran, der Gewalt, jedoch nach Spielregeln, erlaubt, sowie
2. dem Djihad als historischer Form des islamischen Futuhat-Krieges, das heißt der islamischen Expansion mittels Gewalt zur Verbreitung des Islam, und schließlich
3. Djihad als Djihadismus, das heißt als »Terror auf dem Pfad Gottes«, der heute die Form des Terrorismus als irregulären Krieg im politischen Islam annimmt.

Diese zeitgeschichtliche Form der religiös legitimierten Aggression betrifft Europa mehrfach. »Europe's Jihadist Dilemma«[10] wird als Herausforderung nicht angemessen wahrgenommen.

Die folgende Untersuchung erhebt nicht den Anspruch, diese Thematik umfassend abzudecken; sie kann nur thesenhaft die Probleme im Rahmen des angegebenen Aufbaus anschneiden und zum Nachdenken anregen.

---

8 Zur Geschichte: Donner, F. (1981), The Early Islamic Conquests, Princeton/NJ. sowie die neue Studie von Karsh, E. (2006), Islamic Imperialism. A History, New Haven.
9 Zum politischen Islam: Ayubi, Nazih (1991), Political Islam, London, sowie Tibi, Bassam (2002), The Challenge of Fundamentalism. Political Islam and the New World Disorder, Berkeley und Los Angeles, und ders. (2007), Political Islam, World Politics and Europe, London und New York.
10 Neumann, Peter (2006), Europe's Jihadist Dilemma, in: Survival, Bd. 48, S. 71–84 sowie Tibi, Bassam (2007), Europe and the Challenge of Jihadist Islamism in Postbipolar Politics, Athens (EKEM Paper 9), veröffentlicht beim Hellenic Center for European Studies.

Ist die Praxis von Djihad als Qital eine Aggression?

Nach amerikanischer akademischer Methode ist es wissenschaftlich legitim und somit zulässig, einen Sachverhalt einleitend anhand einer Anekdote zu veranschaulichen. Hier geht es darum zu zeigen, wie Muslime das Verhältnis von Text und Realität generell und spezifisch in Bezug auf unsere Thematik wahrnehmen. In Bengasi/Libyen wurde einmal ein deutscher Diplomat betrunken am Steuer beim Autofahren verhaftet. Nach Aufdeckung der diplomatischen Identität des Verhafteten suchte man nach einem Ausweg aus dieser »*Darura*/Notsituation« (das ist ein Schari'a-Begriff). Diesen fand man entsprechend dem Verständnis des islamischen Schari'a-Rechts in folgender Erklärung: Der Diplomat sei aus Versehen verhaftet worden, weil er nach dem Gesetzestext nicht betrunken gewesen sein könne, da Alkohol in Libyen verboten sei. Deshalb könne bei diesem Vorfall Alkohol nicht im Spiel gewesen sein. Es sei vermerkt, dass nicht nur Muslime, sondern auch westliche Islamwissenschaftler nach dieser schriftgläubigen Denkweise verfahren. So hat Professor Juan Cole aus Ann Arbor/Michigan, als er noch Präsident der Middle East Studies Association war, in einem öffentlichen Vortrag allen Ernstes behauptet, der Akt des 11. September 2001 sei deshalb kein Djihad, weil der Korantext vor der Anwendung der Gewalt »Vorwarnungen« vorschreibt. Nach Professor Juan Cole hätte Bin Laden tausende von Anrufen tätigen müssen, um diese Vorschrift zu erfüllen, ehe er am 11. September seine Tat durchführen ließ. Weil er dies nicht tat – so lautet die falsche Schlussfolgerung – sei seine Aggression kein Djihad im Sinne des Koran-Textes. Das ist wissenschaftlich unzulässiges Denken. Deshalb war es auch verständlich, dass die Ivy-League-Universität Yale den vor dem zitierten Vortrag vorgesehenen Ruf an Professor Cole verweigerte, eben weil solche Argumente weder seriös sind noch zur Beleuchtung des Gegenstandes beitragen. So ist die skripturalistische Methode der westlichen Islamkunde/Islamwissenschaft (Islamic Studies) unbrauchbar und kann bei dem Versuch, die in der Überschrift dieses Abschnitts gestellte Frage zu beantworten, abgeschrieben werden; sie soll auch nicht weiter erörtert werden.

Nach derselben amerikanischen und hier übernommenen Gepflogenheit, mit einer Anekdote zu beginnen, soll nun mit der Frage fortgesetzt werden. »What are we talking about?«, die die Herausforderung impliziert, das gestellte Thema genau zu umreißen, um Ausschweifungen auszuschließen. Hierzu gehört es, das Problem und die Methode festzuhalten. In aller

Kürze: Nach den religiösen Vorschriften des Islam ist Aggression verboten, aber Gewalt als *Qital* ist erlaubt, jedoch ist diese an strenge Vorschriften gebunden. Halten sich die Muslime an diese Vorschriften? Ist ihr Verhalten unislamisch, wenn sie dies nicht tun? Ich habe viele Djihadisten interviewt und habe festgestellt, dass sie nicht nur sehr gebildet, sondern auch sehr gläubig sind. Mein Befund widerspricht allen Behauptungen, dass die islamistischen Djihadisten außerhalb des Islam stehen.

Wie verfahren wir bei der Suche nach einer fundierten Antwort zu der in diesem Abschnitt gestellten Frage? Ich bin kein Theologe, sondern Religionssoziologe. Entsprechend Durkheims Schrift »Die Regeln der soziologischen Methode«, bestimmt methodisch der Text des Koran meine Untersuchung des Verhältnisses des Islam zur Gewalt als *fait social* nicht. Die Analyse muss hier drei Ebenen beachten:

1. Die Wirkung des Textes, an den die Muslime glauben. Die Realität wird vom Verständnis des Textes, nicht von der Philologie geprägt.
2. Die Geschichte der Gewalt im Islam, und schließlich
3. die heutige gesellschaftliche Realität.

Auch wenn ich die skripturalistische Methode und die Schriftgläubigkeit abweise, übersehe ich die Bedeutung des Rückgriffs auf den Text für jeden Diskurs nicht. Ich bediene mich jedoch hierfür der oben angeführten ersten Ebene. Auf dieser Basis lässt sich festhalten: Die Antwort des Islam auf der Basis des Textes ist klar und doch bietet dies keine Hilfe, weil sich die Realität nicht entsprechend dem Text verhält.

Bei der zweiten historischen Ebene kann jeder Historiker bestätigen, dass Krieg und Gewalt im Namen der Religion bei der islamischen Expansion ein Bestandteil der islamischen Geschichte waren. Es wäre schlicht lächerlich, die Eroberung Spaniens 711 oder die von Konstantinopel 1453 als defensive Gewalt einzuordnen, wie es der Imam der türkischen Diyanet-Behörde in dem einleitend zitierten Interview (vgl. Anm. 6) behauptet. Es ist eine geschichtswissenschaftlich fundierte Aussage, nicht eine islamfeindliche Äußerung, festzustellen, dass die islamischen *Futuhat*-Kriege ein Akt der Aggression waren.[13]

Nach diesem historischen Exkurs (Ebene 2) kann ich nun zur 3. Ebene übergehen: Der Djihadismus als politische Realität, der die aktuelle Grundlage für die anstehende Debatte bietet.

Im Wesentlichen geht es bei der zeitgeschichtlichen religiösen Legitimierung der Gewalt um eine Rückkehr des Sakralen. Die religiöse Begründung der Gewalt stellt den Rahmen für diese Legitimation dar. Um es nochmals zu wiederholen: Dieses Phänomen lässt sich nicht mit einer skripturalistischen oder essentialistischen Vorgehensweise erklären. Wenn man selektiv den Koran zitiert und anführt »Der Islam sagt [...]« oder »Der Islam ist«, kommt man keinen Schritt weiter. Dagegen kann die Geschichtswissenschaft bei der Beantwortung der Frage, ob Djihad beziehungsweise Djhadismus eine »Aggression« bedeutet, Hilfe bieten. Der Rückgriff auf die Geschichte und auf den Kontext der Gewaltanwendung bei der Verbreitung des Islam kann eine Antwort geben, und diese historische Realität ist für die Beantwortung der in diesem Abschnitt gestellten Frage entscheidend.

Es geht zudem nicht nur um die Geschichte, die den Hintergrund bietet, sondern auch um die Gegenwart. Hierfür ist die Basis-Problematik politisch und sozial, dennoch dient Religion nicht als Vorwand für eine Legitimation, eben weil die Djihadisten gläubige Muslime sind. Wer dies abstreitet, sperrt sich dem Verständnis der religiösen Legitimierung von Gewalt. Ernst Bloch hat in seiner Münzer-Biographie Weber zitiert und hervorgehoben, dass nicht nur die wirtschaftliche Realität, sondern auch die religiöse Gesinnung die Gesellschaft verändert:

»Das ökonomische Begehren ist zwar das nüchternste und stetigste, aber nicht das einzigste [...], auch nicht das eigentümlichste Motiv der menschlichen Seele, vor allem nicht in religiös erregten Zeiten [...] Gesinnungskomplexe vorab [...] solcher religiöser Art (können sich/B.T) dergestalt (auswirken/B.T.), dass die Wirtschaftsweise bald genug selber mit Überbau geladen wird [...] dergestalt also reicht die rein ökonomische Bedeutung nicht aus.«[11]

In unserem postbipolaren Zeitalter spielen Religion und Kultur eine entscheidende Rolle. Von dieser Erkenntnis des Projekts »Globalization and Conflict« (University of California und American University of Paris) gingen die beteiligten Wissenschafter aus, ohne Kulturalismus zu betreiben; sie haben gezeigt, dass »cultural tensions« zum Konflikt führen können.[12] Religion gilt als ein »cultural system«, und in diesem Kontext erfolgt eine »Religionisierung« der Probleme und somit der Gewalt. Hierbei lässt sich feststellen, dass religiös begründete Gewalt gefährlicher ist als säkular-politische Aggression. Der Selbstmordterrorismus beweist dies. Die beiden

---

11 Bloch, Ernst (1972), Thomas Müntzer als Theologe der Revolution, Frankfurt/M., S. 55.
12 Isar, Raj und Anheier, Helmut (2007) (Hg.), Tensions and Conflicts, Bd. 1 der Cultures and Globalization Series, London, darin Tibi, Bassam, Islam between Religious-Cultural Practice and Identity Politics, S. 221–231.

Vordenker des heutigen Djihadismus Sayyid Qutb und Hasan al-Banna haben die Grundlagen für die Rechtfertigung der Aggression durch religiöse Bezüge geliefert.

Auf der Basis der bisherigen Ausführungen lässt sich dieser Abschnitt so zusammenfassen: Die religiöse Doktrin des Islam verbietet Aggression, erlaubt jedoch »*Qital*/Kampf« für die Verbreitung des Islam mit Gewalt, die nicht als aggressive Handlung gesehen wird. In der Geschichte haben Muslime andere Länder erobert und ihre Gewalt – so etwa bei der Eroberung Spaniens 711 oder Konstantinopels 1453 – nicht als Aggression betrachtet.[13] Dennoch war jene Gewaltanwendung kein Terror, sondern regulärer Krieg im Gegensatz zum irregulären Krieg heutiger Djihadisten.

Der Djihadismus als religiös begründete Aggression

Oft liest man, dass die Djihadisten nur instrumentell unter einem Vorwand auf die Lehre des Djihad zurückgreifen. Fairerweise muss man den klassischen Djihad vom Djihadismus unterscheiden: Muslime haben bei der gewaltsamen Verbreitung des Islam keine Glorifizierung dieser Gewalt betrieben, so wie dies etwa in Georges Sorels »Réflection sur la Violence« erfolgte. Anders ist dies bei al-Banna und Qutb, deren Aussagen über Gewalt eher an Trotzki und Lenin und nicht an den Propheten Mohammed erinnern. Der einflussreiche Essay von Hassan al-Banna[14], in dem die Gewalt als Aggression im Namen der Religion des Islam glorifiziert wird, fordert in diesem Kontext zur offenen Diskussion über Gewalt als religiöse Reform auf. Die heutigen *Ulema* meiden jedoch das Problem, unterdrücken jede offene Diskussion und stellen sich gegen eine Reform. Oft begnügen sie sich mit der Zusicherung, dies alles habe mit dem Islam nichts zu tun. Dies steht im Widerspruch zu den Realitäten, die der Djihadismus schafft. Was benötigt wird, ist ein »Rethinking of Islam« (Mohammed Arkoun) sowie eine neue Erziehung gegen Gewalt im Geiste einer Reformation.

---

13 Zur Eroberung Spaniens durch die Muslime vgl. Collins, Roger (1994), The Arab Conquest of Spain 710–797, Oxford. Zur Eroberung Konstantinopels vgl. Sir Runciman, Steve (1965), The Fall of Constantinople 1453, Cambridge.

14 Vgl. den Essay von Hasan al-Banna (1990), Risalat al-Djihad, in: Madjmu'at Rasa'il al-Imam al-Schahid, Kairo, S. 271–292. Vgl. auch Sayyid Qutb, al-Djihad fi sabil Allah (1992), Kairo.

Nur dies kann helfen, die Religion des Islam von der Kontamination durch Gewalt im Namen des Glaubens zu schützen. Nicht-Muslime sind von dieser Aggression betroffen und haben ein Recht darauf, eine Debatte hierüber zu führen, ohne mit dem Vorwurf »Feindbild Islam« zum Schweigen gebracht zu werden. Der Papst hat dies versucht, und deshalb endet dieser Essay mit jenem Versuch, der leider viele Muslime auf die Barrikaden gebracht hat.

Der Papst und der Islam. Themen des Dialogs und seine Grenzen. Gewalt und Vernunft

Vor seinem Besuch in einem islamischen, von einer gemäßigten islamistischen Partei, der AKP, regiertem Land, der Türkei, hat der Papst im September 2006 durch seine »Regensburger Vorlesung«[15] ungewollt einen globalen Konflikt hervorgerufen. Durch gezielte Orchestrierung hätte der Konflikt beinahe das Ausmaß des Konfliktes über die Mohammed-Karikaturen erreicht,[16] er konnte aber glücklicherweise durch Deeskalation und vernünftige Gesten heruntergespielt werden. Dies ermöglichte es dem Papst, seine lange zuvor geplante Türkei-Reise anzutreten. Es ging hierbei darum, eine Brücke zwischen dem »Osten und dem Westen«, das heißt auch zwischen Christentum und Islam zu schlagen. Der Papst war in der Türkei zu zahlreichen Konzessionen gezwungen, die so nicht vorgesehen waren: So etwa musste er neben dem Mufti von Istanbul in der Blauen Moschee gen Mekka beten. Der »Spiegel« (42/2006, S. 80) beschrieb den Vorfall mit folgenden Worten: »Der Kreuzzugspapst betet zusammen mit einem Imam, gerichtet gen Mekka«. Die zweite Geste war die ihm zugeordnete positive Äußerung zur Aufnahme der Türkei als Vollmitglied der EU. Hier geht es nun um eine andere Thematik, nämlich um den Dialog über Gewalt und Religion. Als Reform-Muslim kann ich Papst Benedikt XVI. aufrichtig bescheinigen, dass er die erste christliche Autorität der

---

15 Der Text der Regensburger Vorlesung von Papst Benedikt XVI. ist nachzulesen in: Rheinischer Merkur, Nr. 37/2006, S. 25. Vgl. auch Wenzel, Knut (2007) (Hg.), Die Religion und die Vernunft. Die Debatte um die Regensburger Vorlesung des Papstes, Freiburg/Br.

16 Hierzu Tibi, Bassam (2007) Die islamische Herausforderung. Religion und Politik im Europa des 21. Jahrhundert, Darmstadt.

Gegenwart ist, die es wagt, die brennenden Probleme, etwa jenes der Gewalt und Aggression im Dialog der Religionen, offen anzusprechen. Trotz aller taktischen Fehler ging der Papst in seiner Regensburger Vorlesung offen auf die Problematik des Dialogs mit dem Islam ein.[17] Der Papst hatte hierbei den Mut, zwei heiße Themen des Dialogs anzuführen: Gewalt und Vernunft.

An keiner Stelle sagte der Papst in seiner Regensburger Vorlesung etwas Islamfeindliches. Er benannte lediglich ein Problem, leider sehr unbeholfen, so als wäre er Universitätsprofessor. Aber in seiner neuen Funktion sprach der Papst als Staatschef, dazu noch mit der höheren Autorität der Religion legitimiert. Gerade in unserer Zeit des auf die Religion bezogenen Zivilisationskonfliktes (man merke: dies ist kein Kulturkampf), der auch aggressiv, durch Gewalt, ausgetragen wird, darf niemand, auch nicht der Papst, die historische Spannung zwischen Islam und Christentum ignorieren.

Nochmals: Der Papst war in Regensburg ein Politiker, der ohne die Hilfe von Redenschreibern oder kompetenten Islamexperten nicht hätte reden dürfen. Wäre er ein Professor, hätte er die Problematik von Gewalt im Namen der Religion im Dialog zwischen den Religionen kompetent erörtert; er tat dies aber nicht, auch fehlte es ihm an Fingerspitzengefühl. Richtig ist, dass man die bestehenden Konflikte wahrnehmen und gemeinsam über Wege der Bewältigung der religiös legitimierten Gewalt nachdenken muss. Das ist die Aufgabe beim Dialog, der das Verhältnis von Religion, Vernunft und Gewalt umfassen sollte. Hier muss Sensitivität mit Sachwissen verbunden werden, und beides fehlte beim Papst. Er hat das Problem richtig benannt: Religion und Gewalt.

Beide Religionen, Islam und Christentum, sind göttliche Offenbarungen, die die Vernunft – wenngleich unterschiedlich – anerkennen. Der Papst beruft sich »im Aufbau des Dialogs« – so seine Worte – auf die altgriechische Philosophie und preist den Hellenismus. Leider fehlen ihm hier alle historischen Kenntnisse über die islamische Geschichte zwischen dem 9. und 12. Jahrhundert, als islamische Philosophen das Vernunftdenken

---

17 Zu diesem bisher unaufrichtig betriebenen Dialog Tibi, Bassam, Selig sind die Belogenen. Der christlich-islamische Dialog beruht auf Täuschungen und westlichem Wunschdenken, in: Die Zeit vom 29. Mai 2002, S. 9.

des Hellenismus übernahmen.¹⁸ Hätte der Papst dies gewusst, hätte er anders geurteilt. Er unterscheidet zwischen den »in griechischer Philosophie aufgewachsenen Byzantinern«, die er als Autorität zitiert und seinen muslimischen Gesprächspartnern, die dies angeblich nicht kannten. Das mag im Falle Manuels II. und des Persers, mit dem dieser sprach, zutreffen, nicht aber generell. Denn zwischen dem 9. und dem 12. Jahrhundert fand ein Prozess der »Hellenisierung des Islam«[19] statt, aus der eine Tradition des islamischen Rationalismus hervorging.

Sowohl hinsichtlich der Frage der Vernunft, als auch jener der Gewalt/Aggression, muss man zwischen dem vernunftverpflichteten islamischen Erbe des mittelalterlichen Hoch-Islam und der Orthodoxie unterscheiden. Zu diesem Erbe gehört der islamische Rationalismus hellenisierter Philosophen (von Avicenna bis Ibn Khaldun), die sich im Konflikt mit der islamischen Fiqh-Orthodoxie befanden[20]. Das Vernunftdenken der hellenisierten Muslime wurde buchstäblich von der islamischen Orthodoxie erstickt, indem es aus den islamischen Bildungsanstalten entfernt wurde. Diese Tradition scheint dem Papst nicht bekannt zu sein; sie im heutigen Islam neu zu beleben, wäre ein Beitrag der Muslime zum Dialog. Der Papst hat Recht, wenn er Vernunftdenken zur Voraussetzung für einen erfolgreichen Dialog erhebt, aber er hätte hinzufügen müssen, dass dieses in der »heritage of Islam« existiert. Mit den Salafisten, die in der Vergangenheit den islamischen Rationalismus zu Grabe trugen, und mit den heutigen Islamisten ist ein vernünftiger Dialog nicht möglich. Mit diesem Kreis ist es ebenso wenig möglich, einen Konsens über die Ächtung von Gewalt und Aggression im Namen der Religion zu erreichen. Durch seine Unkenntnis über den Islam sowie seine Unbeholfenheit hat der Papst diesem Kreis in die Hände gespielt und einen Vorwand dafür geboten, die Diskussion über Religion und Aggression zu unterbinden. So wurden die vom Papst begangenen Fehler von Islamisten in einer orchestrierten Aktion missbraucht. In der Tat betreiben diese eine Verweigerung des Dialogs verbunden mit Heuchelei.

---

18 Davidson, Herbert (1992), Alfarabi, Avicenna & Averroes on Intellect, New York sowie Teil II bei Tibi, Bassam (1996), Der wahre Imam. Der Islam von Mohammed bis zur Gegenwart, München.
19 Zu dieser Hellenisierung Watt, W.M. (1962), Islamic Philosophy and Theology, Edinburgh.
20 Zum Konflikt zwischen Fiqh und Philosophie vgl. Tibi, Bassam (1993), in: Piper Handbuch der politischen Ideen, 5 Bde., hier Bd. 2, München, S. 87–140.

Der Missbrauch der Papstrede wurde im Dienst einer Mobilisierung gegen Europa betrieben und – ich muss es leider offen sagen – gegen Christen. Jene islamistischen Meinungsmacher in der Welt des Islam fanden in der Vorlesung Anlass, erneut gegen Europa zu hetzen und dem »Feindbild Christentum im Islam« neue Gestalt zu geben. Die Islamisten haben dazu aufzurufen, dass die Muslime sich erheben; diesmal meldeten sich aber nicht nur Islamisten zu Wort, sondern leider auch solche als gemäßigt eingestuften Muslime, wie etwa der eingangs zitierte Ober-Imam der *Diyanet*-Behörde, dem Amt für religiöse Angelegenheiten der noch säkularen Republik der Türkei. Der Papst soll den Islam beleidigt haben und die Antwort von Diyanet-Chefs Ali Bardakoglu war die Beleidigung, der Papst sei ein »Kreuzzügler«. Die Gemäßigten forderten nur eine Entschuldigung, die Militanten verbanden ihre Empörung mit der Forderung nach Blut. Selbst Muslim, aber zugleich Wissenschaftler, finde ich, dass der Papst viele Fehler begangen hat, ungeschickt war, jedoch nicht, dass er den Islam beleidigt hat. Ich würde einige seiner Forderungen und Aussagen bei der anstehenden Thematik »Religion und Aggression« selbst unterschreiben und betone sein Recht auf Redefreiheit. Jenseits der Kritik an der Art und Weise wie der Papst das Problem ungeschickt angesprochen hatte, war es richtig, dass er den Versuch unternahm, inhaltliche Schwerpunkte zu setzen und Forderungen zu stellen. Dennoch möchte ich kritisch anfügen, dass der Papst als ehemaliger Professor doch wissen müsste, wie Zitate zu kürzen sind. Er tat dies nicht und hätte die Worte »schlecht und inhuman« aus dem Zitat über Islam und Gewalt schlicht herausnehmen sollen.

Die Problematik »Religion und Gewalt« muss im Mittelpunkt des Dialoges im Verständnis von Problem- und Konfliktbewältigung stehen. Anklage und Selbstdarstellung als vermeintliches Opfer muss man in der Debatte über Gewalt und Aggression in Namen der Religion vermeiden. Hierbei ist zu fragen, warum ein bestimmter Kreis unter den Muslimen auf jede Gelegenheit wartet, um gegen Europa mit einem Krieg der konstruierten kollektiven Erinnerung (»war of memories«) an die Kreuzzüge zu reagieren. Hierbei wird stets über jedes Unrecht im eigenen Haus, zum Beispiel über die Gewalt von Muslimen anderen gegenüber, wie etwa im Sudan oder in Indonesien, geschwiegen. Das ist Heuchelei. So etwa regen sich diese Meinungsführer nicht darüber auf, dass im Zeitraum 2004 bis 2007 islamische Milizen im Sudan in Darfur circa 200.0000 schwarzhäutige »Ungläubige« töteten, weitere vertrieben und ihre Frauen brutal vergewaltigten, obwohl die Schari'a dies verbietet. Kein islamisches Land, auch nicht die arabische Presse hat sich über diese Aggression im Namen der Religion erregt. Die arabischen Staatschefs hielten sogar ihren Gipfel in Khartum ab, und ebenfalls dort trafen sich ihre Außenminister, um den Sudan gegen eine humanitäre Intervention von außen zu unterstützen und dies als Einmischung in islamische Angelegenheiten abzuweisen. Kein einziger islamischer Aufschrei über die Aggression. Ich frage: Ist es dann keine Heuchelei, sich Anfang des Jahres über zwölf Karikaturen und jetzt über den Papst aufzuregen, nur weil er ein Zitat über den islamischen Djihad aus dem 14. Jahrhundert ungeschickt anführte? Was hat der Papst denn verbrochen, dass die gesamte islamische Welt zum Aufstand gegen ihn und gegen Europa mobilisiert wird? Um diese Fragen sachlich zu beantworten, muss man sich den Redetext des Papstes unvoreingenommen und in vollem Umfang anschauen.

In den Medien – auch den westlichen – wurde der Text der Regensburger Vorlesung absichtlich, wie damals beim Karikaturenstreit, falsch dargestellt. Das vom Papst angeführte Zitat von Manuel II. wurde falsch als Worte des Papstes selbst angeführt, sogar von westlichen Medien (zum Beispiel von der BBC) im Namen angeblicher Pressefreiheit!! Ich will dieses Zitat über Gewalt als Thema ansprechen. Bei der zitierten Quelle ging es um einen Dialog zwischen dem byzantinischen Kaiser Manuel II. mit einem iranischen Gelehrten im Jahre 1391, aus dem der Papst zitierte. Dem Zitat stellte der Papst voran, Kaiser Manuel II. »spreche in erstaunlich schroffer Form«. Mit dieser Formulierung machte er klar, dass er die Redensart des Kaisers nicht teilte, dennoch mit ihm aber die Frage stellt, »ob Glaubensverbreitung durch Gewalt« mit Vernunft vereinbar sei. Ich wiederhole den Hinweis auf den Fehler des Papstes, der sich nicht beraten ließ und das Zitat des Kaisers nicht angemessen kürzte, betone aber zugleich, dass seine Forderung, über die Verbindung von Religion und Gewalt, so wie sie der Islam zulässt, zu sprechen, richtig ist.

Im vorangegangenen Abschnitt habe ich gezeigt, dass es sowohl historisch als auch theologisch im Islam erlaubt ist, die Religion durch *Djihad*, also nicht nur mit friedlichen Mitteln, sondern auch durch *Qital* (Kampf-/Gewaltausübung) zu verbreiten. Als Historiker habe ich in meinem Harvard-Buch »Kreuzzug und Djihad«[21] theologisch und historisch nachgewiesen, dass der Islam mit Gewalt verbreitet worden ist. Muslime müssen sich mit ihrer eigenen Geschichte auseinandersetzen, wenn sie mit anderen in

---

21 Tibi, Bassam (1999), Kreuzzug und Djihad, München.

Frieden leben wollen statt sich darüber aufzuregen, dass Forderungen an sie gestellt werden. An keiner Stelle sagte der Papst, wie die englischen Medien berichteten, »Islam is evil«. Damit beginnt die Fälschung. Nur wenige haben die Rede gelesen, auch der offizielle türkische Ober-Imam Bardakoglu nicht.

Geschichtswissenschaftler wissen, dass die Muslime vom 7. bis zum 17. Jahrhundert Djihad-Kriege führten, um *Dar al-Islam*/das Haus des Islam über die ganze Welt zu erweitern. Dies bestreiten Muslime nicht, nur stellen sie ihren Djhad als »Auftrag Allahs« nicht als Aggression dar. Selbst Gewalt gegen andere wird – wie eigens gezeigt – als »defensiv« geschönt. Warum dürfen Europäer diese historischen Fakten nicht in guter Absicht anführen, so wie der Papst es tat, um zu fordern, dass von den Muslimen eine Trennung von Religion und Gewalt zu leisten ist? In seiner Regensburger Vorlesung sagte der Papst: Wir bedürfen der Vernunft und einer Absage an die Gewalt zum wirklichen Dialog der Kulturen, den wir so dringend brauchen. Was ist falsch daran, worin besteht die Beleidigung?

Würde eine solche Verweigerung des Dialogs über Gewalt und Religion sich durchsetzten, dann würde die Welt des Islam an Glaubwürdigkeit einbüßen. Herrscht gleichzeitig auch noch ein islamisches Schweigen über Unrecht – wie etwa über das angeführte Beispiel des Sudan –, dann ist der gegenseitige Respekt gefährdet. Eine islamische Absage an jegliche Gewalt, auch im Namen der Religion, muss auf der Tagesordnung des Dialogs stehen.

Der gemäßigte Imam der türkischen *Diyanet*-Behörde hat dies ebenso wie die indonesische Partei der *Nahdatul-Ulema* verweigert, obwohl beide die Entschuldigung des Papstes für dessen Rede annahmen. Anderen Muslimen genügt dies nicht. So fordert die transnationale, auch in Deutschland vertretene islamistische Muslimbruderschaft vom Papst eine noch größere, demütigere Verbeugung. Djihadistische Gruppen gehen noch einen Schritt weiter und lassen sich von ihrem Eroberungsgeist – nicht von der Vernunft – leiten. So hat der *Schura*-Rat der *Mudjahidin* verlauten lassen, »Allah wird den Muslimen helfen, Rom zu erobern«. Die Schari'a sieht hierfür die Steinigung vor. Eine andere Gruppe, *Ansar al-Sunna*, hält allen Christen vor: »Ihr werdet so lange nur unsere Schwerter sehen, bis ihr zum wahren Glauben Allahs findet«, das heißt, zum Islam übertretet. Und der oberste Geistliche des Iran, Khamenei, glaubt, in der Papst-Rede »das letzte Glied eines Komplotts für einen Kreuzzug« zu sehen. Wie immer wurden von westlichen Politikern und Publizisten diese Aggressionen heruntergespielt:

Sie sprachen von »Missverständnissen« und blieben ihrer Appeasement-Politik treu. Diese europäische Reaktion auf die Provokationen veranlasste den Publizisten Hendryk M. Broder ein Buch unter dem Titel »Hurra, wir kapitulieren«[22] über Europa und den Islamismus zu veröffentlichen.

Schlussfolgerungen

Es ist eindeutig falsch, den Islam in einem Zusammenhang mit Terrorismus zu bringen und Djihad mit Djihadismus zu verwechseln, um den Islam als Gewaltreligion zu diskreditieren. Es ist aber ebenso falsch Muslime, die Aggression im Namen der Religion ausüben, völlig aus der islamischen Religionsgemeinschaft zu exkommunizieren, denn diese betrachten sich als die »wahren Gläubigen«. Eine Debatte über Religion und Gewalt ist erforderlich. Der oberste Imam der Diyanet-Behörde (Amt für religiöse Angelegenheiten in der Türkei) trägt hierzu nicht bei, wenn er die »Regensburger Vorlesung« des Papstes als Vorwand nimmt, diese Tabus zu verfestigen. Der Diyanet-Imam setzt laut Presse die klare Grenze: »Wer behauptet, der Islam sei mit dem Schwert verbreitet worden, trägt zum Feindbild Islam bei«. Der Papst antwortete auf diesen aus Ankara erfolgten Vorwurf nicht und beschränkte sich darauf, Religionsfreiheit für Nicht-Muslime in der Welt des Islam zu fordern. Den westlichen Medien – so der ARD – war der Kommentar zu entnehmen: »Beide nahmen dem Kampf der Kulturen den Wind«. Damit wird bewiesen, dass nichts verstanden worden ist. Fakt ist, dass es in der Welt des Islam keine Religionsfreiheit – weder für Muslime noch für Christen – gibt. Dies gilt auch für die Türkei, die in die EU will.[23]

Vom 7. bis 17. Jahrhundert führten die Muslime ihre Djihad-Kriege zur Verbreitung des Islam. Das imperiale islamische Kalifat ist nicht vom Himmel gefallen, sondern durch Gewalt und Eroberung entstanden. Wer diese historischen Tatsachen bestreitet, muss die Geschichte neu schreiben. Der Vorwurf eines »Feindbild Islam« ist nicht angebracht, wenn angeführt wird, dass der vom Papst zitierte byzantinische Kaiser von einer realen Angst vor einer Aggression sprach. Das Ende seines Imperiums durch die

---

22 Broder, Henrik M. (2006), Hurra, wir kapitulieren. Von der Lust am Einknicken, Berlin.
23 Tibi, Bassam (2007), Mit dem Kopftuch nach Europa?, Darmstadt.

gewaltsame Einnahme von Konstantinopel erlebte er nicht mehr; seine Nachkommen wurden Opfer der islamischen Eroberung. Die bisherigen Ausführungen untermauern die Auffassung, dass der benötigte Dialog ehrlich und deshalb anders aussehen muss: Er sollte die Frage der religiös legitimierten Gewalt umfassen und zulassen. Dialog heißt, offen darüber nachzudenken, wie Europa seine Beziehungen zur Welt des Islam gestalten sollte. Diese von beiden Seiten unterdrückte Debatte war Gegenstand dieser Abhandlung, die zu einem aufrichtigen Dialog zwischen Islam und Christentum beitragen will. Es gibt zwei Extreme im Dialog: eine Partei, die militant zu ihrer Religion steht und eine andere, die ihre Religion verleugnet: Religionisierung versus Religionsnihilismus. Die Forderung, Gewalt von Religion zu trennen, ist in der Welt des Islam bisher nicht gut angekommen.

Diese Frage ist aber bei den allgemeinen zeithistorischen Phänomenen der neuen Rolle der Religion in der Weltpolitik im Rahmen der »Rückkehr des Sakralen« in unserer postbipolaren Zeit von höchster Bedeutung. Die beiden Weltreligionen Islam und Christentum müssen einen Konsens finden. Kann ein Dialog helfen?

In der Auseinandersetzung mit dem Islam kann ein Dialog nur dann hilfreich sein, wenn er frei geführt wird und wenn er erlaubt, über den aus der Geschichte von »Kreuzzug und Djihad« gezogenen Lehren zu lernen. Es muss möglich sein, inhaltlich in einem friedlichen Dialog zwischen dem Islam und Europa nicht nur die Kreuzzüge, sondern auch die Djihad-Eroberungen zu kritisieren. Dies zu tun, heißt nicht ein »Feindbild Islam« zu befördern, wie der Diyanet-Imam gegenüber dem Papst behauptete. Der aggressive Islamismus von heute belebt aufs Neue die islamische Lehre von der Weltherrschaft/*Siyadat al-Islam*, die durch Djihad, also durch religiös legitimierte Aggression, wiederhergestellt werden soll. Der damit verbundene religiös-politische Anspruch wird im Kollektivgedächtnis konstruiert, das historisch seine Entsprechung zwischen dem 7. und dem 17. Jahrhundert hat, als der Islam die Welt dominierte. Die europäische Angst vor Djihad-Eroberern in Europa ist keine Halluzination; sie beruht auf historischen Tatsachen. Die legitime Forderung des Papstes, der Gewalt abzuschwören, hat eine historische Basis. Alle Muslime, die für Frieden und Demokratie sind, müssen einer solchen Debatte im Dialog zustimmen. Darüber hinaus müssen wir Muslime an einer Neubelebung der Vernunfttradition im Islam arbeiten[24], um Vernunft anstelle von Djihad zu setzen. Demokratische Muslime, die dem Pluralismus zustimmen, müssten dementsprechend die islamische Lehre von Christen und Juden als *Dhimmi*/schutzbefohlene Minderheiten (und somit als Gläubige zweiter Klasse) aufgeben.[25] Andere islamische Ansprüche kann man hinnehmen, dieser Anspruch auf »Superiorität« ist aber nicht annehmbar. In einem Dialog auf Augenhöhe müssen Christen von Muslimen eine Reform verlangen, die es ermöglicht, dass Islam und Christentum als gleichberechtigte Religionen gelten.

Konfliktpotentiale durch freien Dialog können nur dann bewältigt werden, wenn der Dialog frei geführt wird und ein Konsens auf einen demokratischen Frieden zwischen Christen und Muslimen ohne Gewalt möglich ist. Die zentrale Geschäftsgrundlage hierfür wäre der religiöse kulturelle Pluralismus.[26] Dieser erfordert von den Muslimen, nicht nur auf das Glaubensmonopol und auf Gewalt, sondern auch auf die Doktrin der »*Siyadat al-Islam*/Überlegenheit des Islam« zu verzichten und die Vernunft anzuerkennen. Auf der Suche nach Frieden müssen Muslime (ob Länder oder Individuen), die nach Europa wollen, die Trennung zwischen Religion und Politik akzeptieren und hinnehmen, dass eine Schari'a-Ordnung in Europa für Nicht-Muslime inakzeptabel ist. Die Religionsfreiheit, die Muslime in Europa unbegrenzt in Anspruch nehmen, muss auch für christliche Minderheiten in der Welt des Islam gelten. In beiden Fällen ist der Gewalt abzuschwören. Gelingt dies nicht, so hat der Friede im 21. Jahrhundert keine Chance.

---

24 Von Kügelgen, Anke (1994), Averroës und die arabische Moderne. Ansätze zu einer Neugründung des Rationalismus im Islam, London.
25 Zur diskriminierten Stellung von Christen und Juden als Schutzbefohlene »Dhimmitude« im Islam vgl. Bat Ye'or (2002), Islam and Dhimmitude, Cranbury/NJ.
26 Tibi, Bassam (2006), The Pertinence of Islam's Predicament with Democratic Pluralism, in: Religion – Staat – Gesellschaft, Bd. 7, H. 1, S. 83–117.

Autorinnen und Autoren

Nasr H. Abû-Zayd, Prof. Dr., geboren 1943 in Ägypten, Studienabschluss (Master of Arts) in Arabistik und Islamwissenschaft am Institut für Arabische Sprache und Literatur, Universität Kairo. Promotion in Arabistik und Islamwissenschaft an der Universität Kairo mit höchster Auszeichnung. 1995 Professur am Institut für Arabische Sprache und Literatur, Universität Kairo. Seit 1995 Gastprofessur für Islamwissenschaft an der Universität Leiden. Mitglied im Beirat zur »Enzyklopädie des Koran«. 1998 Auszeichnung des Verbandes jordanischer Schriftsteller für Demokratie und Frieden. 2002 »Medal for Freedom of Worship« des Roosevelt Instituts. 2005 Ibn Rushed Preis für Gedankenfreiheit. 2006 Preis für Gedankenfreiheit der Muslimischen Demokratischen Gesellschaft in Dänemark. Ausgewählte Publikationen: Politik und Islam: Kritik des Religiösen Diskurses, übersetzt von Cherifa Magdi, Frankfurt am Main 1996; Ein Leben mit dem Islam, Autobiographie hrsg. von Navid Kirmani, übersetzt von Sharifa Magdi, Freiburg 1999; Critique du Discours Religieux, übersetzt von Mohamed Chairet, Paris 1999; Voice of an Exile (zusammen mit Esther R. Nelson), Westport, Conn. u.a. 2004; Rethinking the Qur'an: Towards a Humanistic Hermeneutics, Amsterdam 2004; Reformation of Islamic Thought: A Critical Historical Analysis, Amsterdam 2006.

Ralf Elger, PD Dr., Orientalisches Institut, Martin-Luther-Universität Halle-Wittenberg. Studium der Islamwissenschaft, Soziologie und Germanistik in Köln, Bonn und Damaskus. Wissenschaftlicher Mitarbeiter am Sonderforschungsbereich »Identität in Afrika«, Universität Bayreuth. Aufgabenbereich: Islamisches Recht in Afrika. 1993 Promotion an der Universität Bonn. Habilitation 2001. Lehrtätigkeit in Bamberg, Bonn, Graz, Münster und München. Forschungsschwerpunkte: Arabische Literatur der Frühen Neuzeit, Reiseberichte, Islamische Theologie und Mystik. Publikationen: Kleines Islamlexikon. Geschichte, Alltag, Kultur, hrsg. v. Ralf Elger, München 2001; (Hg.) Piccolo dizionario dell'Islam. Storia, cultura, società. Turin 2002; Islam (Fischer Kompakt), Frankfurt am Main 2002.

Hanna-Barbara Gerl-Falkovitz, Studium der Philosophie, Germanistik und Politischen Wissenschaften an den Universitäten München und Heidelberg. Promotion in München. Habilitation über die italienische Renaissancephilosophie an der Universität München. Seit 1993 Professur für Religionsphilosophie und vergleichende Religionswissenschaft an der TU Dresden. Forschungsschwerpunkte:

Religionsphilosophie des 19. und 20. Jahrhunderts, Religionsphilosophische Anthropologie der Geschlechter, Theologische Grundlegung der Neuzeit, Ethik der Weltreligionen. Publikationen: Wider das Geistlose im Zeitgeist. 20 Essays zu Religion und Kultur, München 1992, 2. Aufl. 1993; Edith Stein Gesamtausgabe (ESGA) in 25 Bänden, Freiburg 2000 ff. (Wissenschaftliche Konzeption und Teil-Herausgabe); Eros, Glück, Tod und andere Versuche im christlichen Denken, München 2001; Romano Guardini, Konturen des Lebens – Spuren des Denkens, Mainz 2005.

Erich Gysling, 1936, Studium in Kulturgeschichte in Wien. Zentrales Thema: Zensur in der Ära Metternichs. Einstieg in den Journalismus in der Feuilletonredaktion des »Düsseldorfer Mittags« und als Mitarbeiter des Radiosenders RIAS Berlin. Ab 1961 bei der Tagesschau des Schweizer Fernsehens tätig, 1964 Leiter der Tagesschau-Redaktion, 1968 Mitbegründer der TV-Sendung »Rundschau«. 1972 bis 1982 Chef der Auslandredaktion der »Weltwoche«, parallel dazu Arabisch-Studium. 1985 Rückkehr zum Schweizer Fernsehen, Leiter der »Rundschau«-Redaktion, von 1985 bis 1990 Chefredakteur des Schweizer Fernsehens DRS. Danach wieder bei der »Rundschau«, Sonderkorrespondent für Nahost und Russland und Redakteur/Moderator der Sendung »Standpunkte« für die Neue Zürcher Zeitung. Buchpublikationen: Arabiens Uhren gehen anders, Zürich/Osnabrück 1982; Zerreißprobe in Nahost, Zürich/Köln 1986; Krisenherd Nahost, Zürich 1991.

Dietmar Mieth, Prof. Dr., 1940 in Berlin. Studium der Theologie, Germanistik und Philosophie in Freiburg, Trier, München und Würzburg. 1967–1974 wiss. Assistent, Univ. Tübingen. 1974–1981 Professor für Moraltheologie an der Universität Fribourg (Schweiz). Seit 1981 Professor für Theologische Ethik an der Kath. Theol. Fakultät der Universität Tübingen. Gastprofessuren in Freiburg/Schweiz, Zürich und Nijmegen. Seit 1986 Aufbau des interfakultären Zentrums »Ethik in den Wissenschaften«, Universität Tübingen, 1994–2000 Mitglied der Ethik-Beratergruppe der Europäischen Kommission, Brüssel. 1996–1999 Leiter des »Europäischen Netzwerkes für biomedizinische Ethik«. 1998–2002 im Ethik-Beirat des BMG; 2003–2005 Mitglied der Enquete-Kommission des Deutschen Bundestages »Ethik und Recht in der modernen Medizin«. Bundesverdienstkreuz 2007. Neueste Publikationen: Mit Christoph Baumgartner (Hg.), Patente am Leben, Paderborn 2003; Meister Eckhart. Mystik und Lebenskunst. Düsseldorf 2004; mit Olaf Schumann/Peter Ulrich (Hrsg.) Reflexionsfelder integrativer Wirtschaftsethik. Tübingen 2004; Kleine Ethikschule, Freiburg i.Br. 2004 (Herder-Spektrum); mit Christoph Rehmann-Sutter und Marcus Düwell, Bioethics in Cultural Contexts, Reflections on Methods and Finitude, Dordrecht 2006; mit Konrad Hilpert (Hg.), Kriterien biomedizinischer Ethik, Freiburg-Basel-Wien 2006; mit Ursula Konnertz und Hille Haker (Hg.), Ethik – Geschlecht – Wissenschaft, Paderborn 2006.

Georg Pfleiderer, Prof. Dr. theol., geb. 1960 in Stuttgart (Deutschland); Ordinarius für Systematische Theologie/Ethik an der Universität Basel, Promotion 1991 an der Evang.-Theol. Fakultät in München; 1992–1995 Lehr- und Pfarrvikariat in der

Badischen Landeskirche; Habilitationsstipendium der DFG 1995/96 (Forschungsaufenthalt in London); Habilitation in Systematischer Theologie 1998 (München); 1999 Berufung nach Basel, 2004–2006 Dekan der Theologischen Fakultät. Forschungsgebiete: Grundfragen theologischer Ethik, Kulturtheologie, politische Theologie, Protestantismustheorie, Theologiegeschichte des 20. Jahrhunderts. Neuere Veröffentlichungen: Reihen- und Einzelband. Herausgeber der Reihe »Christentum und Kultur«, Bde. 1–5, 8, Zürich 2002–2006, 2008.

Markus Ries, Prof. Dr. theol., Prof. für Kirchengeschichte an der Theologischen Fakultät der Universität Luzern; Studium der Theologie in Luzern, Fribourg und München, wissenschaftlicher Assistent am Lehrstuhl für Bayerische Kirchengeschichte an der Ludwig-Maximilians-Universität München, Bearbeiter der Edition »Briefwechsel Wessenberg-Müller«, 1990 Promotion, 1990–1994 Bischöflicher Archivar in Solothurn, 1994 Berufung nach Luzern, Studienpräfekt der Theologischen Fakultät, 2001–2006 Rektor der Universität Luzern, Arbeitsschwerpunkt: Kirchengeschichte der deutschsprachigen Länder im 18.–20. Jahrhundert, Publikationen: Geistesgegenwärtig. Zur Zukunft universitärer Bildung (mit Edmund Arens, Jürgen Mittelstrass, Helmut Peukert), Luzern 2002; Der Wandel von Priesterausbildung und Priesterausbildungsstätten nach der Säkularisation, in: Rolf Decot (Hrsg.), Kontinuität und Innovation um 1803. Säkularisation als Transformationsprozess, Mainz 2005.

Georg Schmid, Prof. em. Dr. theol., Studium der Theologie und Religionswissenschaft in Zürich, Bern, Basel, Rom und Alexandria (Virginia). Von 1965 bis 1970 Tätigkeit in Graubünden als Gemeindepfarrer, von 1986 bis 2003 als Gemeindepfarrer in Greifensee. 1988 Titularprofessor für Religionswissenschaft an der Universität Zürich. 1993 Leitung der Evangelischen Informationsstelle: Kirchen–Sekten–Religionen. Publikationen: Die Mystik der Weltreligionen, 3. Aufl., Stuttgart 1991; Okkultismus: Begegnung mit dem eigenen Schatten, Freiburg/Schweiz 1992; Zwischen Wahn und Sinn: Halten die Weltreligionen, was sie versprechen?, Solothurn 1995; Plädoyer für ein anderes Christentum nach 2000 Jahren: Anders erleuchtet, anders mündig, anders denken, Zürich 1998. Problemfall Islam: Friedensreligion oder Gefahr für den Weltfrieden?, Freiburg/Schweiz 2002. Kirchen–Sekten–Religionen (Hrsg.), 7. Aufl., Zürich 2003; Die Sekte des Jesus von Nazareth: Aspekte einer neuen Betrachtung des Christentums, Stuttgart 2006.

Reinhard Schulze, Prof. Dr. phil.; seit 1995 ordentlicher Professor für Islamwissenschaft und Neuere Orientalische Philologie an der Universität Bern; Studium der Islamwissenschaft, Linguistik und Romanistik in Bonn, 1981 Promotion und 1987 Habilitation in Bonn; 1987–1992 Professor für Orientalische Philologie an der Ruhr-Universität Bochum, 1992–1995 Professor für Islamwissenschaft und Arabistik an der Universität Bamberg; Forschungsschwerpunkte: Islamische Religions- und Kulturgeschichte, vor allem Frühe Neuzeit bis Gegenwart; Sozialgeschichte der islamischen Welt; zeitgenössische islamische Kulturen. Jüngste Publikationen: Islamistischer Terrorismus und die Hermeneutik der Tat, in: Konfliktfeld Islam in

Europa, hrsg. v. M. Wohlrab-Sahr und L. Tescan, Baden-Baden 2007; Der Islam in der europäischen Religionsgeschichte, in: Religion und Gesellschaft. Europa im 20. Jahrhundert, hrsg. v. F. W. Graf und K. Große Kracht, Köln 2007; Abraham – eine literarische Figur der Integration?, in: ReligionsKulturen. Religious turns – turning religionsm, hrsg. v. A. Nehring und J. Valentin, Stuttgart 2008; Europa in der arabischen und islamischen Tradition, in: Europa: Ein christliches Projekt?, hrsg. v. U. Altermatt, M. Delgado, G. Vergauwen, Stuttgart 2008.

Amir Sheikhzadegan, Dr. phil.; wiss. Assistent und Lehrbeauftragter am deutschsprachigen Lehrstuhl für Sozialarbeit und Sozialpolitik der Universität Fribourg sowie am Soziologischen Institut der Universität Zürich; Studium der Soziologie, Ethnologie und Informatik an den Universitäten Teheran und Zürich; 2000 Promotion an der Universität Zürich. Forschungsschwerpunkte: Entwicklungssoziologie, Soziologie der Konflikte und des abweichenden Verhaltens, Religionssoziologie, Islam im Weltsystem. Jüngste Publikationen: Islam in the World System, in: Herkenrath, Mark (Hg.), The Regional and Local Shaping of World Society, Münster u.a. 2007; Islamwissenschaften in der Schweiz: Einige Gedanken aus soziologischer Warte, in: Bulletin der Schweizerischen Gesellschaft Mittlerer Osten und Islamische Kulturen (SGMOIK), Nr. 25, 2007.

Bassam Tibi, A.D. White Professor an der Cornell University, USA und Inhaber der Professur für Internationale Beziehungen an der Universität Göttingen. Geboren am 4. April 1944 in Damaskus, dort Schulbesuch bis zum Abitur (das franz. Baccalauréat). 1962 Studium der Sozialwissenschaften, Philosophie und Geschichte in Frankfurt am Main u.a. bei Adorno, Habermas, Horkheimer und Fetscher. Promotion ebenfalls in Frankfurt, Habilitation in Hamburg. Autor von 27 Büchern in deutscher Sprache sowie von sieben in Englisch verfassten Monographien. Übersetzung der Bücher in 16 Sprachen. Neueste Publikation: Die islamische Herausforderung, Darmstadt 2007.

Herausgeberinnen

Christine Abbt, Dr. phil.; Wissenschaftliche Assistentin und Lehrbeauftragte am Lehrstuhl für Politische Philosophie der Universität Zürich; Studium der Germanistik, Philosophie und Religionswissenschaften in Zürich; Kollegiatin am Collegium Helveticum der ETH Zürich; Assistenz am Institut für Angewandte Ethik, Universität Basel; 2005 Promotion in Zürich; 2003–2006 Forschungsaufenthalte in Tübingen, an der Melbourne University, Australien, an der Cornell University, USA und am Schweizerischen Institut in Rom, Italien. Forschungsschwerpunkte: Politische Philosophie, Ästhetische Theorie, Verhältnis von Literatur, Politik und Ethik, Dekonstruktion, Theorien des Totalitären. Jüngste Publikationen: Der ästhetische Reiz des Ungewissen, in: Zweifelsfälle, hrsg. zusammen mit O. Diggelmann, Bern/Baden-Baden 2007; Der wortlose Suizid, Die literarische Gestaltung der Sprachverlassenheit als Herausforderung für die Ethik, München 2007.

Donata Schoeller, Dr. phil., Wissenschaftliche Assistentin und Lehrbeauftragte am Lehrstuhl für Philosophie der ETH Zürich, Studium der Philosophie und Religionswissenschaft in Wien, Oxford, Zürich. Promotion in Zürich. Freie Mitarbeiterin der NZZ und der ARD. Sechsjährige Assistenz am Lehrstuhl für Geschichte der Philosophie und Politische Philosophie an der Universität Zürich. Konstitution und zweijährige Leitung eines interdisziplinären Arbeitskreises (Geyer-Forum) ›Grenzen des Denkens‹ am Philosophischen Seminar Zürich. Gründungsmitglied des ›Lehrhauses für das Denken der Religionen‹ in Heidelberg. Ausbildung zur Focusing-Begleiterin. Zur Zeit: Habilitation über die Philosophie von Eugene Gendlin an der ETH Zürich. Programmleiterin der Weiterbildungsreihen »Wissenschaft und Weisheit« und »Religion im Gespräch« der Universität Zürich. Drei Töchter im Alter von acht bis 14 Jahren. Publikationen: Gottesgeburt und Selbstbewusstsein. Denken der Einheit bei G.W.F. Hegel und Meister Eckhart, Hildesheim 1992; Enthöhter Gott – vertiefter Mensch. Zur Bedeutung der Demut ausgehend von Meister Eckhart und Jakob Böhme, Freiburg 1999; (Hg.) mit Matthias Michel, Grenzen des Denkens. 12 Gespräche zwischen den Disziplinen, Weimar 2007.